A ERA DA INCERTEZA

TOBIAS HÜRTER

A ERA DA INCERTEZA

COMO OS GRANDES GÊNIOS DA FÍSICA MUDARAM A MANEIRA COMO VEMOS O MUNDO

Tradução
Elisabete Koeninger

CRÍTICA

Copyright © Tobias Hürter, 2021, Klett-Cotta - J.G. Cotta'sche Buchhandlung Nachfolger GmbH, Stuttgart, por acordo especial com Michael Gaeb Literary Agency (Berlim) e Villas-Boas & Moss Agência Literária
Copyright © Editora Planeta do Brasil, 2022
Copyright da tradução © Elisabete Koeninger
Todos os direitos reservados.
Título original: *Das Zeitalter der Unschärfe*

Coordenação: Sandra Espilotro
Preparação: Tiago Ferro
Revisão: Clarisse Cintra e Carmen T. S. Costa
Diagramação: A2
Capa: Filipa Damião Pinto | Foresti Design

Dados Internacionais de Catalogação na Publicação (CIP)
Angélica Ilacqua CRB-8/7057

Hürter, Tobias
    A era da incerteza / Tobias Hürter; tradução de Elisabete Koeninger. - São Paulo: Planeta do Brasil, 2022.
    352 p.

ISBN 978-65-5535-904-6
Título original: Das Zeitalter der Unschärfe: Die Glänzenden und Die Dunklen Jahre der Physik 1895-1945

1. Físicos – Biografia 2. Físicas – Biografia 3. Cientistas – Biografia I. Título II. Koeninger, Elisabete

22-6682   CDD 925.3

Índice para catálogo sistemático:
1. Físicos - Biografia

Ao escolher este livro, você está apoiando o manejo responsável das florestas do mundo

2022
Todos os direitos desta edição reservados à
EDITORA PLANETA DO BRASIL LTDA.
Rua Bela Cintra 986, 4º andar – Consolação
São Paulo – SP CEP 01415-002
www.planetadelivros.com.br
faleconosco@editoraplaneta.com.br

SUMÁRIO

PRÓLOGO 11

AS PRIMEIRAS RUPTURAS 13

UM ATO DE DESESPERO 21

O DESPACHANTE DE PATENTES 31

PIERRE CURIE É ATROPELADO 37

O FIM DOS CHARUTOS VOADORES..................... 39

EINSTEIN FAZ AS FLORES FALAREM 41

UM DINAMARQUÊS TORNA-SE ADULTO............... 43

O NAUFRÁGIO DA INFALIBILIDADE 51

UM PINTOR CHEGA À CIDADE 53

TURNÊ COM O ÁTOMO 55

BOM NA TEORIA, MAU NAS RELAÇÕES................ 61

GUERRA E PAZ 67

O COLAPSO DE EINSTEIN................................ 69

PANDEMIA.. 71

A LUA ENCOBRE O SOL.................................. 75

UM JOVEM LÊ PLATÃO................................... 79

ENCONTRO DE GIGANTES................................83

UM FILHO ENCONTRA SEU PAI	89
O ALUNO PRODÍGIO QUASE É REPROVADO	101
BOHR E EINSTEIN PEGAM O BONDE	107
UMA ÚLTIMA TENTATIVA	109
UM PRÍNCIPE FAZ OS ÁTOMOS ECOAREM	115
A IMENSIDÃO DOS MARES E OS ÁTOMOS TÃO MINÚSCULOS	123
O GÊNIO SILENCIOSO	131
O PROFETA E OS ELÉTRONS EM ROTAÇÃO	135
UMA EXPLOSÃO ERÓTICA TARDIA	139
ONDAS E PARTÍCULAS	145
VISITA AOS SEMIDEUSES	149
FESTA NA CASA DOS PLANCK	161
A ABOLIÇÃO DA REALIDADE	165
UMA LUTA PELO TERRITÓRIO	173
ESTÁTUAS DE MÁRMORE FINAMENTE TRABALHADAS QUE CAEM DO CÉU	181
UM JOGO COM FACAS AFIADAS	187
O MUNDO SE TORNA DIFUSO	193
O ENSAIO GERAL	203
O GRANDE DEBATE	207
A ALEMANHA FLORESCE, EINSTEIN FICA DOENTE	225
NOCAUTE NO SEGUNDO ROUND	229
OS SONHOS DE PAULI	239
DR. FAUSTO EM COPENHAGUE	253
UNS FOGEM, OUTROS FICAM	259
UM TRISTE FIM	269
O GATO QUE NÃO EXISTE	273

EINSTEIN AJUSTA O FOCO DO MUNDO NOVAMENTE 279
NEVE SUJA. 285
DO OUTRO LADO 289
NÚCLEOS QUE EXPLODEM 295
A TERRÍVEL NOTÍCIA. 303
ESTRANHAMENTO 309
NENHUMA BOMBA PARA HITLER. .313
A FUGA. 317
EINSTEIN FICA MAIS BRANDO 323
O IMPACTO DA EXPLOSÃO 325
EPÍLOGO 333

LEITURA SELECIONADA 335
ÍNDICE REMISSIVO 339

Para Herbert Schmidt

PRÓLOGO

Imagine se um dia você descobrisse que o mundo em que vive funciona de maneira totalmente diversa daquela em que você acreditava até agora. Casas, ruas, árvores e nuvens seriam apenas cenários movidos por forças que você nem sequer sonhava que existiam.

Foi exatamente isso que aconteceu a um grupo de físicas e físicos há cem anos. Eles constataram que, por trás dos conceitos e das teorias pelos quais enxergavam o mundo, havia uma realidade mais profunda, que lhes parecia tão incomum a ponto de levantar a discussão se aquilo poderia mesmo ser chamado de "realidade".

Este livro conta a história de como essas físicas e esses físicos chegaram a essa situação e lidaram com ela. No fim, o mundo será outro: eles não só passarão a vê-lo de outro modo como também o terão transformado profundamente.

Paris, 1903

AS PRIMEIRAS RUPTURAS

Paris, numa noite de verão em junho de 1903. Um jardim no bulevar Kellermann, no 13º distrito. A luz de uma janela cai sobre o gramado, uma porta se abre, ouvem-se vozes alegres e um pequeno grupo de pessoas em trajes de festa caminha sobre as passagens de cascalho. No centro, vê-se uma mulher de vestido preto: a física Marie Curie, aos trinta e nove anos. Seu rosto sempre tão sério parece relaxado e feliz. É a festa do seu doutorado.

Marie está no auge da carreira. É a primeira mulher na França a receber o título de doutora em uma das ciências naturais, com a distinção *très honorable*. E é ela também a primeira mulher do mundo a ser indicada para o Prêmio Nobel.

Ao lado de Marie, seu marido, Pierre, está radiante de orgulho. Ela está cercada por sua irmã mais velha, Bronia, seu orientador, Gabriel Lippmann, seus colegas Jean Perrin e Paul Langevin, e várias de suas estudantes. O físico neozelandês Ernest Rutherford, finalmente em lua de mel depois de três anos casado com Mary, também comemora. Rutherford e Marie Curie são concorrentes, ambos pesquisam a composição dos átomos e têm posições veementemente contrárias. Mas nessa noite essa disputa é deixada de lado. O momento é de festejar.

O caminho trilhado por Marie até essa noite feliz começa bem longe da metrópole francesa, em Varsóvia, na década de 1860. A Polônia está dividida entre três grandes potências: Prússia, Rússia e Áustria; Varsóvia está sujeita ao domínio imposto pelos czares russos. Todos são proibidos de chamar sua terra natal de "Polônia" em voz alta. É lá que, em 7 de novembro de 1867, nasce Maria Sklodowska, a última dos cinco filhos de um casal de professores. A família é contra os ocupantes. O pai faz o melhor que pode para educar suas filhas de forma que sejam independentes. Quando Mania, como Maria é chamada em casa, tem quatro anos de idade, a mãe, que sofre de tuberculose, evita o contato com os filhos. Não quer que uma das crianças seja infectada. Ela morre depois de lutar por muito tempo contra a doença, que, na época, não tinha cura.

Mania leva mais de dez anos para recuperar sua alegria de viver. No início, se refugia no aprendizado, mergulha nos livros e com incansável afinco torna-se a melhor aluna do ano na escola secundária imperial. Aos quinze anos, sofre uma crise nervosa causada pela pressão à qual ela própria se submete. Seu pai, que educa os filhos sozinho, a envia ao campo para descansar e se recuperar. Lá, ela deixa os livros de lado, descobre a música, festeja, namora e dança noites adentro. Em uma universidade polonesa clandestina, que também aceita mulheres, começa a estudar — e ultrapassa todos os colegas de estudo com seu desempenho. Para apoiar financeiramente a irmã mais velha, Bronia, que vai cursar medicina em Paris, ela assume um cargo de governanta na casa de um fabricante de açúcar nos arredores de Varsóvia — e se apaixona pelo filho da família, o estudante de matemática Casimir, de vinte e três anos. O pai fica estarrecido com a relação. Casimir, de início, resiste ao pai, mas acaba cedendo, depois de anos de muitos altos e baixos; Mania fica só e abandonada, com o coração despedaçado e uma raiva profunda dos homens: "Se não querem se casar com jovens mulheres pobres, eles que vão para o inferno!".

Em 1891, Mania segue a irmã e se muda para Paris. Nesse meio-tempo, Bronia se casara justamente com um homem chamado Casimir. Ambos são médicos e imbuídos dos ideais comunistas. O consultório fica no próprio apartamento onde eles atendem de maneira gratuita pacientes sem recursos. Para Mania, que agora adota o nome Marie, é muita confusão. Ela se muda para uma mansarda onde se enterra, literalmente, nas noites de inverno sob todas as roupas que possui. Para economizar, ela quase nunca carrega o balde de carvão até o alto para aquecer o quarto, e se alimenta exclusivamente de chá, frutas, pão seco e chocolate. Mas pouco importa! Ela está livre. Na Paris da virada do século, as mulheres ainda estão longe de terem direitos iguais aos homens. Uma *étudiante* (estudante) tanto pode ser uma mulher que estuda como também a amante de um homem estudante. Mas, ao menos, as mulheres podem estudar sem obstáculos, e é a isso que

Marie se dedica com paixão. Aquilo de que ela mais gosta é passar seus dias em salas de aula, laboratórios e bibliotecas, preencher suas noites na companhia de seus livros, assistir às apresentações do lendário Henri Poincaré. Mais uma vez, ela exagera e sofre um colapso na biblioteca. Bronia leva Marie exausta e subnutrida para sua casa e a alimenta com carne e batatas, até que ela recupere suas forças. Logo que pode, ela corre de volta para os livros e, uma vez mais, é a melhor aluna do ano nas provas finais.

Mas, e agora? As mulheres de fato podem estudar, mas muitos homens não toleram sua presença como pesquisadoras. Marie tem a sorte de ter recebido uma bolsa para desenvolver sua pesquisa sobre as características magnéticas de diversos tipos de aço. Ao surgirem problemas com o aparelho do laboratório, um conhecido lhe recomenda falar com um especialista em magnetismo: Pierre Curie, de trinta e cinco anos, aparência mais jovem, tímido e pensativo. Pierre mostra a ela como lidar com um eletrômetro, aparelho desenvolvido por ele próprio. Marie desiste da promessa de nunca mais se apaixonar, depois da desilusão com Casimir, e os dois se tornam um par.

Contudo, o magnetismo do aço não corresponde à vocação de Marie, há coisas mais interessantes a serem pesquisadas. Em Wurtzburgo, Wilhelm Conrad Röntgen acaba de descobrir, por acaso, os misteriosos raios X, também chamados de raios Röntgen, ao colocar a mão em frente a um tubo de elétrons e perceber que os raios a atravessavam e tornavam seus ossos visíveis. Para o Ano-Novo em 1896, ele envia aos colegas fotos do contorno dos ossos da mão de sua mulher, incluindo a aliança de casamento. Ninguém tinha visto algo assim. As imagens das radiografias geram um clima de entusiasmo na ciência e na sociedade.

Nesse mesmo ano, em Paris, Henri Becquerel descobre — mais uma vez, por acaso — uma espécie de radiação que ele chama de *rayons uraniques*, ou raios urânicos, pois foram irradiados do urânio que ele deixara numa gaveta com uma placa fotográfica. Mas isso é tudo que Becquerel consegue descobrir sobre esses raios. Para o seu surgimento, ele não tem explicação. Becquerel supõe e tem esperanças de que tenham algo a ver com a fosforescência, pois esse é um efeito que ele e seus antecessores pesquisam há muitas gerações. O alvoroço causado por esses raios é bem menor do que aquele causado por Röntgen, e suas imagens difusas perdem a graça perto das imagens de Röntgen, publicadas em capas de jornais e exibidas nas feiras populares.

Marie Curie, no entanto, está fascinada pela descoberta de Becquerel. Ela percebe que a questão não ficou resolvida com os poucos experimentos feitos por ele, que não é exatamente um fanático pelo trabalho, e desenvolve um novo procedimento para medir os raios de urânio, baseando-se nos eletrômetros de Pierre. Ela tem ainda a ousadia de contradizer o poderoso Becquerel. Marie chama os raios de "*radioactif*" em vez de "*uranique*", pois está convencida de que não são provenientes apenas do urânio. Então ela busca comprovar a existência de novos elementos radioativos, e nos próximos dois anos descobrirá dois: polônio e rádio.

Mais que isso, Marie Curie afirma que "a inacreditável radiação do urânio é uma característica do átomo", como escreve em 1898 — uma provocação, considerando o estado do conhecimento na época. Os cientistas não conseguem lidar muito bem com os átomos. Afinal, há tantos deles. Existem os átomos dos químicos, componentes de matéria indivisíveis e imutáveis que se liberam de suas ligações em reações químicas e se rearranjam em novas ligações. Existem também os átomos dos físicos, disparados através do vácuo como minúsculas bolas de bilhar que se chocam para produzir pressão e calor nos gases. Existem os átomos dos filósofos, os pilares perpétuos do mundo desde os tempos de Demócrito. Porém, não existe um contexto teórico entre todos esses diferentes átomos. A não ser que todos eles são chamados de "átomos". E então Marie Curie passa ainda a sustentar que algo acontece dentro desses átomos.

Como isso seria possível? Como funcionaria o mecanismo através do qual átomos irradiam radioativamente? Os experimentos parecem mostrar que ele não sofre influência dos processos químicos, da luz e da temperatura dos campos elétricos e magnéticos. Mas, então, o que o aciona? A suspeita de Marie Curie é escandalosa: nada. O processo pelo qual a radiação surge começa por si próprio, espontaneamente. Em uma dissertação para o Congresso Internacional de Física, por ocasião da Feira Mundial de Paris, em 1900, ela escreve uma frase temerosa: "A espontaneidade da radiação é um mistério, um objeto de grande perplexidade". A radioatividade surge espontaneamente, sem um motivo. Com isso, Curie ousa sacudir um fundamento da física, o princípio da causalidade. Ela pensa até mesmo em refutar a lei de conservação de energia, o princípio fundamental da física, segundo o qual a energia nunca se perde ou surge do nada. Quem irá esclarecer o enigma de Curie é o físico neozelandês Ernest Rutherford, ao desenvolver a "teoria da transformação" da radioatividade: quando um átomo irradia radioativamente, ele se transforma de um elemento químico em outro. Com isso, mais um dogma da ciência é questionado. Tal transformação é tida como impossível, como maluquice dos alquimistas ou charlatães. Até mesmo Marie Curie resiste por muito tempo à teoria de Rutherford, mas, por fim, ambos estão certos — Curie, com a espontaneidade, e Rutherford, com a transformação. O que precisará ser revisto é a velha física.

Os Curie instalam seu laboratório em um barracão no pátio interno da École Supérieure de Physique et de Chimie Industrielles, no Quartier Latin, o bairro universitário da capital francesa. O vento uiva pelas frestas. O chão está sempre úmido. Era ali que os estudantes dissecavam cadáveres, até não suportarem mais o desconforto. Agora, as mesas de necropsia deram lugar a aparelhos estranhos: bulbos de vidro, fios elétricos e bombas de vácuo, balanças, prismas e baterias, queimadores a gás e cadinhos de fusão. O químico báltico-alemão Wilhelm Ostwald descreve o barraco-laboratório dos Curie como "uma mistura de estábulo com depósito de batatas", depois de ser autorizado a visitá-lo, após muita insistência. "Se não tivesse visto os aparelhos químicos sobre a bancada de trabalho, pensaria que tudo não passava de uma brincadeira". É nesse ambiente de cozinha de alquimistas que os Curie farão algumas das mais importantes descobertas do século XX. Mal sabem eles que é nesse galpão açoitado por correntes de ar que encontrarão, através da física, um dos fundamentos para uma nova visão de mundo.

Em seu barracão, os Curie pretendem produzir uma substância que muitos de seus colegas consideravam uma ilusão até pouco tempo: rádio puro. Eles não podem, porém, fazer mágica. O rádio tem que vir de algum lugar e eles precisam de uma matéria-prima. Após muitos experimentos, Marie encontrou em um mineral radioativo chamado pechblenda. Precisam de toneladas do material, mas é impossível consegui-lo em Paris e os Curie não têm dinheiro. Pierre pergunta por toda a Europa e acaba descobrindo que na mina de Joachimsthal, em plena floresta da Boêmia, de onde também são extraídos os metais para as moedas de táler, sobram enormes quantidades de pechblenda como dejeto. Ele consegue convencer o diretor da mina a lhes ceder dez toneladas do mineral. O transporte é financiado pelo barão Edmond James de Rothschild, um magnata, graças aos negócios bancários de seu pai; porém mais interessado em arte, ciência e cavalos do que em transações financeiras.

Quando uma montanha de pechblenda é entregue no pátio, em frente ao barracão, na primavera de 1899, Marie pega um punhado do "pó marrom, misturado com folhas de pinheiros", e aproxima do rosto. Agora sim, o trabalho pode começar.

Trata-se de um trabalho braçal: Marie carrega baldes pesados, despeja líquidos em outros recipientes, mexe as misturas com varas de ferro em caldeiras fumegantes. A pechblenda tem que ser lavada com ácidos, sais alcalinos e milhares de litros de água. Para sua extração, os Curie desenvolveram uma técnica chamada de "fracionamento". Fervem o material repetidamente, deixam-no esfriar e cristalizar. Elementos leves cristalizam com mais rapidez que os pesados, de modo que os Curie conseguem, assim, enriquecer rádio pouco a pouco. É necessário fazer medições precisas e ter muita paciência, mas, apesar do trabalho infernal, ambos estão felizes. Durante seus passeios noturnos, a caminho de casa após o trabalho, eles imaginam como será a aparência do seu rádio. Sua mistura de rádio torna-se cada vez mais pura, a luminescência irradiada à noite dos bulbos de vidro no laboratório é cada vez mais forte. No verão de 1902, os dois finalmente alcançam seu objetivo e seguram nas mãos alguns décimos de grama de rádio. Marie determina o peso atômico do elemento e lhe dá o número 88 no sistema periódico.

Só uma pessoa não está feliz: Irène, a filha dos Curie, nascida prematuramente dois anos antes no barracão. Ela quase não vê os pais, que, quando vêm para casa, estão exaustos. Vovô Eugene cuida de Irène, que apresenta todas as características de uma criança que sofre de ansiedade. Quando a mãe, Marie, ameaça sair da sala, ela se agarra à sua saia e chora. Um dia, ela pergunta ao avô por que a mamãe passa tão pouco tempo em casa. O avô pega a menina pela mão e a leva para conhecer o barracão do laboratório. Irène fica chocada com "aquele lugar triste, tão triste". É mais uma filha que sente falta da mãe. Três décadas mais tarde, Irène Joliot-Curie será a segunda mulher, depois de sua mãe, a receber o Prêmio Nobel por uma pesquisa sobre a radioatividade. Sua filha Hélène também se tornará física nuclear.

Naquela noite de junho, no bulevar Kellermann, Marie Curie ainda não suspeita do infortúnio que se abaterá sobre sua família. Para a festa, ela mandou fazer especialmente um novo vestido, de tecido preto, no qual não se veem as manchas do laboratório de forma tão evidente. E nem a curva de sua barriga que começa a crescer. Marie está no terceiro mês de gravidez. Poucas semanas depois, ela e Pierre resolvem fazer um passeio de bicicleta. Os dois adoram pedalar pelo campo e fizeram sua viagem de lua de mel também de bicicleta. Mas Marie já está no quinto mês de gravidez. Seu corpo não suporta os impactos da bicicleta sobre as estradas de terra e ela sofre um aborto. Para fugir do luto, mergulha cada vez mais no trabalho, até sofrer um novo colapso. Isso a impede de viajar para a cerimônia de entrega do Prêmio Nobel, em Estocolmo, concedido a ela e a Pierre juntos e a Henri Becquerel pela descoberta da radioatividade; assim, o palco na capital sueca fica à disposição do vaidoso Becquerel, que exibe um traje bordado em brocado de ouro, com medalhas de ordem no peito e um sabre na lateral.

Naquela noite de verão, quando Marie comemora seu doutorado e sai de braços dados com Pierre pela porta do salão, os convidados erguem suas taças a ela. O casal dá alguns passos, se afastando da luz para um momento a sós. Sob o céu estrelado, Pierre tira do bolso do colete uma ampola de vidro com brometo de rádio. A radiação ilumina seus rostos felizes e avermelhados pelo álcool, e a pele dos dedos de Pierre, queimados e marcados por fissuras. São o prenúncio da doença causada pela radiação, que causará a morte de Marie, e um primeiro sinal do impacto da descoberta que estão investigando.

Berlim, 1900
UM ATO DE DESESPERO

O dia 7 de outubro de 1900 é um domingo que promete ser extremamente monótono. O casal Max e Marie Planck está recebendo os vizinhos Heinrich e Marie Rubens para um chá da tarde em seu apartamento da alta classe média, no bairro de Grünewald, em Berlim. Rubens é professor titular de física experimental na Universidade de Berlim, assim como Planck em física teórica. Para desgosto das mulheres, seus maridos não conseguem deixar de falar de trabalho. Rubens conta sobre suas mais recentes medições no laboratório do Physikalisch-Technischen Reichsanstalt, o Instituto de Física do império alemão, e relata que as curvas registradas por ele e seus colegas contradizem todas as fórmulas consideradas até então. Trata-se de comprimento de onda, densidade energética, linearidade e proporcionalidade. Planck começa a juntar mentalmente as peças de um quebra-cabeça que ocupa sua atenção há anos com o intuito de montar um novo modelo. À noite, depois que os convidados se foram, ele se senta à mesa de trabalho e coloca no papel o que construíra mentalmente: a fórmula de radiação que corresponde de modo exato a todos os dados de medição. A fórmula procurada por Planck e tantos outros há anos. Por volta da meia-noite, Marie Planck acorda ao som da "Ode à Alegria", trecho da nona sinfonia de Beethoven, tocada pelo marido ao piano. É a maneira dele de expressar sua grande alegria. Ainda na mesma noite, escreve sua fórmula em um cartão-postal que envia a Rubens.

"Fiz uma descoberta tão importante quanto a de Newton", anuncia Max Planck, aos quarenta e dois anos, a seu filho Erwin, de sete anos, durante um passeio matutino por Grünewald. E não está exagerando.

Planck não é um revolucionário nato. Ao contrário, mais parece o protótipo do servidor público prussiano, sempre vestido corretamente em terno escuro, com camisa engomada e gola dura com uma gravata-borboleta preta, no nariz um pincenê por causa da miopia. Acima dos olhos penetrantes sobressai a testa alta e a curva arredondada de sua calvície, sob a qual impera a prudência. Ele próprio considera-se um homem de "natureza pacífica". Como confessa a um estudante, "minha máxima é sempre refletir antes de cada passo, mas depois, quando se acredita poder arcar com as consequências, não aceitar intervenções". Sua maneira de lidar com novas ideias é integrá-las em sua visão de mundo profundamente conservadora. "É inconcebível que seja esse o homem a começar a revolução", diz um estudante a respeito de Planck. Ele não será o único a aprender uma lição.

Max Karl Ernst Ludwig Planck nasceu em 1858 na cidade de Kiel, que na época pertencia ao reino da Dinamarca. Uma longa tradição acadêmica caracteriza sua família. Seu avô e o bisavô por parte de pai eram teólogos respeitados, seu tio Gottlieb Planck é um dos autores do Código Civil, seu pai, Johann Julius Wilhelm Planck, também jurista, foi condecorado por Luís II, rei da Baviera, e passou a usar o título de "Cavaleiro von Planck". Todos patriotas cumpridores de seus deveres e respeitadores das leis divinas e seculares. Max é educado para seguir o caminho de seus antepassados.

Quando Max Planck completa nove anos, a família se muda para Munique, para um grande apartamento na Briennerstrasse. O pai assume a cadeira da disciplina Processo Civil na universidade Ludwig Maximilians; o filho Max frequenta a quinta série da escola secundária Maximiliansgymnasium (apelidada de "Max"), recém-instalada no novo prédio do Mosteiro das Damas, na Ludwigstrasse.

Ele não é o melhor entre os sessenta e cinco alunos da classe, mas é disciplinado. Nos quesitos "conduta moral" e "diligência", só recebe notas máximas. Além disso, tem aquelas qualidades que são importantes no sistema escolar prussiano, voltado para o aprendizado de grandes volumes de matérias pela memorização. Um dos certificados escolares de Max prevê que ele tem boas chances de se tornar "algo direito". Ele seria "o preferido dos professores e colegas de escola e, apesar da infantilidade, tem um pensamento muito claro e lógico". Em Munique, o adolescente Planck sente-se atraído não pelas cervejarias, mas pelos teatros de ópera e salas de concerto. Com grande talento musical, desenvolve ainda criança um ouvido absoluto, toca violino e piano, canta no coro da igreja, onde assume também papéis femininos como solista, por causa de sua voz de soprano. Nas missas de domingo, é ele quem toca o órgão, e compõe canções, até mesmo uma opereta: "O amor na floresta", apresentada em uma festa da Associação Acadêmica de Canto.

Depois de ser aprovado com distinção no ensino secundário aos dezesseis anos, Max Planck pensa em se tornar pianista. Entretanto, ao consultar um professor sobre as perspectivas de um estudo da música, recebe uma resposta brusca: "Já que está perguntando, estude outra coisa!". Então, talvez filologia clássica? Max não consegue se decidir. Seu pai o indica ao professor titular de física Philipp von Jolly, que faz de tudo para convencer o secundarista a cursar física. Ele descreve a Max o estado da física como "uma ciência altamente desenvolvida e quase totalmente madura que, depois de ser coroada pela descoberta do princípio da conservação de energia, provavelmente alcançaria em breve sua forma estável definitiva. Talvez existisse ainda em um ou outro aspecto alguma partícula ou pequenas bolhas a serem verificadas ou classificadas, mas o sistema como um todo estaria bem assegurado e a física teórica estaria se aproximando notavelmente do grau de perfeição alcançado pela geometria há séculos".

Jolly não é o único a acreditar nisso. Até o limiar do século XX, os físicos têm convicção de que poderão concluir plenamente o desenvolvimento de sua disciplina. "Os mais importantes fatos e leis básicas da física foram todos descobertos", declara o físico norte-americano Albert Michelson, em 1899, "e estão comprovados de forma tão definitiva que a possibilidade de serem ultrapassados por novas descobertas é extremamente remota. Nossas futuras descobertas serão da ordem da sexta casa decimal".

James Clerk Maxwell, conhecido por estabelecer a relação entre eletricidade, magnetismo e luz, já alertava em 1871 contra esse tipo de complacência: "Essa característica dos experimentos modernos, que consistem basicamente em medições, é tão marcante que aparentemente difundiu a opinião de que em poucos anos todas as constantes físicas importantes estariam mais ou menos estimadas e aos homens da ciência caberia apenas a tarefa de continuar realizando essas medições até a próxima casa decimal". Maxwell ressalva que a verdadeira recompensa para o "esforço de uma cuidadosa medição" não é uma maior precisão, mas sim "a descoberta de novas áreas de pesquisa" e "o desenvolvimento de novas ideias científicas". O futuro comprovaria a profecia de Maxwell.

Jolly ainda não sabe que é esse erro histórico que lhe reservará uma modesta posição na história da física, nem que o jovem Planck, com então dezesseis anos, sentado à sua frente, terá o papel de revelar seu erro. Planck também não imagina isso ainda. Medir e calcular alguns dígitos depois da vírgula não parece nada mal aos ouvidos do jovem. Pelo menos a resposta parece mais promissora do que a do professor de música. No inverno de 1874-75, ele se matricula em matemática e ciências naturais.

Na universidade de Munique, Planck vive a rotina monótona que Philipp von Jolly prenunciara. Entre os projetos de pequisa de Jolly está a mais exata determinação, até então, do peso específico da amônia líquida com uma balança de mola construída por ele próprio e a verificação da lei da gravidade de Newton, com uma bola de chumbo de 5.775,2 quilogramas e diâmetro de quase um metro — nada de revolucionário.

Planck resiste durante três anos na faculdade de física em Munique, mas acaba achando tudo muito monótono e se transfere para Berlim, o centro da física, onde ensinam grandes nomes como Gustav Kirchhoff e Hermann von Helmholtz.

Depois da vitória contra a França na guerra de 1870-71 e do surgimento de uma Alemanha unificada, Berlim torna-se a capital de uma nova e poderosa nação europeia. Por enquanto, são os franceses que pagam reparação, que permitirão a construção de uma metrópole na junção dos rios Havel e Spree capaz de se comparar a Paris e Londres. De 1871 a 1900, a população cresce de 865 mil para mais de dois milhões de habitantes, fazendo com que Berlim se torne a terceira maior cidade da Europa. Muitos imigrantes vêm do Leste, principalmente judeus refugiados dos *pogroms* da Rússia czarista.

Com a ambição de transformar Berlim em uma metrópole europeia, surge também o desejo de fazer da Universidade de Berlim uma das melhores do continente. Hermann von Helmholtz, o mais respeitado físico do país, é levado de Heidelberg. Um acadêmico universal no velho estilo, Helmholtz é formado como cirurgião e um fisiologista famoso. Graças a sua invenção do oftalmoscópio, ele contribuiu para o avanço da compreensão do funcionamento do olho humano.

Nenhum outro cientista da época tinha um horizonte mais amplo que Helmholtz. Aos cinquenta anos, ele tinha consciência do seu valor e negociou um salário muito acima do usual, recebendo seu próprio instituto de física instalado em um novo e suntuoso prédio, ainda em construção quando Planck chegou a Berlim, em 1877, para assistir a suas primeiras aulas no prédio principal da universidade, no antigo palácio Unter den Linden, em frente à ópera. Para Planck, era como se estivesse saindo de um cubículo apertado para entrar em um amplo salão.

Mas mesmo um salão pode ser monótono. Kirchhoff dá suas aulas lendo de um caderno, o que Planck considera "seco e entediante", e Helmholtz está mal preparado, apresenta com hesitação e erra repetidamente seus cálculos. Planck, que ainda carrega em si o aluno aplicado, passa a estudar por conta própria e lê os trabalhos de Rudolf Clausius sobre termodinâmica e entropia, a nova medida física para a desordem. Um primeiro passo para a revolução.

Aos vinte anos, Planck é aprovado no exame de física e matemática. Um ano mais tarde, apresenta sua tese de doutorado, "Sobre a segunda lei da teoria mecânica do calor". Depois de mais um ano, entrega seu trabalho para a habilitação como professor universitário, "Estados de equilíbrio de corpos isotrópicos em diferentes temperaturas". Ele é aprovado com a distinção *summa cum laude* e a nota "altamente satisfatório". Tem início uma carreira acadêmica exemplar.

Planck torna-se docente na Ludwig Maximilians e continua morando com os pais, onde leva "a melhor e mais confortável vida que se possa imaginar". Isso acaba quando assume o cargo de professor em Kiel. O salário anual de dois mil marcos é suficiente para iniciar sua própria família, o que lhe falta então é apenas a mulher adequada. Planck se casa com a irmã de um colega de escola, Marie Merck, oriunda de uma rica família de banqueiros. No espaço de dois anos, o casal tem três filhos.

E justamente quando Max Planck está se estabelecendo como "homem de família", as coisas começam a ficar complicadas de novo. Morre Gustav Kirchhoff em Berlim, doente havia muito tempo, e a cátedra de física e matemática na Universidade Friedrich-Wilhelms fica livre. A comissão de nomeação está procurando um candidato "com autoridade científica comprovada em vigorosa idade viril". Ludwig Boltzmann, o fundador da mecânica estatística, e Heinrich Hertz, que descobriu as ondas magnéticas, rejeitam. Max Planck é a terceira opção. Mas será que ele, com apenas trinta anos de idade, terá maturidade para assumir uma das cadeiras mais importantes do país? Nos grêmios dos físicos berlinenses, nos quais a média de idade costuma girar em torno dos sessenta anos, alguns têm dúvidas. Depois de seu antigo professor, Hermann von Helmholtz, interceder, Planck é contratado; porém, inicialmente apenas como professor associado.

Planck, portanto, precisa provar do que é capaz. Ele ocupa a cadeira do seu professor, ao lado de seu outro professor, Hermann von Helmholtz, e começa a se dedicar à tarefa inacabada deixada por Kirchhoff: o problema do corpo negro.

Oleiros e ferreiros sabem há séculos que todos os objetos aquecidos, não importa de qual material, ardem em uma sequência característica de cores enquanto a temperatura aumenta. Quando se segura um ferro de atiçar no fogo, ele primeiro brilha com uma cor vermelho-cereja mais clara; quando o ferro se aquece, passa para um amarelo que vai ficando cada vez mais branco e claro, à medida que o calor aumenta, até adquirir gradualmente um toque de azul. Essa sequência de cores característica é sempre a mesma, no céu como na terra, desde o carvão que arde vermelho até o amarelo do sol e o branco-azul do aço fundido.

Físicos mediram repetidamente os espectros da radiação emitida. Com termômetros aperfeiçoados e placas fotográficas, descobriram que a paleta de cores continua para além do que é visível, na extremidade mais fria para o infravermelho, no lado mais quente para o ultravioleta. A cada casa decimal, eles avançam um pouco mais.

O que se procurava era uma fórmula que descrevesse de maneira correta a relação entre temperatura e espectro de cores: esse é o problema do corpo negro. Em 1859, ainda professor em Heidelberg e considerado uma autoridade na análise espectral de água mineral, o físico Gustav Kirchhoff formula cientificamente o problema do corpo negro. Mas ele e outros teóricos fracassam repetidas vezes na tentativa de encontrar uma fórmula para esse corpo. Wilhelm Wien descobre uma fórmula que reproduz relativamente bem a parte de alta frequência dos espectros, James Jeans desenvolve uma outra para os grandes comprimentos de ondas. Mas ambas fracassam na outra extremidade correspondente do espectro.

Esse não é o único problema que os físicos enfrentam. Os raios X, a radioatividade e os elétrons acabam de ser descobertos, e há uma grande discussão sobre a existência dos átomos. Comparado a isso, o problema do corpo negro parece uma bagatela, mas é por isso mesmo que os especialistas não conseguem largá-lo.

Não se trata apenas de pensar por espírito esportivo, mas sim de um assunto de interesse nacional. No então recém-proclamado império alemão, somente em 1871, há esperança de que a solução do problema do corpo negro se torne uma vantagem competitiva para a indústria local de iluminação na concorrência com a Grã-Bretanha e os Estados Unidos. Do ponto de vista da física, um filamento não é nada mais que um ferro de atiçar incandescente. Em janeiro de 1880, Thomas Edison recebeu sua patente para uma lâmpada incandescente, mais vantajosa que as lâmpadas a gás comuns da época, dando início a uma disputa mundial pelo domínio do mercado de iluminação. Empresas alemãs tentavam desenvolver lâmpadas incandescentes mais eficientes do que as de seus concorrentes norte-americanos e britânicos.

Na corrida pela liderança na eletrotécnica, o jovem império alemão estava bem posicionado. Werner von Siemens inventara o dínamo. Em 1887, o governo do império constitui, com apoio de Siemens, o Physikalisch--Technischen Reichsanstalt, o Instituto de Física do império alemão, com um programa de pesquisa da radiação do corpo negro, para que as lâmpadas incandescentes alemãs se tornassem as melhores do mundo.

Por fim, em 1896, Friedrich Paschen, docente na escola técnica superior de Hannover, acredita ter encontrado a fórmula para o corpo negro. Mas seus concorrentes no instituto o contradizem com métodos de medição aperfeiçoados. Seu laboratório radiofísico é o mais bem equipado do mundo, repleto de lâmpadas incandescentes, bobinas de cobre, termômetros, fotômetros, espectrômetros e bolômetros com grandes indicadores de escala, permeados por feixes de cabos pesados, com um cilindro oco isolado no centro, aquecido a gás e líquido: o corpo negro.

Quando Max Planck se torna sucessor de Kirchhoff na Universidade de Berlim, precisa mostrar que as pegadas de Kirchhoff não são grandes demais para ele. Ele precisa se firmar nas grandes atividades acadêmicas da universidade da capital, atender centenas de estudantes, aplicar exames, escrever relatórios, participar de reuniões. Suas aulas são tão secas e sem inspiração quanto as que ele conhecera com seu antecessor. Uma estudante chamada Lise Meitner queixa-se de que, "apesar de sua extraordinária clareza, elas parecem um tanto impessoais, quase tímidas". "Planck também não é nada engraçado", constata um estudante.

A partir de 1894, Planck dedica todo o tempo que tem para pesquisar o problema do corpo negro que Kirchoff teve que deixar sem solução.

O fato de que a "radiação das cavidades negras" se trata de "algo absoluto" o fascina, "e como a busca pelo absoluto sempre me pareceu a mais bela tarefa na pesquisa, me dediquei com afinco a esse trabalho". Ele enfrenta o problema como teórico puro: com papel, lápis e o cérebro. Porém, naquela noite de domingo, ao finalmente escrever a fórmula tão procurada, ele já se depararia com o próximo desafio: não compreende sua própria descoberta. Duas semanas mais tarde, em 19 de outubro, no colóquio das sextas-feiras da sociedade de física na Magnus-Haus, junto ao rio Spree, quando ele se levanta após uma palestra de Ferdinand Kurlbaum, não tem muito mais a comunicar do que a própria fórmula.

A parte mais difícil do trabalho ainda está à sua frente. Planck precisa interpretar e fundamentar a fórmula que ele próprio deduzira. Os físicos não querem saber apenas o que é certo, mas também entender por que é certo. Nas semanas após a descoberta, Planck esforça-se para deduzir de argumento físicos a fórmula que teve tanta sorte de imaginar. Ele é um físico do estilo antigo, que não acredita em novas modas, como a física estatística de Ludwig Boltzmann, e tampouco acredita em átomos. Mas, com os conceitos de seu pensamento clássico, não consegue compreender sua própria fórmula. O que significa essa constante misteriosa de nome h que ele escreveu no papel tão facilmente naquela noite? Esse h é realmente minúsculo, apenas 0,000000000000000000000000655. Mas não se deixa reduzir ao zero.

Em um "ato de desespero", Planck acaba assumindo que o corpo negro é composto por átomos. Recorre aos métodos estatísticos de Boltzmann, que ele na verdade rejeita, e assim chega à sua fórmula, mas também à estranha conclusão de que "a energia é obrigada desde o início a permanecer em certos quanta agrupados". Primeiro foram os átomos, agora ainda os "quanta". Planck tem esperança de que esse tormento logo acabe, mas sua fórmula permaneça. Ele considera os quanta "um pressuposto meramente formal e, na verdade, não pensei muito nisso, mas apenas que eu precisava de qualquer maneira obter um resultado positivo". Um mero truque de cálculo. Nada que fizesse o mundo sair dos eixos. Ainda não.

Em 14 de dezembro de 1894, às cinco da tarde, Planck faz novamente uma palestra no colóquio das sextas-feiras com o título "Sobre a teoria da lei de distribuição de energia no espectro normal". Os pesquisadores Rubens, Lummer e Pringsheim estão sentados a sua frente em bancos de madeira. "Senhores!", cumprimenta-os Planck e passa a falar por meio de frases complicadas: "Quando tive a honra, há várias semanas, de chamar sua atenção para uma nova fórmula que me pareceu adequada para expressar a lei da distribuição da energia irradiada em todas as áreas do espectro normal, minha opinião sobre a utilidade da fórmula baseava-se, como descrevi na ocasião, não só na concordância aparentemente boa dos poucos números que lhes pude comunicar então como nos resultados de medição até então (nesse ínterim, os senhores Rubens e Kurlbaum puderam dar uma confirmação direta para ondas muito longas), mas principalmente na estrutura simples da forma e especialmente no fato de que a mesma resulta em uma expressão logarítmica muito simples para a dependência da entropia de um ressonador oscilante monocromático irradiado de sua energia de oscilação, expressão esta que, em todos os casos, parecia prometer uma melhor possibilidade de interpretação geral do que qualquer outra fórmula proposta anteriormente, com exceção da fórmula de Wien, que, porém, não é confirmada pelos fatos".

A fórmula, portanto, ele já anunciara. Pode então fundamentá-la. Logo chega ao passo decisivo: "Consideramos, porém — e esse é o ponto mais importante de todo o cálculo —, a energia como composta de uma determinada quantidade de partes iguais finitas e, para esse fim, fazemos uso das constantes naturais $h = 6,55 \times 10^{-27}$ ergsec". Os quanta estão no mundo e ninguém os nota. Um aplauso caloroso ressoa nos bancos de madeira.

Nem Planck nem sua audiência imaginam que, mais tarde, outros físicos chamarão essa tarde de "o nascimento da física quântica". Durante anos, Planck e outros físicos, como lord Rayleigh e James Jeans, na Inglaterra, ou Hendrik Antoon Lorentz, em Leiden, tentarão se livrar dos quanta novamente. Eles acreditam no continuum, no éter. Acreditam em Newton e em Maxwell. Tudo isso será derrubado. Mas os quanta permanecerão.

Berna, 1905

O DESPACHANTE DE PATENTES

Berna, sexta-feira, 17 de março de 1905. Logo o relógio da torre Zytglogge tocará oito horas. Um jovem de terno quadriculado desce apressado a escadaria íngreme e estreita do segundo andar na rua Kramgasse 49 e atravessa correndo pelas arcadas a rua de paralelepípedo. Nas mãos, leva um envelope. É possível que alguns passantes tenham se admirado com as pantufas verdes, gastas e de flores bordadas que ele calçava. Mas o jovem não dá atenção aos olhares. Ele precisa ir ao correio com urgência. O conteúdo do envelope em sua mão vai transformar o mundo. Seu nome é Albert Einstein.

Einstein completara vinte e seis anos três dias antes e tornara-se pai havia dez meses. No apartamento de quarto e sala no segundo andar, vive com sua mulher, Mileva, e o filho deles, Hans Albert.

Einstein ocupa o cargo de "técnico de terceira classe" no Instituto de Patentes. Não é o emprego dos seus sonhos, mas ele está mais que satisfeito por, ao menos, tê-lo conseguido. O fracasso do doutorado, nenhum cargo de assistente na universidade, um parto com muitas complicações e um longo processo de contratação no Instituto de Patentes. Einstein tem que sobreviver durante algum tempo como professor particular para sustentar a mulher e o filho e pagar o aluguel. Dá aulas de física e matemática para arquitetos, engenheiros e eternos estudantes. Um de seus alunos, um franco-suíço, anota em seu caderno: "Seu crânio curto parece incrivelmente largo. A pele tem um tom pardo opaco. Acima da boca grande e sensual, brota um bigode negro e fraco. O nariz é ligeiramente adunco. Os olhos muito castanhos têm um brilho suave e profundo. A voz é cativante, como o som vibrante de um violoncelo. Einstein fala francês corretamente com um leve sotaque estrangeiro". Paralelamente, frequenta aulas de patologia na universidade de Berna, pois considera as aulas de física monótonas demais. Ele tenta se estabelecer no corpo docente particular, mas a universidade recusa seu pedido de aprovação como professor. Seu desempenho não seria suficiente para liberá-lo da apresentação de uma dissertação para o cargo, já que ele nem sequer completou o doutorado. Einstein chama a universidade de um "chiqueiro". "Não vou ensinar lá." E é assim que fracassa a primeira tentativa de se tornar um "grande professor".

Aliás, os últimos anos correram mal para Einstein. Em 1896, quando se matriculou na Escola Politécnica de Zurique com apenas dezessete anos, depois de ter sido reprovado no exame de admissão na primeira tentativa e de ser obrigado a se graduar primeiro no nível secundário suíço, a empresa de seu pai foi à falência. Einstein encontra-se na maior e mais cara cidade da Suíça, na metrópole dos bancos e das empresas, sem apoio financeiro. Parentes italianos lhe dão uma ajuda mensal de cem francos. Apesar de tudo, ele consegue completar o curso de física. Na disciplina "Prática de física para iniciantes", ele recebe uma advertência e notas baixas. Além disso, falta muitas vezes sem qualquer justificativa, pois prefere estudar os clássicos do eletromagnetismo em casa: James Clerk Maxwell e Heinrich Hertz. Mas também as novas obras de Ludwig Boltzmann, Hermann von Helmholtz e Ernst Mach.

Einstein identifica-se principalmente com Mach, o físico vienense que se empenha por uma nova filosofia científica e que tem uma abordagem fundamentalmente nova da física, livre de hipóteses não comprovadas e especulações metafísicas. Só aquilo que podemos observar existe, diz Mach. Conceitos da física, como velocidade, força e energia, devem basear-se na experiência sensorial. As ideias de um espaço e tempo absolutos, consideradas dogmas desde Newton, e desde Kant requisitos extrassensoriais da experiência sensorial, pertencem à tralha metafísica da qual Mach deseja se livrar. Não existe o tempo absoluto. Existem apenas os ponteiros do relógio e os sinos da torre Zytglogge.

Perguntado quanto à existência dos átomos, Mach costumava responder com outra pergunta: "Você já viu um?". Ele parte do princípio de que a resposta tem que ser "não". Mas isso está mudando. Nos "raios urânicos" que Henri Becquerel e os Curie observaram e pesquisaram, a existência dos átomos é mostrada, e Einstein não é o tipo de pessoa que nega o que vê.

Einstein contenta-se em ser "um estudante mediano" e consegue concluir os exames finais em quarto lugar entre cinco candidatos. O professor de física Heinrich Friedrich Weber contrata todos os aprovados como assistentes — todos menos Einstein. Duas tentativas de fazer o doutorado fracassam porque os professores "recusam" seus trabalhos. Ele próprio os chama, mais tarde, de "meus dois trabalhos inúteis de principiante".

A namorada de Einstein, a sérvia Mileva Maric, é uma das primeiras mulheres a estudar física. É reprovada no exame final, engravida de Einstein, é reprovada de novo e dá à luz a filha Lieserl. Mileva e Albert escondem a filha dos amigos e parentes e a dão para adoção sem que o pai nem sequer tenha visto a filha. Einstein já está em Berna. Mileva vem depois dele e os dois se casam, contrariando a vontade da mãe de Einstein. Não é bem o que se costuma chamar de "uma vida regrada".

Quando Einstein por fim consegue o emprego no Instituto de Patentes, as preocupações financeiras, pelo menos, desaparecem. O salário "nada mal" de três mil e quinhentos francos por ano basta para manter a família com um padrão de vida burguês. Mas o estresse, por outro lado, está apenas começando. Nos dias úteis, ele precisa estar pontualmente às oito horas na "repartição", no andar acima da diretoria dos correios e telégrafos, e passar oito horas verificando patentes. Depois, tem que dar, no mínimo, uma hora de aula particular e, no início, ele próprio precisa ter aulas de reforço com o chefe da repartição, já que sabe muito pouco sobre engenharia mecânica e desenhos técnicos.

Ninguém o condenaria se ele então, longe dos centros de pesquisa da física, concentrasse sua atenção em uma carreira como funcionário público suíço. Mas é justamente longe do círculo acadêmico que Einstein floresce. Ele precisa de distância do *establishment* da física para desenvolver suas próprias ideias. No entanto, ele não é o gênio solitário, o guerreiro que luta sozinho que ele próprio acredita ser. Desde a época que passaram juntos em Zurique, Mileva tornou-se uma parceira inteligente, que pensa como ele. Muitas vezes, suas ideias e as de Einstein quase não se distinguem.

Em um círculo permanente de amigos, que se autodenomina "Academia Olímpia", Einstein discute e envereda pelos caminhos da física e da filosofia, sem ter que se preocupar com as convenções do sistema científico. Em convites para reuniões nas quais sua ausência injustificada não é tolerada, ele assina como "Albert, Cavaleiro do Cóccix". Ninguém aguenta sentar-se por tanto tempo quanto ele.

Einstein também frequenta regularmente as reuniões noturnas da Sociedade de Pesquisadores das Ciências Naturais de Berna, que acontecem a cada duas semanas no salão de reuniões do hotel Storchen. Nelas, professores universitários eméritos, professores de escolas secundárias, médicos e farmacêuticos conduzem discussões eruditas, e é lá que Einstein apresenta, no dia 5 de dezembro de 1903, sua "teoria das ondas eletromagnéticas". Mais tarde, ela será chamada de "teoria da relatividade". "O trabalho ainda é apenas um esboço", diz ele. Em seguida, a sociedade passa a discutir um tópico da medicina veterinária.

Quando lê a publicação de Max Planck de 1900 sobre o problema do corpo negro, Einstein é o primeiro a reconhecer a importância da descoberta: "Foi como se eu tivesse ficado sem chão de repente, sem que houvesse nada por baixo, nenhum fundamento sobre o qual me basear". Se a luz é composta por "quanta", como o trabalho de Planck sugere, então como é possível ainda confiar na teoria de Maxwell sobre as ondas luminosas? Einstein decide se arriscar por terreno incerto e levar Planck a sério.

Desde James Clerk Maxwell, a luz é um fenômeno gerado por ondas. Contrariando sua própria intuição física, enquanto se debatia com o problema do corpo negro, Planck acabara por aceitar a premissa de que a energia é absorvida e emitida na forma de pequenos grupos. Ela não flui uniformemente, mas é transmitida ou recebida em minúsculas unidades bem determinadas: os quanta. Porém, como todos os outros físicos, ele continuou convencido de que a radiação eletromagnética consiste em ondas que se movimentam constantemente em uma direção. O que mais poderia ser? Esses agrupamentos de energia, tão inconvenientes, devem surgir de algum modo quando a radiação e a matéria interagem. Einstein, porém, carrega em si o espírito revolucionário que faltava a Planck. A luz, ou melhor, toda a radiação eletromagnética, afirma ele, não é composta de ondas, mas de quanta de partículas.

Essa declaração ousada está no manuscrito que Einstein leva no envelope naquele 17 de março de 1905 e entrega aos correios, a caminho do trabalho. O envelope está endereçado ao editor da mais importante revista sobre física do mundo, a *Annalen der Physik*. O título do manuscrito é "Sobre um aspecto heurístico referente à geração e transmutação da luz". Einstein tem plena consciência de que sua proposta é ainda mais radical que a de Planck. Considerar que a luz é uma corrente de partículas é quase uma heresia.

Durante os vinte anos seguintes, praticamente ninguém, além de Einstein, acreditará nos fótons. Desde o início, ele sabe que essa será uma longa batalha. Usando a palavra "heurístico", reconhece que não considera seu "aspecto" uma teoria elaborada nos mínimos detalhes, mas apenas uma hipótese de trabalho, um instrumento auxiliar para compreender melhor o misterioso comportamento da luz. Com isso, Einstein permite que seus colegas especialistas possam, ao menos, tomar conhecimento do seu ponto de vista e aceitá-lo. É um marco para abrir caminho para uma nova teoria da luz. No entanto, até isso é demais para os seus colegas físicos, que não conseguem pensar a luz de outra forma que não seja aquela que Maxwell os ensinou. Foi preciso décadas para que seguissem Einstein até as dimensões em direção às quais ele já tinha partido em 1905, na sua escrivaninha da repartição.

E esse é apenas o começo daquilo que esse despachante de patentes de "terceira classe" em Berna vai exigir dos físicos naquele ano de 1905. Em maio, uma carta de Einstein chega às mãos de seu amigo Conrad Habicht, que se mudara havia poucos meses de Berna para ser professor de matemática em uma escola do vilarejo de Graubünden. A carta obviamente parece ter sido escrita com pressa, com uma caligrafia irregular, manchas de tinta e trechos riscados. Einstein nem mesmo se deu ao trabalho de datá-la. Ele começa com alguns insultos, chama Habicht de "baleia congelada", de "pedaço de alma seca e enlatada" pelo qual sente "setenta por cento de raiva e trinta por cento de pena". É sua maneira de expressar seu apreço. Ele sente falta de Habicht, das reuniões que tinham juntos na Academia Olímpia.

Em seguida, Einstein promete enviar ao amigo quatro trabalhos que espera serem publicados ainda naquele ano. O primeiro é sobre os fótons. O segundo, sua tese de doutorado, na qual descreve uma nova maneira de medir o tamanho dos átomos. No terceiro, Einstein explica o movimento browniano: a brusca dança de partículas, como pólen de flores em líquido, que há décadas vem intrigando os cientistas. "O quarto trabalho é um esboço", escreve Einstein, "e é uma eletrodinâmica de corpos em movimento utilizando uma modificação da teoria de espaço e tempo". Como físico nas horas vagas, Einstein conseguiu fazer o que Ernst Mach o tinha incentivado a buscar, e reinventou o espaço e o tempo. Max Planck, que avalia os trabalhos para a *Annale der Physik*, dá à teoria o nome que praticamente se tornará o segundo sobrenome de Einstein: "teoria da relatividade".

Na carta para Habicht, porém, não é a teoria da relatividade que ele considera "muito revolucionária", mas sim sua teoria das partículas de luz, os fótons. É a única vez em que ele usa essa palavra para descrever uma de suas obras: "revolucionária". O avaliador Planck, que ainda considera os quanta que ele próprio colocou no mundo como mera ajuda temporária para a realização dos cálculos, não concorda em nada com a teoria das partículas de luz de Einstein. Mas concorda que o artigo seja publicado. Planck pergunta-se quem é esse físico amador que, de repente, passou a enviar essas teorias magníficas e audaciosas.

Só os trabalhos citados por Einstein na sua carta a Habicht seriam facilmente suficientes para lhe garantir um lugar eterno na história da ciência. Einstein produz esses trabalhos em poucos meses, durante o seu tempo livre. Nunca houve antes tal explosão de força criativa em um cientista. E então, ele escreve ainda um quinto trabalho, que não menciona na carta a Habicht. Nele, deriva a fórmula "$E=mc^2$".

Em janeiro de 1906, Einstein conclui seu doutorado na Universidade de Zurique, o que levou o Instituto de Patentes de Berna a promovê-lo a examinador ou, como ele prefere dizer, a "despachante de patentes de segunda classe". Seu salário anual sobe para três mil e oitocentos francos. No início de 1907, Einstein escreve a um amigo: "Estou bem; sou um honrado merdinha suíço, borrando tinta, com um salário decente. Paralelamente, continuo praticando meu velho passatempo matemático-físico e toco meu violino — tudo dentro dos limites rigorosos que meu garoto de dois anos definiu para coisas desnecessárias como essas".

Paris, 1906

PIERRE CURIE É ATROPELADO

Marie e Pierre Curie já haviam se tornado celebridades. Os jornais publicavam reportagens sobre "a vida idílica no laboratório de física". Enquanto isso, o alvoroço em torno do rádio cresce e se torna um verdadeiro frenesi mundial. Dizem que o rádio cura o câncer, limpa os dentes e aumenta o desejo sexual. As festas da alta sociedade são decoradas pelo brilho de efeitos luminosos da substância, e nas casas noturnas, as dançarinas se apresentam pintadas com tinta de rádio. No mundo inteiro surgem fábricas que disputam entre si os estoques de pechblenda. O atleta norte-americano e empresário da indústria siderúrgica Eben Byers bebe diariamente uma garrafa de água de rádio para se energizar e morre agonizando com câncer na mandíbula.

Mesmo os Curie pesquisam os efeitos fisiológicos do rádio. Colocam cápsulas de borracha com sal de rádio sobre a pele e registram os efeitos da radiação na pele. Primeiro surge uma vermelhidão, depois aparecem bolhas e úlceras. Em um dos experimentos, Pierre deixa uma amostra radioativa mais fraca por dez horas sobre o braço. A ferida leva quatro meses para cicatrizar. Marie e Pierre começam a apresentar os primeiros sintomas do que seria, mais tarde, a doença da radiação. A pele de suas mãos rasga e fica inflamada. Pierre mal consegue dormir por causa das fortes dores nos ossos. A radioatividade se deposita nas roupas que usam, no papel em que escrevem. Mais de cem anos depois, os contadores Geiger ainda darão sinal de sua presença.

Certo dia, em 1906, Pierre sai de casa após uma briga com Marie. Zangado e magoado, caminha mancando pelas ruas. Em um cruzamento movimentado da rua Dauphine, é atropelado por um veículo puxado por cavalos, a roda traseira esmaga seu crânio e ele morre. A perda é demais para Marie e ela se muda para um lugar próximo ao cemitério onde Pierre fora sepultado. A partir de então, não existe uma foto sequer em que ela apareça sorrindo. Dois anos depois da morte de Pierre, ela recebe a Cadeira de Física que pertencia a ele e torna-se a primeira mulher a ensinar na Sorbonne. Em 1911, Marie recebe mais um Prêmio Nobel, dessa vez de química, pela fabricação de rádio. E dessa vez não há festas.

Berlim, 1909

O FIM DOS CHARUTOS VOADORES

Berlim, verão de 1909. Dezenas de milhares de berlinenses correm para acompanhar a parada do exército prussiano no campo de Tempelhof. Chegam de bicicleta, de metrô, a pé. Essa é uma época em que a tecnologia movimenta e fascina as pessoas.

No meio da confusão, muitos quase não percebem a estranha construção de uma torre de madeira em formato de pirâmide. Não veem a máquina voadora que Orville Wright desmontou no continente americano, embalou em caixas, enviou para a Europa em um navio e montou novamente em Berlim. A construção na torre de madeira lança Wright com sua máquina no ar e, em setembro de 1909, sob os aplausos frenéticos dos berlinenses, ele bate o recorde mundial de altura, atingindo 172 metros acima do chão.

Alguns dias antes, Orville Wright estava entre os espectadores. Ficara ao lado do imperador na arquibancada, para ver de perto as máquinas voadoras dos alemães: os dirigíveis Zeppelin. O próprio conde Graf von Zeppelin conduzia um dos seus "charutos gigantes". Ele voou mais alto e até mais longe que Wright, mas os dirigíveis pareciam pesados e disformes se comparados às aeronaves delicadas dos irmãos Wright. Lentamente, o conde abaixou a proa na direção da tribuna e saudou o imperador. Wright aplaudiu educadamente. Os dirigíveis são coisa do passado. As aeronaves Wright são o futuro. As batalhas da Primeira Guerra Mundial também serão travadas no ar.

Paris, 1911
EINSTEIN FAZ AS FLORES FALAREM

Abril de 1911. Albert Einstein está se instalando em seu escritório na universidade alemã em Praga, recém-chegado de Zurique. Sob sua janela há um parque bonito, com árvores antigas. Einstein percebe que, curiosamente, apenas mulheres passeiam por ali de manhã e, à tarde, só os homens. Por fim, fica sabendo que o parque pertence ao que, na época, era chamado de "manicômio". Quando recebe visitas, ele comenta que "ali se veem os malucos que não se ocupam com a teoria dos quanta". Sua própria saúde mental parece sofrer com a teoria dos quanta. A natureza dual da luz e os quanta que ele próprio colocou no mundo o atormentam. Eles existem mesmo? Ele decide não pensar mais nisso. Depois de apresentar uma palestra sobre "A teoria da radiação e os quanta" na Conferência de Solvay, em novembro de 1911, ele resolve pôr fim à loucura dos quanta e passa a se dedicar a outras questões com efeitos colaterais mais brandos. Ele precisa sair da escuridão de Praga. Seguindo a recomendação do matemático francês Henri Poincaré, que havia chegado às equações da teoria especial da relatividade independentemente de Einstein, em julho de 1912 ele retorna como professor à Escola Superior Técnica da Suíça, em Zurique, universidade que antes lhe negara uma vaga como assistente.

Mais uma vez, porém, ele não ficará por muito tempo. Apenas um ano mais tarde, Einstein recebe os físicos Max Planck e Walther Nernst na estação ferroviária de Zurique. O motivo da visita não é segredo, os dois pretendem levá-lo para a capital alemã. Mas ele ainda não sabe exatamente o que eles têm a oferecer. Planck revela a oferta de doze mil marcos por ano, o salário máximo dos professores prussianos, além de uma remuneração honrosa adicional de novecentos marcos concedida pela Real Academia Prussiana de Ciências. Einstein fica impressionado, mas tem dúvidas, recebera outras ofertas e pede um dia para pensar. Enquanto Planck e Nernst passeiam de trem até o monte Rigi, Einsten considera a proposta. E anuncia que eles saberão se aceita pela cor das flores quando voltarem. Vermelho significa sim, branco, não. Quando eles se reencontram, Einstein está segurando um buquê de flores vermelhas.

Cambridge, 1911

UM DINAMARQUÊS TORNA-SE ADULTO

Setembro de 1911. Um jovem dinamarquês de vinte e seis anos chega à cidade universitária inglesa de Cambridge. Um ar de tristeza o envolve, com seu olhar tímido sob as grossas sobrancelhas caídas e os lábios formando um arco para baixo. Quando está muito concentrado, os braços, com as mãos grandes, também ficam caídos ao lado do corpo, e suas feições relaxam. Nesses momentos ele "parece um idiota", diz um colega. E é assim também que sua voz soa quando fala lentamente, por meio de frases ponderadas.

Mas essa aparência engana. Bohr tem uma força descomunal, tanto física quanto intelectualmente. No inverno, pratica esqui e patins no gelo, e joga futebol no verão, esse então esporte moderno surgido recentemente na Inglaterra e que vem conquistando o continente. Bohr é goleiro no *Akademisk Boldklub*, fundado por seu pai. E é um dos mais talentosos cientistas de sua geração. Ele só precisa provar isso ainda — ao mundo e a si próprio.

A carreira científica de Bohr começou com o pé esquerdo. Ele acabara de escrever sua dissertação sobre condutividade elétrica em metais. Sua suposição era de que os elétrons transportavam a carga através do metal, abrindo seu caminho sem barreiras — como átomos em um gás. Esse modelo, porém, não funcionava muito bem. Apesar disso, ele recebeu seu título de doutor. Ninguém mais na Dinamarca entendia o suficiente sobre elétrons para contradizê-lo.

Bohr desconfia de que há algo errado com a ideia do século XIX de que os elétrons seriam minúsculas bolas de bilhar com carga elétrica. Ele foi para

Cambridge para aprender com o mestre dos elétrons: Joseph John Thomson, cinquenta e cinco anos, conhecido como J. J., o diretor do famoso laboratório Cavendish, fundado por James Clerk Maxwell, e professor no Trinity College, onde já ensinara Isaac Newton. Thomson havia descoberto o elétron quinze anos antes. E quem sabe ele poderia ajudar o jovem dinamarquês a publicar sua dissertação em uma respeitada revista especializada?

O principal objetivo de Bohr era descobrir como funcionava um átomo. Até então, os cientistas sabiam que os átomos existiam, mas não muito mais que isso. Cambridge seria o lugar ideal para ele — se não fossem os costumes ingleses —, pois Thomson tinha o mesmo objetivo.

J. J. é um respeitado diretor de laboratório, mas conhecido por ser um tanto desastrado nos seus experimentos e nas relações pessoais. Pouco depois de chegar, Bohr se atreve a chamar a atenção do grande Thomson para alguns erros e imprecisões no seu livro *Conduction of Electricity Through Gases*, que poderiam, entretanto, ser facilmente corrigidos. Ele diz isso alegremente e de forma amigável, falando inglês com hesitação, mas logo percebe o erro que acabara de cometer. Sua intenção não é ser melhor que Thomson, assegura ele, quer apenas aprender, mas a explicação vem tarde demais. Thomson está ofendido e Bohr decepcionado por Thomson não demonstrar interesse em saber que seus cálculos estão incorretos.

Pouco depois, Bohr entrega a Thomson um manuscrito e pede que ele o leia. Após alguns dias, ele percebe que Thomson ainda nem tocou no manuscrito e lhe pergunta o motivo. Isso também não corresponde aos bons costumes. Thomson explica a Bohr que é impossível que um jovem como ele possa saber tanto sobre elétrons quanto o seu professor.

Bohr perdeu sua chance com os empertigados ingleses. A partir daí, Thomson atravessa a rua assim que vê Bohr se aproximando. Nos jantares em grupo nas longas mesas do Dining Hall do Trinity College, ninguém quer se sentar ao lado do dinamarquês de olhos tristes. É preciso semanas até que alguém finalmente fale de novo com ele. "Muito interessante", fala Bohr de sua estadia em Cambridge mais tarde, "mas totalmente inútil". "Very interesting" é a frase-padrão usada por Bohr para terminar uma conversa quando seu interlocutor fala besteira, faz especulações sem fundamento ou defende hipóteses científicas duvidáveis. "Very interesting" — Cambridge também perdeu sua chance com Bohr. Pelo menos ele tem tempo para ler os grossos romances de Charles Dickens, e seu péssimo inglês melhora cada vez mais.

Em fevereiro de 1911, o dinamarquês de olhos tristes tem realmente motivo para ficar triste, quando morre seu pai, com apenas cinquenta e quatro anos: Christian Bohr, um fisiologista respeitado que pesquisava a troca de ar nos pulmões durante a respiração. Foi no laboratório do pai que Niels Bohr conheceu a ciência. Bohr sente-se sozinho com sua tristeza, tem saudade de sua noiva Margrethe Norlund, a irmã de um velho amigo seu. Os dois se conheceram um ano antes, no clube de debates Ekliptika, em Copenhague, e pouco depois resolveram se casar o mais rápido possível. Bohr escreve cartas saudosas para Margrethe, no mínimo uma por dia. Em uma delas, cita um poema de Goethe:

Weite Welt und breites Leben,
Langer Jahre, redlich Streben,
Stets geforscht und stets gegründet,
Nie geschlossen, oft gerundet,
Ältestes bewahrt mit Treue,
Freundlich aufgefasstes Neue,
Heitern Sinn und reine Zwecke:
Nun, man kommt wohl eine Strecke. *

Durante um jantar, o solitário Niels Bohr conhece um homem de quarenta anos, com cabelos grisalhos repartidos de lado, bigodes e falando em um dialeto esquisito: Ernest Rutherford, filho de um fazendeiro escocês que emigrou para a Nova Zelândia, é professor em Manchester, dono de um Prêmio Nobel de Química e o melhor físico experimental do mundo. Corpulento, tem uma voz enérgica que usa para praguejar alto quando um experimento fracassa. Um sujeito direto, o que agrada Bohr. Rutherford também estudou com J. J. Thomson e passou a competir com seu ex-professor: quem descobrirá primeiro como os átomos são construídos?

---

* Vasto o mundo e ampla a vida, / De longos anos e muito afinco a lida, / Sempre a estudar e sempre a explorar / Sem nunca concluir, mas muito aproximar, / O antigo fielmente preservado, / O novo generosamente abraçado, / O espírito alegre e as intenções verdadeiras: / É assim que se avança por estas veredas.

Bohr constata que Manchester é o lugar certo para ele, e não Cambridge. Rutherford entende mais de átomos do que Thomson e realiza experimentos mais interessantes. Em vez da postura rígida britânica, ele trata Bohr com simpatia e o encoraja. Mais tarde, Bohr dirá que "ele foi quase um segundo pai para mim", e dará ao quarto de seus seis filhos o nome de Ernest.

Em março de 1912, Bohr consegue, finalmente, ser transferido de Cambridge para Manchester, com a determinação de realizar experimentos com a radioatividade. Entretanto, mesmo em Manchester, ele não se torna um pesquisador mais habilidoso em experimentos e, embora não seja "totalmente inútil", é quase.

A radioatividade é a chave para a estrutura dos átomos. Rutherford compartilha dessa convicção com sua estimada concorrente Marie Curie, a quem, em geral, gosta de contradizer. Alguns anos antes, ele conseguiu esclarecer a identidade da radiação alfa no laboratório de Cavendish. Ela consiste em partículas que são muito mais pesadas que elétrons e cuja carga é oposta e duas vezes maior. Quando Rutherford e Geiger conseguiram capturar e neutralizar eletricamente essas partículas alfa, reconheceram que se tratava de átomos de hélio. Portanto, na decomposição das partículas alfa, um átomo grande transforma-se em um menor, que projeta para fora de si um pedaço que equivale ao átomo de hélio mais leve. Acontece que ainda ninguém sabe exatamente o que é um átomo.

Rutherford tem a ideia de que as partículas alfa seriam adequadas como projéteis. É possível atirá-las contra outras coisas para descobrir do que essas coisas são feitas. Junto com Geiger, ele bombardeia uma fina película de ouro com partículas alfa de uma fonte radioativa. Parece mais interessante do que realmente é. Rutherford deixa seus colaboradores sentados horas a fio no laboratório escuro, esperando até que suas pupilas tenham se dilatado o suficiente para contar os pequenos clarões que surgem quando as partículas alfa atingem uma barreira fosforescente.

Eles se surpreendem com o que observam. A maioria das partículas alfa atravessa a película de ouro como se ela não existisse. Algumas mudam de direção apenas poucos graus. O que surpreendeu os físicos foi que algumas dessas partículas alfa não atravessavam a película. Elas voavam de volta na mesma direção da qual tinham vindo. Rutherford diria mais tarde que "é realmente o acontecimento mais inacreditável da minha vida, tão incrível como se alguém jogasse uma granada pesada contra um lenço de papel e ela ricocheteasse e voltasse, acertando quem a arremessou". Rutherford reconhece que, para voltar, as partículas alfa precisam ter batido em algo mais pesado do que elas próprias. E deduz: os átomos têm "núcleos" pequenos e densos, nos quais se concentra quase toda a sua massa. O resto de um átomo é bastante vazio. Rutherford gosta de comparar o núcleo de um átomo com "um mosquito em uma sala de concertos".

A ideia é correta, mas ainda falta a Rutherford o argumento certo para ela. J. J. Thomson continua acreditando de forma inabalável em seu modelo de "pudim" sem núcleo, segundo o qual os elétrons nos átomos estariam distribuídos em uma massa uniforme, como as passas em um bolo. Rutherford não dispõe de meios para convencê-lo do contrário. Ele é um físico experimental. Sua habilidade para fórmulas e teorias é tão limitada quanto a de Thomson para a experimentação.

Um dos assistentes de Rutherford chama-se Charles Darwin, neto do grande biólogo da teoria da evolução — e o único teórico na equipe de Rutherford. Quando Niels Bohr chega em Manchester, Darwin está tentando compreender teoricamente as observações feitas por Rutherford. Darwin suspeita que a maioria das partículas alfa se prende no emaranhado de elétrons na película de ouro, perdendo sua energia nesse processo. Somente em alguns casos uma partícula alfa se choca com um desses supostos núcleos e pula de volta. Dessa maneira, Darwin pretende descobrir como é a estrutura dos átomos. Ele imagina que os elétrons se movimentam de forma desordenada pelo volume do átomo.

Isso não funciona. Quando Darwin adapta seu modelo para entender como as partículas alfa ficam presas em diversos materiais, o resultado é absurdo. Os átomos têm o tamanho errado. Bohr vê esse absurdo e lembra-se de sua própria tese de doutorado. Ele pressente que o motivo, nos dois casos, é o mesmo: os elétrons não têm tanta liberdade de movimento como ele próprio e Darwin presumiam. Eles ficam ligados ao núcleo do átomo. Bohr brinca com diferentes imagens. Imagina os elétrons como pequenas bolas que balançam para cima e para baixo em uma mola. Como planetas em miniatura, que circulam em uma órbita em torno do núcleo atômico como um sol. São apenas ideias, mas de uma coisa Bohr está certo: os elétrons têm que estar em movimento. De outra maneira, o átomo se desintegraria. Por outro lado: se estão em movimento, devem emanar radiação eletromagnética e, aos poucos, ficarem imóveis. Um paradoxo!

E então, Bohr dá um passo inusitado. Para estabilizar seus átomos, ele determina que os elétrons não podem se mover no átomo com qualquer energia. Sua energia se altera apenas em peças sólidas, sempre em um "quantum". O que o leva a pensar isso? Isso permanece seu segredo. Talvez a história se repita e Bohr realize o mesmo "ato de desespero" de Max Planck em um contexto muito diferente. Bohr conhece o truque usado por Planck onze anos antes para sua fórmula da radiação e conhece os fótons de Einstein. Ele confessa livremente que não é capaz de fundamentar sua proposta, assim como Planck também não podia fundamentar a dele. A ideia dos quanta de energia ainda paira no ar, ainda envolta em mistério.

Mas funciona: Bohr pode então entender muito melhor as manobras de freio das partículas alfa. Ele escreve rapidamente o esboço de um trabalho de pesquisa e, depois de apenas três meses em Manchester, corre de volta para casa, para se casar com Margrethe. Na quinta-feira, 1º de agosto de 1912, eles se casam em Slagelse, cidade natal de Margrethe, na ilha Sealand — e não na suntuosa igreja medieval, mas na prefeitura. Bohr, que não acredita em Deus, rejeita um casamento religioso. O prefeito de Slagelse está de férias, por isso Margrethe e Niels Bohr declaram seus votos de casamento perante o chefe da polícia. A cerimônia dura dois minutos.

Bohr fica feliz de não precisar mais escrever com suas próprias mãos. É difícil para ele escrever e pensar ao mesmo tempo, ele prefere falar. A partir de então, ele passa a ditar muitos de seus trabalhos à mulher, que tem talento para línguas e corrige o seu inglês desajeitado. Na verdade, ela queria ser professora de francês, e agora se torna sua secretária. Seu trabalho já começa durante a lua de mel. O casal viaja para Cambridge e Manchester, onde Bohr apresenta a Margrethe seus locais de trabalho. Em Manchester, eles conseguem entregar a Ernest Rutherford o trabalho no qual Bohr desvenda o mistério dos átomos. Rutherford fica impressionado.

Nos meses seguintes, a importância e o valor do modelo atômico criado por Bohr ficarão claros. Com esse modelo, ele consegue solucionar um enigma que os físicos tentavam desvendar havia décadas: a questão das linhas espectrais do hidrogênio. Fazia um século que eles observavam que a luz do sol, quando decomposta nas cores do arco-íris por meio de um prisma, era atravessada por centenas de linhas pretas, e desenvolveram fórmulas sofisticadas para descrever o padrão dessas linhas. A análise das linhas espectrais tornou-se um ramo científico próprio, mas ninguém fazia ideia de como elas se formavam.

Com seu modelo atômico, Bohr pode explicar as linhas espectrais quase em um piscar de olhos. Assim como a força da gravidade liga os planetas ao Sol, a força da atração elétrica mantém os elétrons em sua órbita. Diferentemente dos planetas, elétrons podem pular para órbitas mais altas ou mais baixas — mas apenas se a energia que ganharem ou perderem nesse processo corresponder à condição quântica. Nas mãos de Bohr, a ciência das linhas espectrais torna-se uma ciência dos saltos dos elétrons.

A explicação das linhas espectrais do hidrogênio não é má, mas talvez tenha sido apenas um golpe de sorte? Bohr consegue convencer os céticos com uma previsão espetacular sobre o hélio, o segundo elemento na tabela periódica, que é raro na Terra, mas é um dos principais componentes do Sol. Foi detectado primeiro nas linhas espectrais do Sol. Seu nome vem do grego *helios,* "o sol". No calor extremo do Sol, um átomo de hélio pode perder um de seus dois elétrons. O outro elétron pode saltar de uma órbita para outra, como em um átomo de hidrogênio. Com seu modelo, Bohr prevê que as frequências no espectro do hélio diferem daquelas no espectro do hidrogênio por um fator de 4. Um pesquisador britânico faz uma medição exata em seu laboratório e chega a um fator de 4,0016. Ele deduz que o modelo de Bohr deve estar errado.

Mas Bohr responde rapidamente. Para simplificar, ele partira do princípio de que a massa dos elétrons seria desprezivelmente pequena em comparação à massa do núcleo atômico. Quando inclui as massas conhecidas em sua fórmula, ele calcula um fator de 4,00163. Uma precisão de conformidade entre teoria e experimento até então nunca alcançada, uma sensação! A notícia de que um jovem dinamarquês fez uma grande descoberta logo se espalha.

Com isso, Niels Bohr cria a base da física atômica. Seu modelo fornece as respostas há muito esperadas para várias perguntas, mas também gera novas questões. Como um elétron decide se vai saltar e para qual órbita irá? Mais uma vez, os acontecimentos no mundo dos quanta parecem tomar seu rumo espontaneamente e, mais uma vez, o princípio de causa e efeito parece não ter efeito. "A questão da causalidade também me atormenta muito", escreveria Albert Einstein alguns anos mais tarde a Max Born, uma vez que o enigma dos saltos quânticos sem motivo ainda não tinha sido solucionado. Einstein não é o único preocupado. Os físicos experimentam entusiasmados utilizando o modelo atômico de Bohr, mesmo sabendo, no fundo, que alguma coisa não está correta.

O próprio Bohr reconhece também que seu modelo não pode ser toda a verdade. Nem mesmo a metade dela, ele imagina. Mas é uma pista na direção da verdade e era isso que ele procurava, pois pensa como um detetive. Ele adora histórias policiais, que lê sem parar. Em suas viagens, os Bohr levam, às vezes, malas cheias de livros de romances policiais. Niels Bohr sabe muito bem: o primeiro suspeito nunca é o assassino.

Atlântico Norte, 1912
O NAUFRÁGIO DA INFALIBILIDADE

Em 10 de abril de 1912, o Titanic, enorme transatlântico que ganhou fama mundial por ser impossível de afundar, parte para sua viagem inaugural do porto de Southampton em direção a Nova York. No Caribe, a milhares de quilômetros de distância, o clima nessa primavera está particularmente quente, o que torna a corrente do Golfo mais forte. Nas águas frias da corrente do Labrador, centenas de icebergs se deslocam à deriva do Oceano Ártico para o sul. No ponto em que as duas correntes se encontram, forma-se uma barreira de icebergs, pela qual passa a rota do Titanic. Na noite de 15 de abril, o céu sobre o Atlântico Norte está completamente claro. A liga de metal da qual o casco do Titanic é feito torna-se frágil na água fria e o navio se choca contra um iceberg trazido de uma geleira a oeste da Groenlândia pela corrente do Labrador. O gelo abre vários buracos no casco a estibordo, abaixo da superfície da água. Ao longo de três horas dramáticas, o Titanic naufraga e, com ele, a crença de que a ciência e a tecnologia seriam infalíveis. Apenas 711 dos 2.201 passageiros e membros da tripulação sobrevivem.

O físico italiano Guglielmo Marconi, inventor da radiotelegrafia e titular de um Prêmio Nobel, não precisa disputar um lugar nos botes salva-vidas com outros passageiros. Ele recusou o convite para participar gratuitamente da viagem inaugural com toda a sua família, porque tinha muito trabalho e estava ansioso para chegar a Nova York. Por isso, havia partido três dias antes em um outro navio a vapor para atravessar o Atlântico. Teve sorte.

Mesmo assim, Marconi desempenhou um papel importante nesse drama. Ele construiu o equipamento de rádio do Titanic e os dois operadores a bordo, Jack Phillips e Harold Bride, são funcionários de sua empresa. Eles emitem mensagens de SOS e a posição do Titanic para outros navios e continuam a enviar mensagens mesmo depois de o capitão os ter liberado dessa tarefa, até que a água começa a entrar na sala de rádio. Bride sobrevive. Phillips não. "Aqueles que sobreviveram foram salvos por um homem, pelo senhor Marconi e sua invenção fabulosa", diz mais tarde o ministro das Comunicações britânico. A teoria das ondas eletromagnéticas salva vidas. Quem se atreveria a questioná-la?

Munique, 1913
UM PINTOR CHEGA À CIDADE

No mesmo dia em que Niels Bohr apresenta seu primeiro trabalho sobre o seu modelo atômico à *Philosophical Magazine*, Adolf Hitler, pintor, e Rudolf Häusler, comerciante desempregado, ambos colegas em um albergue para homens em Viena, fogem de trem da Áustria para Munique, para escapar do serviço militar. Os dois andam pela cidade à procura de uma hospedagem. Em uma alfaiataria na rua Schleissheimer, veem uma placa: "Aluga-se quarto pequeno". Hitler bate na porta. Anna Popp, a mulher do alfaiate, abre e lhe mostra o quarto no terceiro andar. Hitler aceita imediatamente. Por três marcos por semana, Hitler e Häusler passam a morar com os Popp. Hitler pinta uma aquarela por dia, às vezes duas. Paisagens da cidade, que ele vende à noite para turistas nas cervejarias. Não tem nenhum contato com o dinâmico mundo artístico e não recebe visitas. À noite, lê panfletos de agitação política e instruções de como ingressar no Parlamento bávaro como deputado. Quando a mulher do alfaiate recomenda que ele fique longe dos livros políticos e se dedique mais à pintura, ele responde: "Cara senhora Popp, e nós sabemos do que se precisa ou não nesta vida?".

Enquanto isso, o Império Austro-Húngaro começa a procurar os fugitivos do serviço militar. Em 22 de agosto de 1913, a polícia vienense publica um aviso de procurado: "Hietler [*sic*], Adolf, último domicílio no albergue masculino, na Meldemannstrasse, atual paradeiro ainda desconhecido, buscas continuarão a ser feitas".

Em 17 de agosto, o imperador Francisco José nomeou seu herdeiro, o arquiduque Francisco Ferdinando, como "inspetor-geral de todas as Forças Armadas", ampliando assim seus poderes. O grande adversário do herdeiro ao trono, o conde Franz Conrad von Hötzendorf, chefe do Estado-Maior Geral, exige uma guerra preventiva contra a Sérvia e Montenegro. Francisco Ferdinando se recusa. Por enquanto, ainda há paz.

Munique, 1914

TURNÊ COM O ÁTOMO

Em julho de 1914, Niels Bohr parte novamente em turnê com o seu átomo, sem sua mulher. Sua viagem o leva a Gottingen e Munique. Gottingen é o centro da matemática pura e da física matemática, o local onde atuou Carl Friedrich Gauss, o *princeps mathematicorum* [o príncipe da matemática, em latim]. Porém, pouco aconteceu ali desde os tempos de Gauss e a fama já começa a se desintegrar. A tradicional cidade não é um terreno fácil para Bohr.

Depois que as notícias sobre seu modelo atômico chegaram a Gottingen, as autoridades suspenderam o programa. Consideravam o modelo muito "audacioso" e "abstruso". E Bohr em pessoa está ali para apresentá-lo, com sua voz suave e jeito ponderado de falar, com um alemão desajeitado. Ao menos, ele consegue um pequeno avanço: as reações já não são todas contrárias. Alfred Lande, assistente do matemático David Hilbert, chama o modelo de "disparate". Max Born, que acaba de obter uma cadeira de professor e acha o modelo totalmente incompreensível quando o vê no papel, é mais brando em seu julgamento, depois de ter ouvido Bohr: "Esse físico dinamarquês parece tanto ser um verdadeiro gênio que alguma coisa deve haver ali".

Munique é mais fácil para Bohr. Quem dá as cartas por lá é Arnold Sommerfeld, sessenta e quatro anos, professor titular de física teórica, com um bigode digno de um coronel hussardo. Embora tenha passado alguns anos em Gottingen, Sommerfeld preservou seu espírito de pesquisador e sua curiosidade da juventude. É um dos primeiros cientistas que apoiaram a teoria especial da relatividade de Einstein, enquanto outros físicos de sua geração ainda resistiam a uma reinterpretação do espaço e do tempo. Quando correu a notícia do átomo de Bohr, ele escreveu ao dinamarquês afirmando que ainda era um pouco cético, mas que a capacidade preditiva do modelo era "sem dúvida uma grande conquista". Em Munique, Sommerfeld recebe com simpatia seu convidado da Dinamarca e incentiva seus alunos a estudar a nova física atômica.

Entre 1912 e 1914, os físicos alemães James Franck e Gustav Hertz realizam experimentos de impacto com elétrons que entrarão para a história como o experimento de Franck-Hertz. Em um tubo de vidro, eles aceleram elétrons com um campo magnético e os deixam voar através de uma nuvem de vapor de mercúrio. Assim medem quanta energia os elétrons perdem na colisão com os átomos de mercúrio. Em maio de 1914, Albert Einstein é um dos primeiros a perceber que as medições de Franck e Herz confirmam a hipótese dos quanta e, portanto, apoiam o modelo atômico de Bohr.

Entretanto, um acontecimento naqueles meses deixará a física completamente em segundo plano. Em 28 de junho de 1914, nacionalistas sérvios assassinam o sobrinho do imperador e herdeiro do trono do Império Austro-Húngaro, Francisco Ferdinando, e sua mulher, Sofia. Seu tio, o imperador Francisco José I, não fica tão triste. Ele não considera Francisco Ferdinando capaz de ocupar o trono, o que já tinha ficado claro quando decidiu se casar por amor. Na opinião do imperador, Sofia, uma ex-dama da corte, estava tão abaixo do nível do herdeiro do trono que só depois de resistir por muito tempo ele finalmente cedeu, mas apenas sob a condição de que Sofia não se tornasse "a futura imperatriz consorte", mas apenas a "esposa do futuro imperador", e que os descendentes do casal recebessem o sobrenome da mulher e não tivessem direito ao trono. Após a morte do peculiar Francisco Ferdinando, Carlos, o sobrinho-neto do imperador e bem mais conservador, é o próximo herdeiro e sucessor do trono.

O atentado contra Francisco Ferdinando não fica impune e a Áustria ataca a Sérvia. Com isso, a rede de acordos internacionais que mantém a Europa em equilíbrio é abalada e, um após o outro, os países começam a mobilizar suas tropas. A crise de julho toma conta do continente. As potências centrais em torno do império alemão e da Áustria-Hungria veem-se em confronto com a Tríplice Entente, formada por Grã-Bretanha, França e Rússia, e à qual a Itália logo se juntará.

Em julho de 1914, Niels Bohr viaja de Munique para o Tirol com seu irmão mais novo, Harald, para fazer caminhadas nas montanhas. Nos jornais que passam por suas mãos, leem reportagens cada vez mais eufóricas sobre uma guerra iminente. Todos os viajantes voltam para casa o mais rápido possível e os irmãos Bohr também compreendem que aquele não é o melhor momento para excursões. Meia hora antes de a Alemanha declarar guerra à Rússia, eles atravessam a fronteira de volta para a Alemanha. Dentro de um trem tão lotado que são obrigados a passar a noite em pé no corredor, os dois viajam de Munique para Berlim, onde ficam chocados com a euforia pela guerra. "Havia esse entusiasmo infinito", lembra-se Niels Bohr mais tarde, "eram gritos e muito barulho de que agora iriam novamente partir para a guerra. Esse entusiasmo é normal na Alemanha sempre que se trata de algum assunto militar". Eles pegam o trem para Warnemünde, de onde parte a última balsa para a segurança da neutra Dinamarca.

A guerra pusera um fim abrupto à estreia de Bohr na física alemã. Ele está de volta à Dinamarca, onde não tem seu próprio laboratório e mal encontra tempo para a pesquisa. Em vez disso, tem que ensinar física aos estudantes de medicina e escrever na lousa como antes, escrever e não ditar para que alguém escreva, o que não é fácil para ele. Na sala de aula, Margrethe não pode ajudá-lo.

Em plena guerra, o governo dinamarquês não dá ouvidos ao pedido de Bohr para fundar um instituto de física teórica. Assim, ele aceita agradecido o convite de Rutherford para voltar a Manchester. Para Bohr, que considerava Rutherford "praticamente um segundo pai" depois da morte de seu próprio pai, é quase como voltar para casa.

Mas muita coisa mudou nesse meio-tempo, nada mais é como há três anos. O laboratório de Rutherford parece abandonado. Muitos pesquisadores foram surpreendidos pela guerra. James Chadwick, que estava em Berlim como bolsista no início da guerra, está preso até que a guerra acabe. Henry Moseley, um dos alunos mais talentosos de Rutherford, foi alvejado por um atirador de elite na batalha de Galípoli, entre o Império Britânico e o Otomano. Hans Geiger, cujo nome foi eternizado no contador Geiger e que executou os experimentos de dispersão com Rutherford, é oficial da artilharia alemã e prepara uma guerra de armas químicas na "tropa do gás". Na França, Marie Curie e sua filha, Irène, constroem estações de raios X para os soldados.

E até Rutherford tem pouquíssimo tempo para pensar em átomos. Ele desenvolve um sistema de sonar contra os submarinos alemães que atacam os navios de guerra e comerciais britânicos. Mais uma vez, Bohr está sozinho. A guerra não é o melhor momento para alguém que está tentando entender melhor o mundo.

O isolamento é particularmente difícil para ele. Durante toda a sua vida, sua maneira de pesquisar e compreender as coisas sempre passou pela discussão, em uma espécie de constante seminário informal com os colegas. Ele depende do diálogo com outros cientistas, pensa em voz alta, joga as ideias no ar e as corrige, avança e recua, muda de assunto, para e pensa. Para ele e sua jovem esposa se inicia um período feliz, mas pouco produtivo do ponto de vista científico. Margrethe se sente bem em Manchester. É verdade que a cidade industrial não é tão charmosa quanto Cambridge, mas ela acha as pessoas mais simpáticas.

Apesar da guerra, a atividade científica não é totalmente interrompida. Em Munique, completamente isolado da física internacional, Sommerfeld estuda a fundo o modelo atômico de Bohr. Artigos e revistas especializadas circulam por vias obscuras entre os países inimigos. Ainda que as nações atirem umas nas outras, as ideias ainda podem viajar. E Bohr pode inspirar outros físicos além das trincheiras.

Em Manchester, Bohr imagina que os elétrons poderiam circular em torno do núcleo atômico não só em órbitas circulares, mas também elípticas. Isso poderia explicar por que as linhas espectrais do hidrogênio às vezes se dividiam em diversas linhas finas. Mas quando tenta calcular essa ideia, não encontra uma solução.

Para um físico de categoria internacional, Bohr é um matemático supreendentemente fraco. O que logo chama a atenção em seus artigos de pesquisa é a pouca quantidade de equações. Em vez disso, ele começa com conceitos e premissas gerais, desenvolve reflexões filosóficas, mantém as conclusões quantitativas e as derivações formais escassas. Na maior parte de sua carreira, ele conta com uma série de colaboradores com talento matemático para transformar suas extraordinárias descobertas físicas em argumentos formais. Essa maneira de trabalhar contribui para a aura mística que se forma aos poucos em torno de Bohr. Sua visão é de uma precisão incomparável, ele reconhece imediatamente onde estão os problemas e as questões decisivas e qual o caminho para encontrar as respostas.

Mas muitas vezes não é capaz de elaborar essas respostas sozinho. Muitos anos mais tarde, Werner Heisenberg recorda-se de uma conversa na qual "Bohr me confirmou que não teria desenvolvido os complicados modelos atômicos com a mecânica clássica, mas teria chegado a eles de forma mais intuitiva, como imagens, com base na sua experiência".

Bohr, portanto, não é capaz de desenvolver completamente sua ideia das órbitas elípticas. Ele publica um esquema da sua proposta que é apenas um esboço e que, de algum modo, chega a Munique e até as mãos do imaginativo e experiente, do ponto de vista formal, Arnold Sommerfeld. Formado pela melhor tradição alemã, um mestre da metodologia matemática e sua aplicação a problemas da mecânica e do eletromagnetismo, Sommerfeld é o homem certo para dar o próximo passo.

Se Bohr é o Copérnico do átomo, Sommerfeld é o Kepler. Ele investiga os detalhes mecânicos do sistema planetário miniaturizado e quantificado e encontra um argumento convincente para que as órbitas elípticas dos elétrons também sejam limitadas a determinados valores. A elipticidade de uma órbita, como sua altura, está fragmentada em quanta. Com esses truques, Sommerfeld consegue decifrar ainda mais os padrões das linhas espectrais.

Bohr fica entusiasmado ao ver que seu modelo atômico dá frutos. "Acho que nunca li algo com mais alegria do que o seu belo trabalho", ele escreve a Sommerfeld. Os físicos começam a se referir ao modelo como o átomo de Bohr-Sommerfeld, talvez a primeira conquista científica verdadeiramente global. O núcleo veio do neozelandês Rutherford, o princípio da estrutura do dinamarquês Bohr, que conheceu Rutherford na Inglaterra, e os detalhes vieram da Alemanha de Sommerfeld. Mas é também uma mistura ousada da velha e da nova física, da mecânica clássica e quântica, frutífera, porém provavelmente também equivocada, o próprio Bohr reconhece.

Em 1916, ele retorna a Copenhague, dessa vez para ficar. Não é mais o tímido estudante de antigamente. O Estado dinamarquês cedeu a seus constantes pedidos e a universidade na qual ele assistira a aulas de principiantes cria uma cadeira para ele e até mesmo seu próprio instituto. De início, o instituto tem apenas um pequeno escritório, que Bohr divide com seu primeiro assistente, o holandês Hendrik Kramers. Em 1919 ganham mais uma mesa de trabalho, para sua secretária. Mas Bohr tem planos maiores. Angaria dinheiro para um prédio próprio na Blegdamsvej, uma pequena rua de Copenhague. Em 1921, abrem-se as grandes portas duplas da construção de três andares, sobre as quais está a inscrição "UNIVERSITETS INSTITUT FOR TEORETISK FYSIK". À direita do grande saguão de entrada há um auditório, além de uma biblioteca e uma cafeteria.

Muitos físicos vagueiam pelo mundo durante os anos da guerra, à procura de algum local tranquilo e seguro. Bohr encontra esse lugar em casa. Ele é então um dos poucos professores de física teórica no mundo e logo será uma celebridade na Dinamarca. Na década de 1920, mais de sessenta teóricos visitam o Instituto Bohr e permanecem ali por longo tempo. Muitos ficam anos a fio, vindos do mundo inteiro — dos Estados Unidos, da União Soviética, do Japão. A maioria é jovem. Bohr cuida pessoalmente do financiamento de suas estadas. Estabelece uma espécie de colaboração que vai além da física. Os físicos não trabalham apenas juntos, eles vivem juntos, comem juntos, jogam futebol juntos. Bohr vai esquiar com eles, fazer excursões e ao cinema. Seus filmes preferidos são os faroestes.

Quando o jovem físico holandês Hendrik Casimir viaja para Copenhague para estudar com Bohr, o pai de Casimir verifica se Bohr é mesmo tão famoso no país, ao escrever uma carta endereçada desta maneira: "Casimir, c/o Niels Bohr, Dinamarca". A carta chega antes de Casimir. O pai fica tranquilo. Seu filho está em boas mãos.

Bohr continua um péssimo orador. Em suas palestras, gagueja, hesita, pula de uma ideia para outra. Palestrar, para ele, não é apresentar uma ideia pronta, mas pensar em voz alta.

Berlim, 1915

BOM NA TEORIA, MAU NAS RELAÇÕES

Zurique, fevereiro de 1914. Aos trinta e quatro anos, Albert Einstein pressente que está prestes a passar por mudanças significativas, tanto na vida como na maneira de pensar. Ele escreve para sua prima e amante em Berlim, Elsa Löwenthal, de trinta e oito anos: "Não tenho tempo para escrever, pois estou ocupado com coisas realmente de grande importância. Penso dia e noite em aprofundar o que descobri aos poucos nos últimos dois anos e que significam um avanço exorbitante para os problemas básicos da física". Alguns dias depois, ele continua: "Meu filho está com coqueluche, otite e gripe, e está muito para baixo. O médico exige que ele vá passar um tempo no Sul, assim que seu estado permitir. Há um lado bom nisso. Pois a Miza terá que ir com ele e estarei sozinho por algum tempo em Berlim". Miza é sua mulher, Mileva. O casamento dos Einstein não vai bem. "Trato minha mulher como se fosse uma empregada que não pode ser demitida", diz Albert à sua amante.

Em 29 de março de 1914, um domingo chuvoso, Einstein chega de trem a Berlim. Nada indica que ele esteja chegando à capital alemã para ficar. Ele viaja com pouca bagagem, desce na plataforma da estação com o estojo do seu violino na mão e uma teoria mal-acabada na cabeça. Mais tarde, ela será chamada de "teoria geral da relatividade" e fará do seu criador o mais famoso cientista do mundo.

Por enquanto, porém, a fama ainda é apenas uma promessa. Nos círculos científicos, ele é visto como o futuro Copérnico, mas quase ninguém o conhece além disso. Max Planck e Fritz Haber, os nomes mais poderosos da Real Academia Prussiana de Ciências, se esforçaram por muito tempo para trazer Einstein para Berlim. Diferentemente do que acontecia em Zurique, em Berlim ele terá toda a liberdade para pesquisar. Se quiser, pode dar aulas na universidade, mas não é obrigatório. Einstein está animado com uma vida "como acadêmico sem qualquer obrigação, praticamente uma múmia viva". Primeiro, ele tem duas semanas livres para passar prazerosamente com Elsa. Em seguida, Mileva chega a Berlim com os dois filhos.

Um dos primeiros compromissos de Einstein em Berlim é um encontro com Leopold Koppel, poderoso banqueiro e empresário. Sua fundação apoia a recém-fundada Sociedade Kaiser Wilhelm de fomento à ciência, combate a social-democracia e paga o salário de Einstein. Koppel pretende financiar a fundação de um Instituto Kaiser Wilhelm de Física, com Einstein como diretor. Mas isso ainda vai demorar. Por ora, Fritz Haber instala um escritório para Einstein em seu Instituto Kaiser Wilhelm de Físico-Química e Eletroquímica, no tranquilo bairro de Dahlem. Ali, Einstein encontra exatamente o que precisa: paz para trabalhar, pois seu objetivo é nada menos que derrubar a mecânica de Newton.

Há anos Einstein vem preparando esse golpe. No outono de 1907, ele se deu conta de que "todas as leis da natureza podem ser tratadas no contexto da teoria especial da relatividade, não só a lei da gravidade". Ele levou algum tempo para compreender as razões para isso, até que um dia conseguiu dar um importante passo adiante enquanto estava em seu escritório de patentes, em Berna, e sua mente divagava. Einstein imaginou uma pessoa que estivesse caindo do topo de um prédio. Em queda livre, ela não sente seu próprio preso, sente-se leve mesmo no campo de gravidade da Terra. Essa ideia experimental foi a pista para chegar à sua teoria da gravitação.

Isso lembra um pouco quando Isaac Newton, aos vinte e três anos, teve uma ideia brilhante ao ver uma maçã cair da árvore enquanto estava sentado no jardim de seus pais, em 1666 — e então pensou que a força que puxava a maçã para baixo deveria ser a mesma que mantém a Lua em sua órbita ao redor da Terra. A diferença é que Einstein pensa no próprio observador caindo, e Newton, apenas na maçã.

Durante anos, Einstein tenta colocar em fórmulas a descoberta adquirida com seu experimento mental. Ninguém fica sabendo de nada disso, apenas corre o rumor de que Einstein está no rastro de algo realmente grande.

Max Planck teria preferido que Einstein o tivesse ajudado com o desenvolvimento da teoria quântica, ou, melhor ainda, ajudado a acabar com essa ideia de quanta no mundo. Ele aconselha Einstein a não continuar seguindo sua revolução da gravitação, pois isso não dará mesmo em nada.

"E mesmo que consiga, ninguém acreditará em você", profetiza Planck a Einstein. "Para que uma nova teoria da gravidade se já temos uma que funciona?", pergunta o conservador Planck.

Einstein sabe muito bem para quê. Ainda que as leis da gravidade de Newton correspondam às observações feitas até então, elas contradizem o princípio da sua teoria especial da relatividade, segundo a qual nenhum efeito pode se propagar mais rapidamente que a velocidade da luz. Na teoria de Newton, forças atuam entre corpos sem atraso de tempo por qualquer distância, portanto a uma velocidade infinita. Einstein pretende compreender a gravidade como um campo, assim como a eletricidade e o magnetismo já são compreendidos. Ele imagina que a Terra gera um campo gravitacional, semelhante a um campo magnético ou elétrico, e esse campo atua sobre maçãs, pessoas e planetas. A diferença é que a gravidade, ao contrário das forças eletromagnéticas, sempre atrai, nunca afasta, o que torna tudo mais complicado.

A ideia central, Einstein já a tivera em 1907, no escritório de patentes de Berna. A inércia de um corpo em queda livre equivale exatamente à aceleração devido à gravidade. Por outro lado, a aceleração, por exemplo, em um carro, parece exatamente como a gravidade. Massa inerte equivale a massa pesada: há anos Einstein vem desenvolvendo esse "princípio da equivalência" para uma teoria e já conseguira avançar bastante quando chegou à estação de Berlim.

Einstein calculou que os raios de luz no universo sofrem mais desvios por causa dos corpos celestes pelos quais passam do que o previsto segundo a teoria de Newton. Ou seja, quem conseguir medir exatamente o desvio da luz poderá verificar se Einstein está mais certo do que Newton. É o que Einstein tenta fazer, ao analisar placas fotográficas antigas de eclipses solares. Quando a Lua encobre o Sol, as estrelas ao lado ficam visíveis. Mas a qualidade das fotos é muito ruim.

O eclipse solar total em 14 de agosto de 1914, visível do norte do Canadá, norte da Europa e em parte da Ásia, promete melhores resultados.

O astrônomo Erwin Freundlich, um dos poucos cientistas que leva a teoria de Einstein a sério, parte para a Rússia em abril, carregando todo tipo de aparelhos. Mas então a guerra começa e, em vez de fotografar o eclipse solar, Freundlich vai parar em uma prisão russa.

Enquanto isso, o casamento de Einstein está desmoronando. Albert trata Mileva de forma cada vez mais chauvinista: "Providencie que eu receba as três refeições corretamente NO QUARTO", são instruções que ele lhe dá por escrito. "Você renuncia a qualquer relação pessoal comigo. Deve interromper qualquer conversa que dirija a mim, se eu assim lhe pedir." Com sua mulher, ele faz uso da linguagem autoritária que ele próprio despreza nos prussianos. No final de julho de 1914, Albert e Mileva se separam. Ela volta para Zurique com os filhos, ele se muda para um apartamento pequeno em Wilmersdorf. Em uma carta à sua amante Elsa, Albert escreve: "Não posso visitar você. Devemos agir como santos neste período". Do seu novo apartamento até Elsa, ele precisa de apenas quinze minutos a pé.

Einstein foi parar em Berlim justamente quando a capital alemã vibra com o nacionalismo e o entusiasmo pela guerra, logo ele, que detesta todo tipo de militarismo, que renunciou à sua nacionalidade alemã e viveu anos a fio na Suíça, primeiro como apátrida, depois como cidadão suíço e, nesse meio-tempo, com um passaporte austríaco. Agora ele está de volta à sua terra natal, de volta à terra estrangeira. É um funcionário público prussiano.

"A Europa começou algo inacreditável em sua loucura", escreve Einstein ao amigo Paul Ehrenfest. "Em tempos como este, percebe-se a que triste raça de gado pertencemos. Eu adormeço em uma espécie de torpor e sinto somente uma mistura de pena e repulsa." Einstein apoia a fundação de uma liga das nações e junta-se à liga *Neues Vaterland* (Nova Pátria), que visa alcançar a paz por meio do entendimento e de reformas democráticas.

Porém, com sua posição contrária à guerra, Einstein começa a se isolar. Muitos dos seus colegas são contagiados pela euforia nacionalista. Até mesmo sua amiga Lise Meitner, a física austríaca, se mostra admirada, após uma noite juntos em 1916: "Einstein tocou violino e, além disso, expressou suas visões políticas e sobre a guerra, tão ingênuas quanto estranhas". Max Planck convoca seus alunos às trincheiras, para lutar contra "as incubadoras de uma insídia rastejante". Walter Nernst apresenta-se para o serviço militar, aos cinquenta anos de idade, para ser motorista de ambulância. Fritz Haber usa sua habilidade e seus conhecimentos de química para desenvolver armas e torna-se uma figura central nos preparativos de armas químicas. Enquanto Haber prepara o primeiro grande ataque com gás no front ocidental, Einstein dá aulas de matemática para o filho de Haber, Hermann, de doze anos. No ataque, cento e cinquenta toneladas de gás cloro são jogadas sobre soldados franceses; mil e quinhentos deles morrem. Pouco depois do ataque, a mulher de Haber se suicida com a pistola de serviço do marido, mas Haber continua desenvolvendo armas químicas e dedica todo o seu instituto, com mais de mil e quinhentos funcionários, ao projeto.

Planck, Nernst, Röntgen e Wien estão entre os noventa e três assinantes de uma conclamação "Ao mundo da cultura!", publicada nos grandes jornais alemães e outros no exterior em 14 de outubro de 1914. Os assinantes protestam "contra as mentiras e difamações com as quais nossos inimigos tentam denegrir os motivos puros da Alemanha nas lutas pela sobrevivência que lhe foram impostas". Negam que a guerra seja culpa da Alemanha e que esta tenha violado a neutralidade da Bélgica — o que até o próprio chanceler confessa. "Acreditem em nós!", escrevem, "acreditem que travaremos esta luta até o fim como um povo cultural, para o qual o legado de um Goethe, um Beethoven, um Kant é tão sagrado quanto o seu berço e seu solo". Einstein teria preferido que seu apoiador, Max Planck, não tivesse entrado nessa corrente. "Mesmo os estudiosos dos mais diversos países comportam-se como se seus cérebros tivessem sido amputados oito meses atrás", queixa-se em uma carta.

Na opinião de muitos colegas, Einstein travava em vão uma dupla batalha: contra a guerra e por uma nova teoria da gravidade. Além do mais, surge um concorrente para ameaçá-lo: David Hilbert, o lendário matemático de Gottingen, também está trabalhando para desenvolver uma nova teoria da gravidade. "A física é difícil demais para os físicos", afirma Hilbert. Uma provocação para o físico Einstein.

Primeiro, Einstein fica entusiasmado, depois entra em um ritmo delirante de trabalho. Através de colegas, informa-se discretamente sobre os avanços de Hilbert. Pode ser que Hilbert seja o melhor matemático, mas a capacidade imaginativa de Einstein na física é superior. Ele vê o campo gravitacional como protuberância de uma curvatura do espaço-tempo, que ele compara "com um pano flutuando (parado) no espaço". Os corpos encurvam o espaço-tempo como esferas que se afundam no pano esticado. A questão é colocar essa ideia em fórmulas, o que leva até mesmo Einstein ao limite de suas habilidades matemáticas. O gênio não consegue avançar com ideias geniais, mas com muito esforço, disciplina e persistência. Pouco a pouco, reúne suas equações de campo e apresenta em um encontro da academia uma versão da sua teoria, que ele elogia sem nenhuma modéstia: "Para quem realmente tiver compreendido esta teoria, será difícil resistir ao seu fascínio". Já na próxima reunião, uma semana mais tarde, ele surpreende os membros da academia com uma nova versão. E mais uma semana depois, traz uma descoberta espetacular: com sua teoria, consegue explicar a misteriosa órbita intrincada de Mercúrio, o planeta mais próximo do Sol, a rotação chamada de "periélio". É um sinal: Einstein está no caminho certo. Mais uma semana se passa e, na reunião de 25 de novembro de 1915, ele complementou novamente suas equações de campo — pela última vez. Depois de oito anos de trabalho árduo, a teoria está pronta. "Com isso, finalmente, a construção lógica da teoria geral da relatividade está concluída", diz ele. Não menciona a contribuição de Hilbert.

Cinco dias antes, em 20 de novembro de 1915, David Hilbert apresentou suas equações para publicação, mas seu trabalho só será publicado mais tarde. Empate. Einstein pede a Hilbert para se reconciliarem: "Houve um certo desentendimento entre nós, cuja causa não quero analisar. Considero o senhor novamente com clara simpatia e peço-lhe que tente fazer o mesmo comigo. É objetivamente uma pena que dois sujeitos formidáveis, que se destacaram um pouco desse mundo desprezível, não consigam agradar um ao outro". Hilbert aceita a oferta de paz, mas insiste na autoria das equações gravitacionais durante toda a sua vida.

Alemanha, 1916

GUERRA E PAZ

O ano de 1916 é o terceiro da guerra. A Alemanha está dividida, famílias e amigos em conflito. Houve tempos em que os físicos Friedrich Paschen e Otto Lummer faziam experimentos juntos, em harmonia, no laboratório óptico do Instituto de Física do império alemão, o Physikalisch-Technischen Reichsanstalt. Isso acabou. Lummer está completamente entusiasmado com a guerra, Paschen deseja a paz.

Entre os nacionalistas fanáticos destacam-se principalmente os físicos Wilhelm Wien, Johannes Stark e Philipp Lenard. Wien redigiu um apelo "à luta contra a influência inglesa na física". Lenard publica, em agosto de 1914, um panfleto sobre "Inglaterra e Alemanha na era da grande guerra", no qual escreve: "Se pudéssemos destruir a Inglaterra completamente, não consideraria isso um pecado contra a civilização. Portanto, chega de tantos escrúpulos com a chamada cultura inglesa. Chega de ter vergonha perante os túmulos de Shakespeare, Newton, Faraday!". Lenard não é o único. Ele expressa o que muitos professores alemães pensam.

O professor alemão Albert Einstein pensa diferente. Publica um artigo em um "livro comemorativo da pátria" com o título "A terra de Goethe 1914-1916", publicado pela federação berlinense Berliner Goethebund. O grosso volume reúne textos de Paul von Hindenburg, Walther Rathenau, Ricarda Huch e Sigmund Freud, entre outros. A maioria expressa um grande alarde patriótico e muito barulho marcial. Apenas alguns manifestam sua preocupação, com muito cuidado, como a dramaturga Elsa Bernstein, sob o pseudônimo de Ernst Rosmer: "Deus criou a morte, o homem criou o assassinato".

Einstein é mais explícito: "Pode-se fazer a pergunta: por que o homem, durante períodos de paz nos quais a comunidade das nações reprime quase qualquer expressão de virilidade agressiva, não perde as características e impulsos que o tornam capaz de assassinato em massa durante a guerra? Me parece o seguinte: quando olho para a alma de um bom cidadão normal, vejo uma sala aconchegante, pouco iluminada. Em um canto dessa sala há um armário bem cuidado, do qual o dono da casa tem muito orgulho e que é apresentado a todos os visitantes com voz alta; sobre ele está escrito com letras bem grandes a palavra 'Patriotismo'. Geralmente, porém, não é bem-visto abrir esse armário. O dono da casa, aliás, mal sabe que seu armário esconde os adereços morais do ódio animal e do homicídio em massa que ele, obediente, retira do seu interior para usá-los em tempos de guerra. Esse armário, caro leitor, você não encontrará na minha salinha e eu ficaria feliz se você também preferisse adotar a ideia de que, naquele canto da sua sala, ficaria melhor um piano ou uma estante de livros do que o tal móvel que você só considera aceitável porque foi acostumado a ele desde a sua juventude".

Outros físicos abrem o armário do patriotismo com entusiasmo. Em 1919, Philipp Lenard ouve os discursos de Anton Drexler, primeiro líder do Partido Nacional Socialista dos Trabalhadores Alemães, o partido nazista, e de Adolf Hitler. Em fevereiro de 1920, ele participa do "primeiro evento em massa do partido" e fica empolgado. Em 1926, Lenard viaja para um encontro do partido em Heilbronn, para conhecer Hitler pessoalmente. Dois anos depois, Hitler o visita em seu apartamento em Heidelberg — para Lenard, um dos acontecimentos mais memoráveis de sua vida.

Berlim, 1917
O COLAPSO DE EINSTEIN

O duro trabalho intelectual, o estilo de vida de um jovem solteiro e a preocupação com a guerra prejudicam a saúde de Albert Einstein. Em fevereiro de 1917, ele sofre um colapso com fortes dores de estômago. O diagnóstico indica insuficiência hepática. Seu estado piora continuamente nos dois meses seguintes e ele perde vinte e cinco quilos. É o início de uma série de enfermidades que vão importuná-lo ao longo dos próximos anos — entre elas hepatite, cálculos biliares e uma úlcera duodenal na saída do estômago que põe sua vida em risco. Antes mesmo de completar trinta e oito anos, Einstein já se preocupa seriamente com seu "cadáver capenga". O médico ordena uma "cura em estação de águas e dieta rigorosa". Fácil dizer. A Prússia passa por uma crise de fome. Depois de uma colheita fracassada e do chamado "inverno dos nabos", faltam até batatas. O pão é substituído por uma mistura de sangue e serragem, a marmelada é de beterraba, em vez de manteiga, há gordura bovina, o café é substituído por castanhas, o tempero por cinzas, tudo falta e é substituído: sabonete por argila, roupas de papel. A Alemanha torna-se a nação dos produtos substitutos. As autoridades recomendam corvos assados para substituir o frango. Gatos, ratos e cavalos vão parar nos fogões parcamente aquecidos. Em 1915, o país conta oitenta e oito mil mortos por fome, no ano seguinte já são cento e vinte mil.

 Em comparação com muitos outros berlinenses, Einstein ainda está bem. Seus parentes suíços lhe enviam pacotes de alimentos. Elsa cuida dele. E para relaxar, no verão de 1918, ele viaja com seu "pequeno harém", composto por Elsa e suas filhas, para a vila de pescadores Ahrenshoop, no mar Báltico. Lá ele não trabalha, não fala com ninguém ao telefone, não lê jornais, apenas descansa ao sol e passeia descalço, tranquilamente, por curtas distâncias na praia. As crises dolorosas cessam e ele pode retomar seu trabalho na universidade no semestre de inverno de 1918-19. Ministra seu seminário sobre a teoria da relatividade nas manhãs de sábado, mas logo terá que cancelá-lo "devido a uma revolução". Em 3 de outubro de 1918, o governo do Reich apresenta uma petição de paz ao presidente americano Woodrow Wilson. E este exige uma democratização da Alemanha.

Paz e democracia: duas boas notícias para Einstein. Mas um choque para os alemães que acreditavam na vitória até o fim. O exército foi praticamente dizimado. Em 4 de novembro, os marinheiros se rebelam em Kiel. Sua revolta cresce e se torna uma revolução que se espalha pela Alemanha e alcança Berlim em 9 de novembro. Formam-se conselhos de trabalhadores e soldados que convocam uma greve geral. Em frente ao *Reichstag*, o Parlamento alemão, manifestantes exigem que a guerra seja encerrada imediatamente. No sábado em que o seminário de Einstein é cancelado, é proclamada a República. Na noite seguinte, o imperador renuncia e foge para a Holanda. Einstein manda cartões-postais eufóricos para seus parentes na Suíça: "O grande acontecimento chegou!" — "O militarismo e o espírito dos velhos conselheiros privados foram completamente eliminados".

Junto com Max Born e o psicólogo Max Wertheimer, Albert Einstein pega o bonde para o *Reichstag*, levando no bolso um discurso para os "companheiros e companheiras". Os revolucionários armados em frente ao edifício o reconhecem e deixam que ele chegue até o presidente do Reich, Friedrich Ebert, que acaba de tomar posse. Einstein consegue fazer com que o reitor da universidade, que tinha sido detido pelos conselhos revolucionários de estudantes, seja posto em liberdade. Mas não fará seu discurso.

Berlim, 1918

PANDEMIA

A região de Haskell County, no estado americano do Kansas, é pouco povoada. Tempestades de areia varrem a planície árida. Seus habitantes são principalmente agricultores. Muitos deles criam galinhas. Em fevereiro de 1918, o médico Loring Miner recebe um número fora do comum de chamadas para visitas domiciliares. Ele corre de uma fazenda a outra, para tratar de pessoas que apresentam sintomas graves de gripe: tosse, febre, ruídos nos pulmões. Dr. Miner fica intrigado: muitos pacientes são jovens e tinham uma saúde de ferro até então. Essa não é uma onda de gripe comum. Miner envia um alerta para as autoridades de saúde, mas não recebe resposta.

Em março, enquanto o exército alemão inicia sua ofensiva contra a França na primavera, do outro lado do Atlântico, a onda de gripe chega à base militar de Haskell. Um cozinheiro que distribui as refeições para os recrutas que se preparam para o front na Europa adoece. Os recrutas partem em navios apertados através do Atlântico, depois lutam sob condições de higiene deploráveis nas trincheiras, na lama, na sujeira, com frio e umidade, insetos e ratos. Seu sistema imunológico não está preparado para a mutação do vírus da gripe que, mais tarde, os biólogos relacionarão ao tipo H1N1. Todos os dias, milhares de soldados são infectados, um em cada dez morre. Alguns tornam-se prisioneiros de guerra dos alemães. Assim, o vírus alcança o outro lado das trincheiras. Logo ele terá deixado novecentos mil soldados alemães fora de combate. Os médicos militares dos dois lados não conseguem ajudar muito.

Com a primavera chegando ao fim, em 27 de maio de 1918, os jornais mencionam o vírus pela primeira vez. A agência de notícias espanhola Fabra informa que "uma doença estranha, de caráter epidêmico", surgiu em Madri. O próprio rei Afonso XIII foi contaminado pela doença. É assim que o vírus recebe o nome de "gripe espanhola", embora sua origem não seja na Espanha. Mas a imprensa espanhola escreve abertamente sobre a epidemia, pois o país não participa da guerra e não existe propaganda de guerra, nem censura militar.

O vírus se espalha por todo o planeta com nomes diferentes. Na Grã-Bretanha é chamado de "febre de Flandres", pois foi lá que seus soldados foram contaminados. Os poloneses dizem "doença bolchevista", os alemães "catarro relâmpago", devido à rapidez com que a doença se desenvolve. Os espanhóis falam da "doença portuguesa", os senegaleses da "brasileira". O *The New York Times* escreve sobre a "gripe alemã", pois ela afetaria principalmente os alemães. Cada um encontra seus próprios culpados.

Soldados de licença carregam o vírus para o império alemão, onde ele encontra uma população faminta e desmoralizada. A primeira onda ainda é suave, a maioria dos infectados sobrevive à doença. A segunda, porém, atinge o império, que logo será uma república, com ainda mais força no outono. Em poucos meses, centenas de milhares adoecem. Aproximadamente quatrocentas mil pessoas morrem. Só em Berlim, são mais de cinquenta mil mortos. No mundo inteiro, cinquenta milhões de pessoas sucumbem a esse vírus da gripe, duas vezes mais do que as vítimas da Primeira Guerra.

Ninguém pode se sentir seguro. Em Munique, morre o filósofo e economista Max Weber, em Viena, o pintor Egon Schiele. Em Praga, o escritor Franz Kafka, já enfraquecido por uma tuberculose, padece por semanas com a gripe — e sobrevive.

A crise, a fome, a exaustiva guerra em duas frentes, tudo isso é demais para a Alemanha. Em 11 de novembro de 1918, representantes da França e da Alemanha assinam um armistício na floresta de Compiègne, noventa quilômetros a nordeste de Paris. Subitamente, os campos de batalha silenciam depois de mais de quatro anos de tiroteios ensurdecedores. Para muitos alemães, a capitulação é um choque. Eles nem imaginavam que o *Reichswehr*, as forças armadas do império, estava na defensiva. Afinal, não tinham anunciado conquistas de território no front ocidental ainda no verão? O chefe do Estado-Maior, Paul von Hindenburg, diz a frase infeliz: "O exército alemão foi apunhalado pelas costas". Essa "lenda da punhalada", de uma suposta traição da pátria cansada da guerra, vai contribuir para que logo a Alemanha provoque novamente uma guerra mundial.

Em novembro de 1918, acontece uma revolução comunista na Baviera. Kurt Eisner assume a chefia do governo, como primeiro-ministro, depõe o rei e proclama o Estado Livre da Baviera. Em Berlim, Rosa Luxemburgo e Karl Liebknecht anunciam uma república socialista. No início de 1919, Luxemburgo, Liebknecht e Eisner são assassinados.

À tentativa de revolução segue-se a contrarrevolução. A tentativa de golpe da direita em março de 1920, conhecida como *Kapp-Putsch*, fracassa. Na região do Ruhr, há um levante de trabalhadores, inicialmente para se defender do golpe, mas também com o fim de assumir o poder. Crianças atiram pedras e tiros de fuzil. Os *Freikorps*, grupos paramilitares, e as forças armadas acabam violentamente com a insurreição. Há sentenças de morte sumárias e fuzilamentos em massa. Quem está armado ao ser preso é executado, mesmo que esteja ferido.

Em junho de 1922, Walther Rathenau é assassinado. O governo de Baden ordena que as universidades sejam fechadas. Em Heidelberg, porém, Philipp Lenard se recusa a colocar a bandeira a meio-mastro e interromper o ensino, ao alegar que um judeu morto não seria motivo para que seus estudantes ficassem sem aulas. Um processo disciplinar chega a ser aberto contra Lenard, mas é logo arquivado.

A polícia alemã enfrenta dificuldades para manter a ordem, uma vez que as forças aliadas limitaram os poderes dos militares e da polícia na Alemanha no Tratado de Versalhes. O receio dos Aliados era de que um policial armado pudesse se tornar rapidamente um soldado.

No mundo inteiro, muita gente perdeu amigos e entes queridos com a guerra, a fome e a gripe. Com isso, muitos perderam sua fé no progresso através da ciência e da tecnologia. Em seu lugar, aumenta o espiritualismo e a superstição. Viúvas, órfãos e pais que perderam seus filhos desejam manter contato com os mortos. Duas figuras famosas do espiritualismo são os ingleses sir Arthur Conan Doyle, criador do genial detetive Sherlock Holmes, e sir Oliver Lodge, um físico que pesquisa as ondas de rádio. O filho de Lodge morrera na guerra, na Bélgica, atingido por estilhaços de granada. Doyle perdera seu filho, depois que este fora gravemente ferido na França e morreu vítima de uma pneumonia. Depois da pandemia e da guerra, os dois viajam pela Inglaterra e pelos Estados Unidos, mostrando às pessoas como fazer contato com o outro mundo e falar com os que se foram. Foi o "momento mais elevado de minha experiência espiritual", conta Doyle, ter ouvido notícias de seu filho durante uma sessão espírita em 1919.

Os cientistas aprendem a lidar com a humildade. "A ciência não conseguiu nos proteger", escreve o *The New York Times*. Não pode haver conhecimento sem a incerteza — este será o princípio central da próxima grande teoria da física.

Caribe, 1919
A LUA ENCOBRE O SOL

O divórcio de Albert e Mileva Einstein acontece em 14 de fevereiro de 1919, perante o tribunal regional de Zurique, por motivo de "intolerância natural". Depois de cinco anos resistindo à insistência de Albert, Mileva cede à oferta de pagamento de pensões mais altas. Albert promete dar a ela o valor total do seu Prêmio Nobel. É verdade que ele ainda não o recebeu, mas Einstein tem certeza de que isso logo acontecerá. Em 2 de junho, ele se casa com sua prima, Elsa Löwenthal. Ele tem quarenta anos e ela é três anos mais velha. Nesse meio-tempo, ele também começa um caso com a filha de Elsa, Ilse, que o chama de "pai Albert" — mais um dos muitos casos amorosos de Einstein, e não será o último.

Elsa não imagina que os acontecimentos dos próximos meses transformarão completamente a vida dos recém-casados. Einstein ficará mundialmente famoso.

Em fevereiro de 1919, pouco depois do divórcio de Albert e Mileva Einstein, a Royal Society britânica organiza duas expedições: uma para a cidadezinha de Sobral, no Nordeste do Brasil, e outra para a ilha Príncipe, em frente à costa da Guiné Espanhola. Seu objetivo é observar o eclipse solar total em 29 de maio. Astrônomos calcularam que esses serão os melhores lugares para observar o fenômeno. Em 29 de maio de 1919, Arthur Eddington, o coordenador do projeto, senta-se com seu grupo em uma plantação de coco na ilha Príncipe. Chove muito nesse dia e só por volta do meio-dia, já durante o eclipse, o céu começa a se abrir. Os pesquisadores conseguem, pelo menos, tirar duas boas fotos, os colegas em Sobral tiram oito. De volta à Inglaterra, Eddington mede nas placas fotográficas o grau do desvio causado pelo Sol eclipsado na luz das estrelas que passa por ele. E descobre que é exatamente como fora previsto por Einstein em sua teoria gravitacional.

Einstein torna-se uma celebridade internacional da noite para o dia. J. J. Thomson, o presidente da Royal Society, diz a um jornal inglês que a teoria da relatividade abre "um continente completamente novo de ideias científicas inéditas". Até mesmo na Alemanha pós-guerra Einstein é celebrado, e todos publicam artigos sobre ele e a teoria da relatividade. O jornal *Berliner Illustrirte Zeitung* o coloca na companhia de Copérnico, Kepler e Newton. Em Londres, o *Times* imprime a manchete "REVOLUÇÃO NA CIÊNCIA/NOVA TEORIA DO UNIVERSO/Ideias newtonianas derrubadas". O teatro de variedades no Palladium, em Londres, convida Einstein para um espetáculo de três semanas, mas ele recusa o convite. Uma jovem desmaia ao ver Einstein. "Tudo é relativo" torna-se o novo slogan da cultura popular norte-americana dos "loucos anos 1920".

Porém, no meio de toda a euforia, juntam-se críticas bem e mal-intencionadas. Como J. J. Thomson, que observa a um jornalista que ninguém teria conseguido ainda explicar em linguagem compreensível em que consiste de fato a teoria de Einstein.

Uma profunda insegurança surgida na Europa com a Primeira Guerra, devido às mortes em massa, às mentiras da propaganda política, à miséria social e ao desaparecimento dos costumes tradicionais, torna-se ainda mais forte com a teoria da relatividade. Forma-se um contramovimento: o nacionalismo, a "física alemã". Seus representantes, liderados pelo detentor do Prêmio Nobel, Philipp Lenard, rejeitam a física moderna por ser "judaica" e sonham com uma ciência "ariana". Einstein, o judeu, teórico e pacifista, representa tudo ao que eles se opõem.

Nas palestras que Einstein apresenta na Alemanha começam a ocorrer tumultos repetidamente. Quando oferece suas palestras gratuitamente para refugiados judeus da Europa Oriental, estudantes antissemitas protestam em alvoroço durante suas aulas. "Vou cortar o pescoço desse judeu sujo", grita um deles. Einstein recebe cartas com ameaças de morte.

Mas permanece inabalável. As agressões dos antissemitas fazem com que ele, que até então nunca dera importância às suas origens, tome consciência de suas raízes judaicas. Na década de 1920, ele faz os primeiros contatos com organizações sionistas, com as quais, no entanto, não concorda em todos os seus objetivos: a criação de um Estado nacional judaico nunca foi importante para ele, que defende um sionismo cultural. A Palestina deve se tornar um porto seguro para judeus perseguidos, em coexistência pacífica com os povos árabes, e a diáspora judaica deve ser um símbolo que contribua para mais autoconfiança. Einstein se empenha pela criação da Universidade Hebraica de Jerusalém, que é fundada em 1925. Em 1929, defende o direito das mulheres ao aborto, a descriminalização da homossexualidade e "o fim dos segredos com relação à educação sexual". Se ao menos ele tratasse melhor suas esposas.

Munique, 1919

UM JOVEM LÊ PLATÃO

Munique, primavera de 1919. Enquanto Arthur Eddington espera pelo eclipse solar no Caribe, o veterano da Primeira Guerra Franz Ritter von Epp avança com o grupo paramilitar dos *Freikorps* de Württemberg para Munique, para destruir a República Soviética da Baviera. Essa república fora proclamada na Baviera depois que o chefe de governo, o primeiro-ministro socialista Kurt Eisner, foi assassinado a tiros por um membro da nobreza quando estava a caminho de declarar sua renúncia, em 21 de fevereiro.

Mas não é só em Munique, há insurreições por toda a Alemanha. Em janeiro de 1919, depois das primeiras eleições, a Assembleia Nacional se retira de Berlim, de volta a Weimar. Os delegados receiam os tumultos na capital e buscam um local calmo e seguro para elaborar uma constituição. Em Weimar, antiga residência de Johann Wolfgang von Goethe, encontram esse lugar. Ali é fundada a República de Weimar.

A jovem república tenta, então, impor ordem à Baviera. Tropas do governo cercam Munique. Enquanto os tiros de fuzis ecoam pela cidade e a fumaça das barricadas se espalha pelas ruas, um secundarista de dezessete anos relaxa sob o sol da primavera na cobertura de um prédio no bairro de Schwabing, lendo o *Timeu* de Platão, o diálogo em que Sócrates afirma que o mundo inteiro seria matemática. Seu nome é Werner Heisenberg.

Werner Karl Heisenberg nasceu em 1901, na cidade universitária de Wurtzburgo, na Francônia, um ano e meio depois de seu irmão Erwin. Seu pai vem de uma família de artesãos da Vestfália que já tivera o nome de Heissenberg e, por erro de um funcionário do cartório, passou a ser

Heisenberg. August conseguiu subir na vida, ensinou latim e grego na tradicional escola secundária Alten Gymnasium, mas quer ir mais longe e gostaria de fazer carreira acadêmica. Como fiel cidadão da Alemanha de Bismarck, representa seus valores protestantes: esforço, disciplina, frugalidade, controle de emoções, racionalidade, desejo de leitura, entusiasmo pela música. Os Heisenberg vão à igreja aos domingos, não por serem religiosos, mas pelo sentido de dever. Por trás da fachada séria do pai esconde-se um caráter temperamental que a família, volta e meia, sente na pele. O pai gera discórdia entre os filhos, que competirão entre si pelo resto de suas vidas. Erwin supera Werner em todas as matérias na escola e no esporte, com uma exceção: a matemática.

Em 1910, o pai, August, é chamado para a universidade de Munique. Werner frequenta o *Maximiliansgymnasium*, na Ludwigstrasse, que alguns anos antes estivera ainda sob a direção de seu avô. Não é fácil escapar da família.

Na matemática, Werner é extraordinário. Dá aulas na universidade, embora ainda seja aluno do ginásio, e às vezes até substitui o professor de matemática. Ao fim da Primeira Guerra, está se preparando para os exames finais da escola secundária. Em um livro de física, encontra uma ilustração dos átomos que chama sua atenção, com pequenas bolas de matéria que se ligam umas às outras e se soltam novamente por meio de ganchos olhais. Não é possível que isso esteja certo. Ao que parece, a imagem saiu apenas da fantasia do ilustrador, não do conhecimento científico. Se os átomos são os menores componentes da matéria, de que são feitos então os ganchos? Será que Platão tinha razão e é a matemática o que mantém o mundo unido? Por outro lado, isso não seria também apenas uma imagem, sem base na experiência?

A guerra e seu fim retardam a ambição de Heisenberg por algum tempo. É uma questão de sobrevivência, a ciência tem que esperar. Heisenberg trabalha como ajudante em propriedades agrícolas na região à beira dos Alpes na Baviera. Depois da derrubada da República soviética, ele se apresenta como voluntário para ajudar os fuzileiros da cavalaria como batedor e se junta ao recém-formado grupo nacionalista dos Novos Escoteiros, que busca a renovação na natureza depois das penúrias da guerra e que, mais tarde, se aproximará das organizações da juventude nazista. Durante longas excursões ao lago de Starnberg e pela Francônia, discute com amigos sobre os átomos, a geometria e a teoria da relatividade de Einstein.

Aos dezoito anos, Heisenberg sabe o quer ser: matemático. Para ele, trata-se da ciência que permitirá que ele compreenda o mundo. Já se passou tempo demais, ele quer finalmente começar e pular os primeiros anos na universidade, coisas fáceis demais que ele já aprendera durante os anos na escola.

A pedido de August Heisenberg, o matemático Ferdinand von Lindemann recebe seu filho, em Munique, para uma conversa. Lindemann é o matemático que entrou para a história provando a impossibilidade da quadratura do círculo, um homem mal-humorado, de barba branca e ideias antiquadas. A matemática, segundo ele, teria o privilégio exclusivo da beleza, e aquele que pretendesse estudá-la seriamente teria que estar impregnado com essa verdade eterna.

A conversa caminha na direção errada antes mesmo de ter começado. Quando o tímido Heisenberg entra no escritório escuro e de móveis antigos de Lindemann, percebe tarde demais um cachorrinho de pelo preto, sentado sobre a escrivaninha e o encarando. Heisenberg se assusta. O cachorro se assusta. Heisenberg apresenta seu desejo titubeando, pergunta se o professor Lindemann o aceitaria no seu seminário. O cachorro late para ele e não se acalma nem mesmo sob as ordens de Lindemann. Este pergunta a Heisenberg quais livros ele teria estudado nos últimos tempos. O cachorro continua a latir. Heisenberg relata o entusiasmo com que lera o livro *Espaço, tempo e matéria*, do matemático e físico Hermann Weyl, sobre a teoria geral da relatividade. Um livro de física! "Então o senhor já está mesmo estragado para a matemática", conclui a conversa Lindemann. A seu ver, um jovem de dezoito anos com a ousadia de degradar a matemática, aplicando-a ao mundo perceptível, não merece nenhum incentivo. Heisenberg sai da sala sob os latidos do cachorro.

Parecia o fim da história de Heisenberg com a matemática. Decepcionado, busca novamente o conselho de seu pai, que sugere que ele tente a física matemática, em vez da matemática pura. Mais uma vez, o pai usa suas ligações e arranja uma nova visita para filho, dessa vez a Arnold Sommerfeld, que recebe Heisenberg em seu escritório bem iluminado. Sommerfeld irradia o rigor de um oficial prussiano, é baixo e rijo, com uma barriga arredondada e um bigode torcido, com curvas pontudas com um toque marcial. Ele acaba de publicar um livro com o título *Estrutura atômica e linhas espectrais* que logo se tornará a bíblia da nova disciplina, a física atômica. Com seu entusiasmo por essa matéria, Sommerfeld contagia seus alunos. Ali, Heisenberg não encontra nenhum cachorro, mas sim tudo aquilo que Lindemann não lhe oferecera: consideração e boa vontade.

Berlim, 1920

ENCONTRO DE GIGANTES

Berlim, 27 de abril de 1920. No caminho da estação ferroviária para a universidade, uma mistura desagradável de nervosismo e expectativa vai tomando conta do estômago de Niels Bohr. As ruas da capital alemã parecem tristes, os cavalos que puxam as carroças de carga estão magros. De vez em quando um automóvel passa pelos paralelepípedos soltando fumaça, deficientes de guerra andam pela cidade mancando sem destino, de muletas ou com um casaco sem braço. Mulheres e crianças oferecem aos passantes cigarros, fósforos e meias. A necessidade do pós-guerra fez dos alemães um povo de comerciantes. A necessidade tem cheiro, quem passa fome não pensa em se lavar. É quase um milagre que ainda se pratique a física na Alemanha. Revistas especializadas são uma raridade, para muitos pesquisadores é impossível pagar os livros.

Bohr encontra, então, os dois homens que o esperam: Albert Einstein e Max Planck. Ambos têm aparência muito diferente, mas cada um simpático à sua maneira. Ao lado de Planck, a personificação da formalidade e correção prussianas, está Einstein com seus grandes olhos, os cabelos despenteados e as calças curtas demais.

Os anos da guerra foram fatídicos e dolorosos para Max Planck. Seu filho morrera nos campos de batalha, suas duas filhas gêmeas, no parto. A ciência tornou-se um substituto de família para ele. Junto com colegas, fundou a Notgemeinschaft der deutschen Wissenschaft, ou Associação de Emergência da Ciência Alemã, que coletava verbas do governo, da indústria e do exterior e as distribui para cientistas. "Enquanto a ciência alemã puder continuar avançando como antes, é inconcebível que a Alemanha seja excluída da lista das nações culturais", escreve Planck em 1919, em um artigo para o jornal.

Planck convida Bohr a ficar em sua casa durante sua visita a Berlim, e Bohr aceita o convite. Os três logo mudam de assunto para aquilo que têm em comum: a física. O estômago de Bohr começa a relaxar cada vez mais.

Diferentemente de outros físicos da Europa, Bohr, como cidadão de um país neutro, não tem ressentimentos contra seus colegas alemães. Em vez disso, se esforça para reatar as antigas relações o mais rápido possível. Enquanto físicos alemães ainda eram excluídos dos encontros internacionais, Bohr já fazia uma primeira tentativa convidando Arnold Sommerfeld para Copenhague. Pouco depois, ele próprio recebeu um convite de Max Planck para ir a Berlim.

Como presente, Bohr leva manteiga e outros alimentos para o apartamento da família Einstein, na Haberlandstrasse. Não é um substituto. É manteiga de verdade! Einstein agradece pelo "magnífico presente da neutrolândia, onde ainda ainda há leite e mel em abundância". Elsa Einstein "se deleita ao ver tais iguarias".

A conversa passa para os negócios, falam sobre radiação, quanta, elétrons e átomos. Bohr e Einstein não encontram soluções, mas concordam sobre quais são os enigmas. Mais que isso não é possível, considerando a situação confusa do conhecimento alcançado.

Bohr passa seus dias em Berlim do jeito que gosta: falando sobre física durante todo o dia. Uma mudança bem-vinda, diferente de sua rotina de deveres como diretor do instituto em Copenhague. Principalmente o almoço organizado para ele por jovens físicos da universidade o agrada. James Franck, Gustav Hertz e Lise Meitner organizam um piquenique, pois sabem que Bohr gosta de estar ao ar livre. Para isso, Fritz Haber, químico laureado com o Prêmio Nobel, coloca sua casa de campo à disposição. Max Planck contribui com a comida, que os jovens pesquisadores não podem pagar. O piquenique deve ser "livre de magnatas", como desejam Meitner e o resto do grupo. Eles preferem ter Bohr apenas para eles. É uma oportunidade de fazer perguntas depois de sua palestra na sociedade de física, que os deixou um pouco cabisbaixos, com a sensação de não terem entendido quase nada. Mas então, Haber e Einstein sentam-se também sobre a toalha do piquenique e, mais uma vez, são os "magnatas" que fazem perguntas a Bohr sobre ondas e partículas.

Einstein compreende muito bem o que Bohr diz, mas não concorda. Como quase todo mundo, Bohr também não acredita que os fótons de Einstein realmente existam. Como Planck, ele se resignou com o fato de que a radiação é emitida e absorvida em pequenos pacotes. Mas ela própria não é quantificada, insistem Bohr e Planck. As provas de que a luz é uma onda são muito fortes para que se acredite em partículas de luz. E o que dizer dos fenômenos de interferência, comprováveis em qualquer laboratório de escola? O que dizer das ondas de rádio, graças às quais o mundo agora se comunica? Não, Bohr tem certeza de que a luz e outras radiações eletromagnéticas consistem em ondas. Ou seja, não em partículas. É certo que, por vezes, ajuda imaginá-las como pequenos pacotes. Mas isso não é mais do que um recurso improvisado.

No auditório da sociedade de física, porém, o que está em jogo não é só a essência da verdade, mas também o prestígio. Albert Einstein na plateia. Em consideração a ele, Bohr evita a questão da natureza da radiação. O trabalho de Einstein sobre a emissão espontânea e estimulada de radiação e as transições de elétrons entre níveis de energia, de 1916, causou grande impressão em Bohr. Einstein conseguiu avançar onde ele próprio tinha estagnado e mostrou que os átomos se comportam segundo o acaso e a probabilidade.

A preocupação de Einstein continua sendo o fato de que ele não é capaz de prever nem o momento, nem a direção dos fótons emitidos quando um elétron cai de um nível de energia para o outro. Mesmo assim, ele está confiante de que poderá corrigir essa violação do princípio de causalidade. Bohr o contradiz então em sua palestra, ao argumentar que a previsão exata do momento e da direção seriam impossíveis para sempre. Os dois homens, que tanto admiram um ao outro, encontram-se novamente em posições opostas. Nos dias que se seguem, enquanto passeiam juntos por Berlim ou jantam na casa de Einstein, ambos tentam convencer um ao outro a mudar de perspectiva.

Albert Einstein nunca havia encontrado Niels Bohr, que é seis anos mais jovem que ele, mas já o admirava há muito tempo, desde 1913, quando leu os primeiros trabalhos de Bohr sobre a estrutura dos átomos e as linhas espectrais, em que Bohr encaixou de forma genial e ousada as "condições quânticas" nos átomos do sistema planetário de Rutherford. "Pareceu-me um milagre que essa base instável e contraditória", diz Einstein, "bastasse para colocar um homem com o instinto singular e a sensibilidade de Bohr em condições de encontrar as principais leis das linhas espectrais e das conchas de elétron dos átomos, além de sua importância para a química — e isso ainda hoje me parece um milagre. É pura musicalidade no campo do pensamento".

Quando Bohr parte, deixa em Einstein a sensação de felicidade. "Foram poucas as vezes na vida em que uma pessoa me trouxe tanta alegria apenas com a sua presença", escreve Einstein a Bohr depois de sua partida. "Estou estudando agora seus grandes trabalhos e, quando não consigo avançar em um determinado ponto, tenho o prazer de ver seu rosto jovem e simpático a minha frente, sorrindo e me dando explicações." Ao amigo Paul Ehrenfest, em Leiden, ele escreve: "Bohr esteve aqui e estou apaixonado por ele, tanto quanto você. É uma criança sensível e anda por esse mundo em uma espécie de hipnose".

Bohr também ficou fascinado com Einstein, só exprime isso com menos floreios, quando responde a Einstein com seu alemão titubeante: "Para mim foi uma das maiores experiências que eu tive, encontrar consigo e falar consigo, e mal posso dizer o quanto sou grato por toda a amizade com a qual me recebeu durante minha visita a Berlim. O senhor não imagina como foi grande, para mim, o estímulo de ter a oportunidade há muito esperada de ouvir pessoalmente as suas opiniões sobre as questões às quais me dediquei. Nunca mais quero esquecer nossas conversas no caminho de Dalem para a sua casa". Já em agosto, Einstein faz também uma visita a Bohr, e para em Copenhague durante a viagem de volta da Noruega. Anos mais tarde, os dois não se encontrarão mais de modo tão pacífico.

Ainda que Einstein não tenha novidades de Bohr, ele aprendeu algo com ele: "principalmente como você se sente com relação a assuntos científicos". Para Einstein, há dois tipos de físico: "*Prinzipienfuchser und Virtuosen*", literalmente, os adeptos de princípios e os virtuosos. Bohr e ele próprio estariam, segundo ele, no grupo dos que estão sempre em busca do princípio, indo cada vez mais fundo. Max Born e Arnold Sommerfeld seriam virtuosos, que compõem fórmulas, mas não se interessam muito por complicadas reflexões filosóficas. "Eu só posso desenvolver a técnica dos quanta", escreve Sommerfeld a Einstein, "a filosofia fica por sua conta".

Um dos motivos da admiração de Einstein por Bohr é também por sua teoria atômica, pois ele próprio não conseguira desenvolver uma. Depois de sua explosão criativa em 1905, ele estava sem um objetivo. Como poderia superar o que já produzira, o que poderia interessá-lo ainda? Sim, existiam ainda essas misteriosas linhas espectrais, mas Einstein não via uma maneira de explicá-las com o conhecimento adquirido pelos físicos até então, por isso as deixa sem explicação. Em vez disso, dedica-se mais uma vez à sua teoria da relatividade — e encontra a fórmula $E=mc^2$. Poucos anos mais tarde, tenta de novo e acredita estar prestes a alcançar seu objetivo: "Atualmente tenho grande esperança de solucionar o problema da radiação", escreve ele a um amigo, "e até sem os fótons. Estou muito curioso para ver como vai funcionar". Como por acaso, ele complementa: "Seria preciso renunciar à lei da energia na sua forma atual". Einstein considera o problema da radiação tão importante que, para isso, está disposto a desistir da lei de conservação da energia. Mas nem mesmo a esse preço ele encontra a solução. Dias mais tarde, relata timidamente: "Mais uma vez não deu certo com a solução do problema da radiação. O diabo ousou uma brincadeira de mau gosto comigo".

É então que Bohr obtém êxito naquilo em que Einstein fracassara: ele é capaz de explicar as linhas espectrais. Para Einstein, parece "um milagre": "Esse é certamente um intelecto de primeiríssima linha, extremamente crítico e visionário, que nunca perde de vista o contexto maior", admira-se Einstein com Bohr. No verão de 1916, o modelo atômico de Bohr faz com que ele tenha "uma ideia brilhante", como ele próprio define, para descrever a emissão e a absorção de luz em um átomo. A ideia o leva a uma derivação simples da fórmula de radiação de Planck, não uma derivação qualquer, mas "*A* derivação", segundo Einstein. Agora ele tem certeza: os fótons existem mesmo.

Mas essa descoberta tem seu preço. Einstein obteve a fórmula de Planck a partir do átomo de Bohr, mas para isso teve que desistir do rigoroso princípio de causalidade da física clássica. Ele observa três processos em que um elétron em um átomo pode saltar entre uma condição de menor ou maior energia, nas duas direções. Na "emissão espontânea" ele cai e emite nesse processo um fóton. Ao contrário, ele pode "engolir" um fóton e, com isso, saltar para uma condição mais alta. Na "emissão estimulada", um fóton dá um toque em um elétron excitado que, em seguida, salta para um nível mais baixo e emite outro fóton. Esse é o processo que, mais tarde, será a base do laser: *light amplification by stimulated emission*.

O curioso nessas transições é que elas nem sempre têm uma causa. Às vezes, acontecem simplesmente de forma espontânea. Ou não acontecem, embora existisse uma causa para isso. Einstein só consegue calcular probabilidades para elas — assim como aconteceu com Marie Curie e o decaimento radioativo. Ele se preocupa com o princípio de causa e efeito, que rege a física desde sempre. Aristóteles já determinara: "Tudo o que vem a ser, vem a ser através de algo, a partir de algo e vem a ser algo". Os saltos de elétrons também não podem surgir do nada.

Quatro anos mais tarde, Einstein continua preocupado. "A questão da causalidade continua a me atormentar", escreve ele em janeiro de 1920 a Max Born. "Será que a absorção e a emissão quântica de luz um dia poderá ser compreendida segundo a exigência de causalidade completa ou permanecerá um resquício estatístico? Confesso que me falta a coragem de uma convicção. Mas renuncio com muita, muita relutância à causalidade *completa*." Einstein está dividido. Ele quer abrir caminho para uma nova física quântica, mas não quer abandonar a velha física.

Então, em 1920, Albert Einstein encontra-se mais uma vez numa crise criativa que hoje, provavelmente, chamaríamos de "crise da meia-idade". Ele descobriu os fótons, criou a teoria da relatividade especial e geral, passou por uma difícil decisão na crise conjugal e sobreviveu à guerra e a uma série de doenças graves. Embora ainda diga de si mesmo que é "um rapaz forte", continua obrigado a manter uma dieta rigorosa. Com quarenta e um anos, faz um balanço da sua vida e se pergunta se ainda virá algo pela frente, ou se já foi tudo o que se podia esperar.

Nos dois anos seguintes ao seu encontro em Berlim e Copenhague, ambos, Bohr e Einstein, continuam sua bravata com os quanta, mas cada um por si. Ambos sentem o desgaste pelo trabalho. Em março de 1922, Einstein escreve a Paul Ehrenfest: "É bom que eu tenha tanta distração, senão o problema dos quanta já teria me levado ao manicômio". Bohr, por sua vez, queixa-se em uma carta a Arnold Sommerfeld, em abril de 1922: "Nos últimos anos, me senti muitas vezes cientificamente solitário, sob a impressão de que meus esforços para desenvolver sistematicamente os princípios da teoria quântica com a melhor capacidade foram recebidos com pouquíssima compreensão". Chegou a hora de os dois gigantes discutirem novamente.

Gottingen, 1922

UM FILHO ENCONTRA SEU PAI

Uma tarde ensolarada, junho de 1922, em Gottingen. Dois homens absortos numa conversa passeiam pelo monte Hainberg. Os contrastes entre os dois são visíveis de longe. Um deles caminha a passos firmes e faz sempre pausas forçadas para não se adiantar. O outro anda como se fosse preciso pensar antes de cada passo.

O mais velho tem quase quarenta anos, seus cabelos já estão ficando grisalhos, ele usa um terno discreto, tem a cabeça inclinada e as feições sérias, a testa alta sobre a protuberância marcante dos olhos. Ele anda lentamente e fala alemão com um forte sotaque dinamarquês. O outro poderia ser seu filho, tem praticamente a metade da idade do seu interlocutor, vinte anos, e parece ainda mais jovem com seus cabelos louros e curtos, brilhantes olhos azuis e o rosto de um garoto. É evidente que ele está acostumado a caminhar.

Quem os vê passeando juntos poderia imaginar que trata-se de pai e filho, ou talvez de velhos amigos. Mas essa é a primeira vez que se encontram.

Niels Bohr, o mais velho, que em poucos meses receberá o Prêmio Nobel de Física, está em Gottingen para proferir uma série de palestras sobre os átomos.

A visita de Bohr à Alemanha não é algo comum nos anos após a Primeira Guerra Mundial. Durante a guerra, a Dinamarca manteve-se neutra e agora disputa com a Alemanha as áreas do Eslésvico, na fronteira entre os dois países. Viajar é uma empreitada árdua na Alemanha. Devido às reparações, falta carvão. E quando há algum, é de má qualidade. Os trens são lentos, às vezes param por horas no meio do caminho, por falta de combustível.

Bohr não precisaria fazer tanto esforço. Ele não precisa mais viajar para aprender com outros físicos, ao contrário, agora são os outros que o procuram para aprender. Em 3 de março de 1921 foi inaugurado em Copenhague o Universitets Institut for Teoretisk Fysik, conhecido como Instituto Bohr. A família Bohr, que continua crescendo, acaba de se mudar para um apartamento de sete quartos no andar térreo do novo prédio, no belo Faelledparken. O Instituto Bohr é uma ilha de tranquilidade em uma Europa marcada por crises e pela guerra.

São anos de privações, mas relativamente tranquilos na Alemanha. As pessoas sofrem com as reparações e a crise econômica mundial. Mas pelo menos não há mais guerra e a inflação ainda não é tão galopante que as pessoas precisem levar o dinheiro em um carrinho de mão para comprar pão e leite. Para a maioria, a comida ainda basta para sobreviver. Alguns dias depois do encontro entre Bohr e o ministro das Relações Exteriores da Alemanha, o industrial e escritor Walther Rathenau, ele será assassinado por estudantes radicais de direita — um sinal do terror nazista que se aproxima.

Werner Heisenberg, o estudante de física de Munique, tem apenas o suficiente para não passar fome. Embora sua família seja uma das mais ricas de Munique, ela não está em condições de pagar a viagem de seu talentoso filho para Gottingen. O orientador do doutorado de Heisenberg, Arnold Sommerfeld, paga a passagem de trem do seu próprio bolso e providencia sua hospedagem na casa de amigos.

Nessa época, a viagem de Bohr para a Alemanha é também uma manifestação política. Assim como Einstein, ele despreza o militarismo e o desejo da Alemanha de ser uma grande potência. Mas se posiciona também contra as tentativas de alguns colegas de isolar a ciência alemã internacionalmente. O revanchismo não leva à paz.

Bohr retomara seus contatos com a Alemanha logo após o fim da Primeira Guerra Mundial e viaja então a Gottingen nesse contexto, para apresentar seu "festival Bohr". É assim que seu ciclo de palestras é chamado, em uma referência ao festival de Händel que acontece na cidade nessa mesma época. Mais de cem físicos, jovens e veteranos, teóricos e experimentais, viajaram de todas as partes da Alemanha e da Europa para ouvir do próprio Bohr como ele vê a estrutura dos átomos, entre eles Otto Hahn, Lise Meitner, Paul Ehrenfest, Hans Geiger, Gustav Hertz, Georg von Hevesy e Otto Stern.

Bohr é capaz de explicar a ordem dos elementos na tabela periódica com a disposição dos elétrons em torno do núcleo atômico. Ele fala de "conchas de elétrons" que envolvem o núcleo como camadas da casca de uma cebola. Cada concha oferece espaço para um número determinado de elétrons. Elementos com as mesmas características químicas contêm a mesma quantidade de elétrons na concha mais externa dos seus átomos, explica Bohr. A química transformou-se em física.

Bohr revela uma harmonia numérica da natureza até então nunca vista. Segundo o seu modelo, os onze elétrons de um átomo de sódio estão sobrepostos em três conchas de dois, oito e um. Em um átomo de césio há 55 elétrons distribuídos em suas conchas, ou camadas dois, oito, dezoito, dezoito, oito e um. Como a concha mais externa de ambos os elementos está ocupada com um único elétron, ambos têm características químicas similares. Bohr prevê tudo isso, e ainda mais, com sua teoria atômica. O elemento ainda desconhecido com o número de ordem 72 será similar aos elementos zircônio e titânio, que se encontram na parte superior da mesma coluna na tabela periódica, e não aos metais das "terras raras" ao lado e abaixo.

Pouco depois de Bohr ter previsto, em Gottingen, as características químicas do elemento, uma notícia da França o assusta. Um experimento realizado por um grupo de pesquisadores parisienses teria indicado que o elemento de número 72 pertenceria, sim, ao grupo das terras raras. Bohr fica inseguro. Primeiro, tem dúvidas quanto aos seus próprios resultados, mas depois, quanto ao experimento dos franceses. Seu amigo, o químico húngaro Georg von Hevesy, realiza um experimento de verificação com o físico Dirk Coster, em Copenhague. Eles produzem uma quantidade maior do elemento 72 puro e refutam os franceses: ele é similar ao zircônio, e não às terras raras. Em pouco tempo, esse elemento receberá o nome de "háfnio" — segundo o nome em latim de Copenhague, cidade natal de Bohr: Hafnia.

Nem todos os que estão reunidos no auditório em Gottingen estão entusiasmados com a arte de Bohr. Onde estão as derivações, as fórmulas, onde ficou o rigor matemático? Mas todos estão impressionados com suas ideias. Bohr está feliz. "Toda a minha estada em Gottingen foi uma experiência maravilhosa e de muito aprendizado", escreveu ele após retornar para Copenhague, "e mal posso dizer como fiquei feliz com as demonstrações de amizade que me foram dirigidas por todos". Ele não se sente mais solitário, subestimado e incompreendido — esses sentimentos que haviam sido seus constantes companheiros nos últimos anos foram um pouco aplacados. Ele busca a teoria quântica e, nesse caminho, revela os mais profundos mecanismos do mundo. E quase ninguém se dá conta disso. Mas Bohr precisa de ressonância para brilhar, ele não é um gênio autossuficiente como Einstein. O isolamento causado pela Primeira Guerra aos físicos europeus o incomoda, embora ele próprio tenha tido a sorte de passar o período da guerra do lado seguro da fronteira.

Na manhã desse dia de verão, Bohr ministra sua terceira aula. As fileiras da frente no auditório, iluminado pela luz do sol que entra pela grande janela, estão reservadas para as figuras proeminentes da ciência em Gottingen.

Heisenberg tem que ouvir as explanações de Bohr bem do fundo da sala, onde as palavras ditas em voz baixa mal são compreendidas. De forma despretensiosa, ele se arrisca a levantar a mão depois da palestra do convidado, levanta-se e expressa suas dúvidas quanto às considerações de Bohr. Há um silêncio completo na sala e todas as cabeças se voltam para ele. "Isso não está correto", Bohr escuta o jovem alemão dizer, "eu fiz o cálculo de verificação".

A questão refere-se às linhas espectrais, o tema favorito do físico atômico. Quando se deixa passar luz branca através dos vapores de diversos elementos e, em seguida, a luz branca é espalhada com um prisma de vidro, surgem linhas pretas características. No padrão dessas linhas, os físicos conseguem reconhecer claramente e com segurança os elementos que foram iluminados. Mas como surgem essas linhas? A resposta tem que estar na estrutura dos átomos — justamente no enigma que os físicos tentavam desvendar.

Com seu modelo atômico, Bohr afirma então ser capaz de explicar a divisão das linhas espectrais em campos elétricos, o chamado "efeito Stark", descoberto alguns anos antes pelo físico alemão Johannes Stark. Ou melhor, ele poderia deixar que explicassem. Bohr prefere deixar esse tipo de trabalho diligente para seus colaboradores, nesse caso, seu assistente holandês Hendrik Kramers, que calculou a interação dos átomos, como Bohr os imaginava, com a luz em campos elétricos, e publicou esses cálculos em uma dissertação de pesquisa. Heisenberg conhece esse trabalho. Durante o seminário de Sommerfeld, ele teve que investigá-lo — e encontrou nele um erro.

Cálculo não é o forte de Bohr. Ele reconhece que Heisenberg expôs um ponto sensível e reage com generosidade. Depois da aula, o convida para um passeio.

Enquanto os dois sobem o Hainberg, Bohr não perde tempo. Afirma que seu modelo atômico, depois de passados nove anos, não deveria ser mais levado tanto a sério, mas sim a pergunta por que os átomos são tão estáveis e por que os átomos de um elemento são exatamente iguais e permanecem iguais após diversos processos químicos e muitos processos físicos. Parece-lhe ser quase um milagre, divaga Bohr filosoficamente, impossível de ser compreendido do ponto de vista da física convencional. Seria necessário surgir uma nova física.

Heisenberg mal pode acreditar no que ouve. Seria possível que Bohr acabara de questionar seu próprio modelo atômico? O modelo com o qual físicos no mundo inteiro fazem seus cálculos, que é ensinado nas universidades e exposto em museus? De fato. E isso não é tudo. Bohr questiona não só o seu próprio modelo, mas a possibilidade da existência de modelos descritivos dos átomos. A ideia de um átomo como um sistema solar em miniatura pode ser atraente, diz Bohr, mas tais imagens seriam mero recurso auxiliar, na melhor das hipóteses. No pior dos casos, elas nos dariam a sensação enganosa de termos entendido algo que ainda não entendemos. Existe a questão de como os átomos conseguem permanecer estáveis após todos os impactos e reações químicas, e o porquê de um átomo de um elemento ser absolutamente idêntico ao de outro. Um completo mistério do ponto de vista da física clássica. Nenhum sistema solar em miniatura poderia permanecer estável com todos os impactos e reações químicas pelos quais passam os átomos. Sistema algum, do modo que os físicos o conhecem, seria capaz disso.

Heisenberg, o estudante prodígio, acostumado a ser o primeiro a entender tudo no seminário de Sommerfeld em Munique, escuta concentrado e faz uma ou outra pergunta. Ele gostaria de saber o que a teoria quântica significa, diz ele. Além de todos os cálculos, da previsão de linhas espectrais e dos números quânticos: o que a teoria quântica nos diz sobre a essência da realidade física? O que significam essas fórmulas estranhas?

"Significar", responde Bohr, "há muitas maneiras nas quais a língua pode significar algo." Ele começa sua digressão filosófica. "Se um único grão de poeira consiste em bilhões e bilhões de átomos", continua Bohr, "que sentido faria falar de algo tão pequeno?". Quando se trata de átomos, segundo Bohr, só poderíamos usar nossa língua como poesia. Se um poeta não se importa tanto com os fatos, mas com imagens e contextos imaginários, os modelos da física quântica também só teriam o sentido de captar o máximo possível daquilo que nossas formas limitadas de pensar e se expressar são capazes de saber e dizer sobre os átomos. O que nos daria esperança de que nosso pensamento, desenvolvido para o mundo das pessoas, das árvores e das casas, serviria também para o mundo dos átomos? "As imagens que fazemos dos átomos são resultado da experiência ou, se preferir, são suposições a partir da experiência, e não derivadas de algum cálculo teórico", diz Bohr. "Eu espero que essas imagens descrevam tão bem a estrutura dos átomos, entretanto apenas tão bem quanto isso é possível na linguagem descritiva da física clássica. Precisamos ter em mente que a língua aqui só pode ser usada de maneira semelhante à poesia, na qual também não se trata de uma representação precisa dos fatos, mas sim de criar imagens na consciência do ouvinte e estabelecer ligações mentais."

Para Heisenberg, uma visão difícil de ser levada a sério. Algumas décadas antes, o físico vienense Ludwig Boltzmann argumentara com veemência que os átomos não seriam apenas as fantasias abstratas que se pensava desde a época dos atomistas da Antiguidade, nem seriam metáforas, mas coisas concretas, de fato menores que as cadeiras nas quais nos sentamos, mas igualmente reais. Boltzmann escolheu o caminho do suicídio, em 1906, quando percebeu que não era capaz de convencer seus colegas da existência dos átomos. Depois de sua morte, cada vez mais físicos passaram a aceitar o atomismo.

E então Bohr alega que os menores componentes do mundo material não seriam mais que uma figura de linguagem, uma metáfora bonita, mas, afinal, insuficiente? Em princípio, é isso, mas com um detalhe que não existia na antiga discussão em torno dos átomos. Bohr não nega, de modo algum, que os átomos existem, mas diz que os físicos não podem esperar descrevê-los como de fato são. Talvez nem exista para os átomos um "como de fato são". Nossas tradicionais intuições do mundo físico, da matéria, das coisas e de seus lugares e movimentos se desintegram em ínfimas partes. Mas o fato é que temos apenas essas intuições, foi com elas que aprendemos a compreender o mundo. Não podemos simplesmente ignorá-las.

O que Bohr está declarando ali no seu jeito ponderado de falar deixa Heisenberg perturbado. Até então, as fórmulas sobre as quais ele discute com Sommerfeld e outros colegas especialistas são, para ele, apenas ferramentas para calcular e fazer previsões verificáveis experimentalmente. Agora, ele está aprendendo a questionar a essência do mundo que essas fórmulas descrevem. Ele lembra-se da sua leitura do *Timeu*, três anos antes, na cobertura em Schwabing, quando as tropas do governo prussiano lutavam contra os revolucionários em Munique. A ideia está mais próxima do que nunca: desvendar os componentes fundamentais do mundo buscando o que é verdadeiro e belo.

"Então, o que significa afinal a teoria quântica?", quer saber Heisenberg de Bohr. "Que mundo se esconde por trás de todos os cálculos sofisticados, das linhas espectrais e dos números quânticos?" "Qual é a física por trás das fórmulas?" Bohr não tem uma resposta definitiva para essas questões, e certamente nenhuma resposta simples. Não, os modelos clássicos do átomo não podem estar corretos. Mas também não estão completamente errados. Eles são o melhor recurso que temos. O desafio é encontrar modelos que captem o máximo possível daquilo que possa ser dito sobre os átomos. Um modelo apenas não será suficiente, serão necessários vários modelos que se complementem, mas também se contestem. Um elétron pode ser visto como uma partícula e como uma onda. Ambos estão corretos, só que não completamente. Sob certos aspectos, o elétron comporta-se como uma partícula, sob outros, como uma onda. Pode ser que nossa intuição lute para lidar com essa natureza dual do elétron. Mas é assim que o mundo é.

Os dois físicos forram o estômago no café Rohns antes de subir ao topo do Hainberg, de onde se tem uma vista de toda a cidade. "Então a essência é inacessível ao dom humano do conhecimento?", pergunta Heisenberg. "Não há nenhuma possibilidade de que um dia possamos compreender os átomos?" "Há sim", retruca Bohr. "Mas até lá vamos aprender primeiro o que a palavra compreender significa de fato."

Esse jeito de conversar sobre a física é novo para Heisenberg. Arnold Sommerfeld, o professor baixo e forte de Munique com quem ele estudou, uma figura que parecia saída da era prussiana, com bigode e marca de iniciação das uniões estudantis no rosto, professor e mentor de inúmeros físicos da nova geração, enfatizava sempre que os físicos fazem os cálculos e os experimentos, mas deixam as conjecturas para os outros.

Heisenberg começa a entender que Bohr pensa completamente diferente de todos os outros físicos reunidos em Gottingen, essa meca da física matemática. Não faltam mestres do cálculo e experimentadores talentosos. O ponto forte de Bohr é outro: a intuição. Ele procura perceber a estrutura do mundo. O dinamarquês não faz cálculos, ele filosofa, se esforça para encontrar as palavras — como um poeta. Heisenberg dirá, mais tarde, que Bohr "é a única pessoa que realmente entende algo de física, no sentido filosófico".

Onde Heisenberg vê fórmulas, Bohr vê fenômenos. Heisenberg sente que Bohr não adquire seu conhecimento por dedução lógica ou solução de equações diferenciais, mas por "empatia e adivinhação", como ele descreve mais tarde. "Ele colocava as palavras com muito cuidado, com muito mais cautela do que nós estávamos acostumados com Sommerfeld, e por trás de quase todas as frases cuidadosamente formuladas viam-se longas linhas de pensamento das quais apenas o início era pronunciado, e cujo fim se perdia na meia-luz de uma postura filosófica muito estimulante para mim." E então Bohr fala do plano de desvendar o mistério dos átomos. Ele fala disso como se fosse a tarefa de um poeta, como se o objetivo fosse encontrar as palavras certas para algo nunca dito.

Para Heisenberg, é como se ele fosse apresentado novamente à física. Nas três horas desse passeio, como Heisenberg se lembrará, "teve início meu verdadeiro crescimento científico". E começou também uma amizade entre Niels Bohr e Werner Heisenberg, da qual sairão alguns dos mais importantes passos para formular a nova teoria dos quanta. Essa amizade vai durar dezenove anos, até se romper.

Quando os dois saem do Rohns para subir o Hainberg, Bohr já reconheceu o extraordinário talento de Heisenberg. Sua incontrolável sede de saber o agrada. Ele pergunta sobre os planos de Heisenberg, o convida a Copenhague, para uma estada de pesquisa com ele, e até menciona a possibilidade de uma bolsa. Heisenberg não contava com tanto reconhecimento. Ele pode ir para Copenhague, para o grande Bohr, seu grande patrono científico! Esse objetivo tem uma importância toda especial para ele, pois Wolfgang Pauli, seu maior concorrente, também está a caminho de Copenhague.

Pauli e Heisenberg são os alunos mais talentosos de Arnold Sommerfeld e Pauli, que é um ano e meio mais velho que Heisenberg, sempre esteve um passo a frente. Quando Heisenberg começa a estudar, Pauli já participa do seminário de Sommerfeld. A pedido deste, Pauli dá as notas dos trabalhos de Heisenberg e o aconselha na escolha dos cursos e seminários que vai frequentar. Pauli concluiu sua dissertação de doutorado no outono com *summa cum laude*, Heisenberg passa no exame, mas com esforço. Nesse momento, Pauli, que fora poupado do serviço militar durante a guerra devido a uma insuficiência cardíaca, acaba de assumir seu primeiro emprego, em Hamburgo. Ele é considerado o menino-prodígio da física alemã.

Os dois têm intimidade suficiente para instigar um ao outro a alcançar seus melhores desempenhos, mas são diferentes demais para serem amigos. Pauli gosta de festejar noite adentro, bebe, briga e dorme na parte da manhã. Heisenberg prefere passar seu tempo ao ar livre, na natureza, e sobe as montanhas ainda sob o orvalho da manhã. "Bom dia, apóstolo da natureza", é o cumprimento de Pauli para Heisenberg. Ao que este responde com um "boa tarde". Pauli não perde uma oportunidade de chamar Heisenberg de "pateta". "Isso me ajudou muito", dirá Heisenberg mais tarde. Agora, ele tem a chance de estudar com o grande mestre da teoria quântica, em Copenhague, antes que Pauli o fizesse. Mas o velho Sommerfeld tem outros planos para Heisenberg. Quer que ele estude primeiro com Max Born, em Gottingen. Pauli já havia passado o semestre de inverno por lá — e está livre para ir a Copenhague com Bohr. Mais uma vez, Heisenberg tem que ter paciência, mas ele ainda vai superar Pauli. Em 1932, com trinta anos, receberá o Prêmio Nobel de Física, enquanto Pauli o receberá somente em 1945, aos quarenta e cinco anos.

Mas falta uma pessoa no "festival Bohr": Albert Einstein. Naquele momento, ele teme por sua vida. A atmosfera política na Alemanha vem se radicalizando cada vez mais. Jornais nazistas incitam abertamente ao assassinato de Walther Rathenau, o industrial judeu que fora nomeado ministro das Relações Exteriores havia poucos meses. Em 24 de junho de 1922, dois dias após o "festival Bohr", Rathenau é fuzilado em plena luz do dia por radicais de direita, quando sai de carro de sua mansão em Grünewald, a caminho do ministério. Com sua morte, já são 354 assassinatos políticos cometidos por radicais de direita desde a guerra — radicais de esquerda cometeram vinte e dois assassinatos no mesmo período. Einstein conhecia bem Rathenau, os dois conversavam frequentemente sobre política. Ele fora um dos que havia advertido Rathenau a não assumir um cargo de tanto destaque no governo, e agora teme que venha a ser o número 355 da lista.

Einstein sabe que está na lista dos reacionários esquadrões da morte e resolve fazer aquilo que recomendara em vão a Rathenau: ele se recolhe, cancela seus cursos e todas as palestras, interrompe sua colaboração com a comissão para cooperação intelectual da Liga das Nações. "Nossa situação é tal", escreve a Genebra, "que para um judeu o melhor a fazer é se abster de todas as atividades públicas". Ele considera até mesmo a possibilidade de renunciar à sua vaga na Academia Prussiana de Ciências e trabalhar novamente como oficial de patentes em Kiel. Ele não é mais apenas um físico, mas um ícone da ciência alemã e um símbolo vivo da identidade judaica — uma combinação arriscada.

Nessa situação difícil, Einstein consegue, pelo menos, ler o trabalho de Bohr, e fica fascinado: "Isso é pura musicalidade no campo do pensamento". De fato, a obra de Bohr contém, no mínimo, tanta arte quanto ciência. Ele colecionou indícios de diversas áreas de conhecimento — da espectroscopia, da química — e então montou, concha por concha, átomo por átomo, toda a tabela periódica como um grande quebra-cabeça. Seu ponto de partida é a convicção de que as regras quânticas são válidas nos átomos, mas que tudo que se conclui delas deve estar de acordo com as observações que fazemos no nosso mundo regido pela física clássica. Ele chama esse conceito fundamental de "princípio da correspondência", a partir do qual separa todas as ideias sobre o mundo dos átomos que não correspondam ao conhecimento da física clássica. Assim ele consegue criar uma ponte entre esses dois mundos tão diferentes, o da física atômica e o da física clássica. Há quem considere o princípio da correspondência uma "varinha de condão que não faz mágica fora de Copenhague", como afirmaria o assistente de Bohr, Hendrik Kramers, mais tarde. Outros giram a varinha em vão. Albert Einstein reconhece ali um mágico assim como ele próprio.

Mas o maior reconhecimento do ano ainda está esperando por Niels Bohr: em outubro ele é laureado com o Prêmio Nobel de Física por sua pesquisa da estrutura dos átomos. Em sua mesa de trabalho, os telegramas de congratulações se acumulam. Ao mesmo tempo, Albert Einstein recebe o prêmio postergado do ano de 1921, por sua explicação do efeito fotoelétrico. Mas Einstein não está em casa quando o telegrama de Estocolmo chega ao seu apartamento em Berlim. Ele e Elsa embarcaram em um navio no dia 7 de outubro, em Marselha, para uma viagem de palestras no Japão.

Uma oportunidade bem-vinda de escapar da atmosfera tóxica da Alemanha. Em navios não costuma haver assassinatos. Einstein constata, com alegria, que há quase só ingleses e japoneses a bordo, "um grupo de pessoas tranquilas e finas". Poderiam ser dias de descanso — Einstein leva na mala muitos livros e algum trabalho — se não fosse a reação do seu estômago tão sensível à agitação do oceano. O casal faz escala em Colombo, Singapura, Hong Kong e Xangai. Em alguns portos, são recebidos com o hino alemão, o que deixa Einstein constrangido e o lembra envolvimentos dos quais ele, na verdade, gostaria de escapar. Em 17 de novembro, o casal Einstein desembarca em Kobe e atravessa o Japão inteiro de trem — passando inclusive por Hiroshima, a cidade que, vinte e três anos mais tarde, será completamente destruída com a ajuda da fórmula de Einstein. Os dois retornam para Berlim apenas em março de 1923.

A cerimônia de premiação acontece em 10 de dezembro de 1922, com a cidade de Estocolmo coberta de neve, sem a presença de Einstein. Nem tudo corre bem para Bohr nesse dia. Ele esquece suas anotações para o discurso no quarto do hotel e tem que improvisar. O contratempo, porém, acaba por se tornar uma vantagem, pois seu estilo de discursar é mais claro e interessante do que aquilo a que alguns de seus ouvintes estão acostumados — até que lhe trazem suas anotações do hotel. A partir daí ele pode voltar ao seu usual murmúrio, lendo os textos preparados, para seu alívio e desgosto do público.

O enviado alemão, Rudolf Nadolny, recebe o prêmio em nome de Einstein, após uma disputa com os diplomatas suíços, que reclamavam Einstein para o seu país, ao que a academia berlinense retrucou com um telegrama para Estocolmo: "Einstein é um alemão do Reich". Durante o banquete após a premiação, ao levantar sua taça para um brinde, Nadolny expressa "a alegria do meu povo em ver que, mais uma vez, um dos nossos alcançou um sucesso para toda a humanidade". Depois do desentendimento pela nacionalidade de Einstein, Nadolny espera que "também a Suíça, que ofereceu ao acadêmico um lar e trabalho durante tantos anos, participe dessa alegria".

É verdade que Einstein renunciou à sua nacionalidade alemã em 1896 e adotou, cinco anos mais tarde, a suíça. Porém, com sua contratação pela Academia Prussiana de Ciências, ele se tornou funcionário público alemão e, portanto, automaticamente cidadão alemão — mesmo sem saber disso.

Esse tipo de coisa não significa nada para ele. Pertencer a uma nação seria tão importante quanto uma apólice de seguro, observou uma vez. Sua enteada, Ilse, pede ao comitê do Nobel que envie sua medalha para a embaixada da Suíça em Berlim, uma vez que ele seria cidadão suíço. O comitê resolve o dilema enviando o embaixador da Suécia na Alemanha para entregar pessoalmente a medalha a Einstein.

Munique, 1923

O ALUNO PRODÍGIO QUASE É *REPROVADO*

Munique, 1923. É quase impossível pensar em física em um país que tanto sofre com as reparações de guerra. A Alemanha está subjugada a uma hiperinflação. Há um medo exacerbado do comunismo. Muitos receiam que a revolução bolchevique possa se alastrar da Rússia para a Alemanha, explorando os agricultores e desapropriando os donos das fábricas. O governo francês ainda alimenta o nacionalismo, exigindo que os pagamentos das reparações sejam cumpridos.

A primeira república alemã luta por sua sobrevivência. Uma chance para todos que desejam destruí-la. Adolf Hitler, o pintor, tenta chegar ao poder por meio de um golpe em Munique. Em 8 de novembro de 1923, ele invade uma cerimônia em memória do fim da Primeira Guerra. Junto com Erich Ludendorff, veterano de guerra e líder dos radicais de direita, marcha em direção ao monumento dos generais, o *Feldherrnhalle*. Seu objetivo é continuar até Berlim para derrubar o "regime corrupto de Weimar". A tentativa de golpe fracassa. Hermann Göring, o herói da aviação da Primeira Guerra, consegue escapar, Hitler é preso, Ludendorff absolvido. A partir de então, Hitler e Ludendorff passam a ser adversários. Hitler torna-se líder da direita.

Arnold Sommerfeld, o professor titular de Munique, fugiu dos dissabores alemães e viajou para uma viagem de palestras pelos Estados Unidos, a convite de diversas universidades norte-americanas, no inverno de 1922-23. Ele passa um ano na Universidade de Wisconsin, em Madison, e sua estada no exterior não visa apenas a física, mas também dinheiro. Em tempos de hiperinflação, não é fácil sobreviver, mesmo para um respeitado professor alemão, e com os dólares que ganha nos Estados Unidos, Sommerfeld ainda pode comprar alguma coisa no dia seguinte. Além disso, é um privilégio poder conhecer de perto o florescente cenário científico norte-americano — uma honra rara em uma época em que cientistas alemães continuam a ser desprezados. Sommerfeld evita com cuidado conversas de cunho político.

Nas primeiras semanas de 1923, Sommerfeld ouve falar de uma descoberta do físico experimental Arthur Holly Compton, que mal completou trinta anos de idade, mas já é diretor da faculdade de física há dois anos, na Universidade de Washington, em St. Louis, Missouri. Compton mediu exatamente como os raios X são desviados pelos elétrons nos átomos. Exatamente como o modelo quântico prevê, constata ele, e muito diferente do que prevê o modelo ondulatório. Compton mira em diversos elementos, carbono e outros, com os raios X. A maior parte da radiação dispara diretamente através das amostras. O que interessa Compton é a radiação secundária, produzida pela dispersão da luz dos raios X nos elétrons. O comprimento das ondas de luz se modifica? Ele descobre que sim, e de tal forma como se a luz e os elétrons fossem minúsculas bolas de bilhar se chocando umas contra as outras e então se afastando.

Empolgado, Arnold Sommerfeld escreve, em 21 de janeiro, para Niels Bohr, para informá-lo sobre a coisa "cientificamente mais interessante que de que tomei conhecimento na América". Contra todas as evidências, Compton mostrou que os raios X são quantificados. Sommerfeld ainda hesita um pouco em aceitar as medições de Compton como fatos, pois ainda não passaram pelo usual processo científico de revisão. Compton é publicado apenas em maio de 1923, na *Physical Review*, a mais importante revista especializada norte-americana, mas quase desconhecida na Europa. Sommerfeld, porém, já está convencido de que os físicos estão diante de "um novo ensinamento absolutamente fundamental". "De acordo com o que demonstrou Compton, a teoria ondulatória para os raios X teria que ser abandonada para sempre", ele escreve a Bohr. "É provavelmente a descoberta mais importante a ser feita no estado atual da física", acredita Sommerfeld. Para Bohr, trata-se de um choque.

Para Einstein, uma confirmação. Ele escreve em um artigo no *Berliner Tageblatt*, o jornal liberal de esquerda: "O resultado positivo do experimento de Compton prova que a radiação, não só em relação à transmissão de energia, mas também em relação ao efeito de impacto, se comporta como se consistisse de projéteis de energia". Einstein vem dizendo isso há anos: a luz tem que ser composta por partículas. Por outro lado, a luz tem que ser composta por ondas, os físicos sabem disso desde Maxwell, é com base nesse conhecimento que engenheiros elétricos constroem rádios e equipamentos de radiotransmissão. Não é possível que isso seja verdade. "Então agora temos duas teorias da luz", escreve Einstein, "ambas imprescindíveis e — como é preciso admitir hoje, apesar de vinte anos de esforços gigantescos dos físicos teóricos — sem qualquer relação lógica". De alguma forma, ambas teorias da luz, tanto a ondulatória quanto a quântica, são válidas. Os fótons não explicam os fenômenos ondulatórios da luz, tais como a interferência e a difração. Mas sem os fótons o efeito Compton e o efeito fotoelétrico não podem ser explicados. A luz tem duas faces, as ondas e as partículas. Os físicos têm que aceitar isso.

Quando Sommerfeld volta de Madison, na primavera de 1923, Heisenberg retorna de Gottingen também para Munique, para concluir sua tese de doutorado. Ele escolhera um tema da hidrodinâmica, uma análise teórica do surgimento de turbulências em líquidos. Um tema consistente, mas longe da teoria quântica que tanto o fascina.

Consistente e monótono. E o que não interessa ao prodigioso Heisenberg torna-se difícil para ele. Muito contrariado, ele se inscreve em um curso de laboratório para iniciantes, conduzido por Wilhelm Wien, o professor titular de Munique para física experimental e responsável pelo nome da Lei de Wien. Wien é um mestre no laboratório. Suas medições precisas da radiação eletromagnética prepararam o caminho para a hipótese dos quanta apresentada por Max Planck em 1900. Mas Heisenberg não está interessado em trabalho manual e falta equipamento na universidade, uma desculpa bem-vinda para ele negligenciar os experimentos dos quais ficara incumbido por Wien e se dedicar novamente à teoria.

Em 1923, a defesa da tese de doutorado de Heisenberg está em vias de acontecer. Ele tem que provar que é conhecedor de toda a física, teórica e experimental, e não só das suas áreas de interesse. É uma luta. Em matemática, física teórica e astronomia, tudo corre bem. Mas chega então a etapa da física experimental. Wilhelm Wien não pretende deixar que o prodígio Heisenberg passe com facilidade. Quando Wien escuta, durante a prova, que Heisenberg tinha feito tão poucos experimentos, começa a lhe fazer perguntas para testar seu conhecimento sobre arranjos experimentais. Ele quer ouvir de Heisenberg qual é a capacidade de resolução do interferômetro de Fabry-Perot, um instrumento óptico composto por dois espelhos opostos para medir a frequência de ondas luminosas. Matéria obrigatória do exame para Heisenberg, que ainda por cima tinha sido tratada durante as aulas. Heisenberg não prestou atenção, não conhece a fórmula e então, sob o olhar rigoroso de Wien, tenta derivá-la durante a prova. Mas não consegue. Wien pergunta sobre a capacidade de resolução de um microscópio. Heisenberg também não sabe a resposta. Wien pergunta sobre a capacidade de resolução de um telescópio e, mais uma vez, Heisenberg não faz ideia. Wien pergunta então como funciona uma bateria. E Heisenberg passa vergonha novamente.

Wien quer reprovar Heisenberg, mas Sommerfeld intervém. Heisenberg tinha sido aprovado em física teórica de forma tão brilhante, argumenta Sommerfeld, que não era possível lhe recusar o título de doutor. Uma situação delicada: Sommerfeld quer que seu aluno modelo seja aprovado, sem deixar seu colega embaraçado publicamente. Os professores chegam a um compromisso. Heisenberg receberá seu título, mas com nota III, a segunda pior possível.

Heisenberg não aceita essa vergonha passivamente. Consegue transformar sua frustração em dedicação e aprende tudo sobre microscópios e telescópios. Um conhecimento que ainda lhe vai ser útil.

Arnold Sommerfeld gostaria de ter mantido o recém-titulado dr. Werner Heisenberg em Munique, Max Born adoraria levá-lo novamente para Gottingen. Eles negociam o futuro acadêmico de Heisenberg. Em uma longa carta, Born convence Sommerfeld de que Heisenberg deve ir para Gottingen. Ele elogia o talento extraordinário de Heisenberg, sua modéstia e seu entusiasmo, sua dedicação, seu bom-humor e a simpatia de que desfruta entre os físicos de lá. Sugere que, depois da defesa da tese, Heisenberg faça sua habilitação final com ele em Gottingen e depois se estabeleça como professor particular. Sommerfeld se deixa convencer e concorda com a proposta de Born.

Em setembro de 1923, portanto, Heisenberg retorna a Gottingen para fazer sua habilitação acadêmica final com Born. Juntos, ambos tentam calcular as órbitas dos elétrons no átomo de hélio. Born dá um curso no semestre de inverno com o intrincado título "Teoria das perturbações aplicada à física atômica", no qual descreve os saltos dos elétrons em átomos de maneira completamente nova. Os saltos agora são parte integrante da teoria. Born traz a descrição para a teoria e, com isso, lança a pedra fundamental de uma nova teoria quântica.

Max Born não é um filósofo, um visionário, como Niels Bohr. Mas entende o que Bohr diz e é capaz de traduzi-lo para a matemática. "A matemática é mais inteligente do que nós", diz Born. Sem mentes perspicazes como a dele, Bohr ficaria desamparado. Sem um pensador profundo como Bohr, a perspicácia de Born não daria frutos. Bohr tem um espírito criativo, as ideias brotam de dentro dele e ele tem dificuldade de expressá-las em palavras e fórmulas. Born é um anti-Bohr, hesitante, inseguro, esquecido, incapaz de se concentrar, enfermo. A matemática é sua âncora no mundo.

Enquanto Born e Heisenberg se debatem com as órbitas dos elétrons em Gottingen, as tropas francesas marcham na região do Ruhr. A Alemanha atrasou os pagamentos das reparações definidas no Tratado de Versalhes. Os trabalhadores na região do Ruhr entram em greve, eles próprios não têm o que comer, não têm nada para aquecer suas casas e, no entanto, devem extrair carvão para os franceses. Mas estes são implacáveis. O governo alemão imprime dinheiro para remunerar os trabalhadores, o que pressiona ainda mais o marco. No início da guerra, um dólar americano valia quatro marcos alemães. Em julho de 1922, precisava-se de 493 marcos para comprar um dólar. Em janeiro de 1923 já são 17.792 marcos, em novembro do mesmo ano, 4,2 trilhões de marcos.

Muitos precisam entrar na fila várias vezes por semana para receber seu salário em dinheiro — pilhas de notas de milhões e bilhões de marcos — e correm com ele para a padaria, o açougue e a mercearia, para garantir um estoque com o máximo possível de alimentos. Pois no dia seguinte, o dinheiro só teria a metade do seu valor. A tradicional burguesia alemã luta para sobreviver. "Desse modo", escreve Max Born, "toda a classe média perdeu uma grande parte do seu patrimônio e tornou-se presa fácil dos agitadores políticos".

Nas universidades, a ciência praticamente deixou de ser o principal. Os estudantes compram alimentos assim que têm dinheiro e passam fome enquanto não têm. Cursos são cancelados, os salários dos docentes e assistentes são reduzidos.

Max Born se refugia na sua pesquisa, quando a asma e a bronquite permitem. Ele se afasta cada vez mais do seu círculo de amigos e colegas, toca piano sozinho e trabalha frequentemente até tarde da noite. Em carta a Einstein, de agosto de 1923, escreve que não sente "nenhuma falta de uma alta concentração de físicos" e que preferiria "viver em paz comigo mesmo e trabalhar. Já pela manhã eu me faço de morto e não falo com ninguém. Na verdade, não tenho nada especial planejado. Como sempre, penso o tempo todo na teoria quântica e procuro uma receita para os cálculos do hélio e dos outros átomos. Mas nem isso eu consigo".

Nesse mesmo mês de agosto de 1923, Gustav Stresemann é nomeado *Reichskanzler*, o ministro das Relações Exteriores na Alemanha. Ele faz mudanças na política monetária, interrompe a impressão desenfreada de notas e introduz uma nova moeda. Um *Rentenmark*, ou "marco seguro", vale alguns milhões do antigo marco. O matemático David Hilbert, de Gottingen, considerado infalível por alguns, critica: "Não se pode resolver um problema apenas dando à variável independente um novo nome". Dessa vez, porém, ele está enganado. Não foi apenas o nome que mudou, o *Rentenmark* está garantido por títulos industriais. Os preços se estabilizam, a economia volta a crescer e a ciência também. O que não muda é a desconfiança de muitos cidadãos perante o jovem Estado. Na primavera de 1923, Max Born escreve a Albert Einstein: "A loucura dos franceses me entristece, pois fortalece o nacionalismo entre nós e enfraquece a república. Penso muito no que eu poderia fazer para evitar que meu filho tenha o destino de ter que participar de uma guerra revanchista. Mas já estou velho para ir para a América e, além do mais, já houve lá uma loucura de guerra maior que aqui".

Em Heidelberg, Philipp Lenard conclui os cursos do semestre de inverno de 1923-24 com um hino de louvor ao golpista Adolf Hitler, que está na prisão. Em maio de 1924, publica um manifesto com o título "O espírito hitleriano e a ciência", no qual se declara adepto do nazismo e enxerga em Hitler e em Ludendorff a personificação do "espírito de *Kulturbringer*", um transmissor da cultura de pesquisadores "arianos" como Newton, Galileu e Kepler. Por trás de todas as ações contra esses "transmissores da cultura", desde a crucificação de Cristo até a fogueira para Giordano Bruno e o cárcere para Hitler e Ludendorff, estaria "sempre o mesmo povo asiático".

Copenhague, 1923

BOHR E EINSTEIN PEGAM O BONDE

Em 1922, Albert Einstein é agraciado com o Prêmio Nobel referente ao ano de 1921, mas perde a cerimônia de premiação. Somente em julho de 1923 ele faz seu discurso pelo prêmio, em Estocolmo, perante dois mil espectadores; e tem uma certeza: a maioria compareceu para vê-lo, mas não para ouvi-lo. Portanto, é com alívio que ele pega o trem que o leva para fora da capital sueca e em direção ao homem que — disso ele não tem dúvida — ouvirá com muita atenção cada uma de suas palavras e contestará quase todas. Niels Bohr aguarda Einstein na plataforma ferroviária de Copenhague. É a primeira vez em três anos que os dois se encontram. Três anos em que muita coisa aconteceu. Os dois professores mergulham imediatamente em uma conversa sobre a física, esquecem de tudo ao redor e pegam o bonde distraidamente para o instituto de Bohr. Bohr soube do experimento pioneiro de Arthur Compton nos Estados Unidos através de Arnold Sommerfeld. Einstein também tomou conhecimento do experimento do jovem norte-americano. Ele não está mais sozinho na sua defesa dos fótons, mas Bohr ainda não quer acreditar neles. "Einstein, você tem que entender...", insiste Bohr no seu alemão com sotaque dinamarquês. "Não, não...", retruca Einstein, e argumenta contra os saltos quânticos de Bohr. "Mas, mas...", responde Bohr. Os dois nem percebem os olhares intrigados dos outros passageiros, perdem a estação em que deveriam saltar e acabam indo longe demais. "Onde estamos?", pergunta Einstein. Bohr não sabe. Os dois saltam do bonde, pegam outro de volta, perdem a estação novamente. "Andamos naquele bonde, indo e voltando várias vezes", lembra-se Bohr mais tarde, "e nunca saberemos o que as pessoas ali pensaram".

Copenhague, 1924
UMA ÚLTIMA TENTATIVA

Niels Bohr está indignado. A descoberta de Arthur Compton o colocou na defensiva, mas Bohr insiste na sua convicção: a luz consiste em ondas. Mas ele não está irritado apenas por causa de Compton. Seu próprio assistente, Hendrik Kramers, tivera a mesma ideia das colisões quânticas alguns meses antes de Compton e a tinha apresentado a Bohr cheio de orgulho e entusiasmo.

Logo Kramers, seu ajudante mais fiel havia anos. Em 1916, Kramers batera à porta de Bohr com um diploma de física no bolso e muita vontade de aprender a nova teoria quântica. Ele se mostrou um aluno talentoso, apesar de um pouco inseguro, mas com um humor cativante. "Bohr é Alá, Kramers é seu profeta", diz Wolfgang Pauli. E agora o profeta está traindo seu deus, apontando o dedo decisivo para a prova de que os fótons existem? "Não, senhor", reage Bohr. Ele tenta convencer Kramers, insiste que a ideia dos fótons não teria lugar na física, que Kramers não deveria ameaçar a teoria clássica do eletromagnetismo, que tinha tanto sucesso — e que ele deveria obedecer. Bohr era capaz de ser muito convincente, mesmo quando não era sensato.

Kramers obedece. Sob a pressão de Bohr, ele engaveta sua descoberta, destrói suas anotações, chega a ficar doente de tristeza e passa até alguns dias internado no hospital. Bohr conseguiu revirar completamente o pensamento de seu ajudante. Quando Compton publica a descoberta que o próprio Kramers já havia feito, o assistente combate o trabalho do norte-americano juntamente com seu chefe.

Bohr sabe que essa é uma luta solitária, mas não desiste. Ainda não. Junto com Kramers e o teórico americano John Slater, de vinte e dois anos, que está em Copenhague durante uma viagem pela Europa, ele faz uma última tentativa de encadeamento das ondas. Como a maioria dos jovens talentos da física, Slater não tem medo dos fótons. Ele é jovem e não acredita em dogmas. Por que os quanta e as ondas não poderiam coexistir? Acontece que ele está em Copenhague, a meca da resistência quântica. Bohr e Kramers conseguem conquistá-lo. Em três semanas, eles escrevem um trabalho de pesquisa juntos — mais rápido do que qualquer outro na lista de publicações de Bohr. Bohr pensa em voz alta. Kramers anota tudo o que ouve, dentro do possível. Slater fica ao lado, ouvindo, se surpreendendo, vez ou outra, fazendo uma pergunta.

Já em janeiro de 1924, seu relatório é publicado na *Philosophical Magazine*. O trabalho contém frases características do estilo enigmático de Bohr: "Assumiremos que um dado átomo em um determinado estado estacionário se comunicará com outros átomos através de um mecanismo de tempo-espaço que é virtualmente equivalente ao campo de radiação que, segundo a teoria clássica, surgiria de osciladores harmônicos virtuais que correspondem às diferentes transições possíveis para outros estados estacionários". Um monte de termos sem significado físico claro: "virtual", "mecanismo de tempo-espaço", "comunicar", "praticamente equivalente". Einstein comenta que Bohr exprimira "suas opiniões como alguém que está sempre à procura, e não como alguém que acredita ter a verdade definitiva". A intenção era fazer um elogio, mas também expõe um ponto fraco de Bohr. Ele raramente se satisfaz com uma declaração e parece sempre um pouco evasivo.

Para descrever corretamente a absorção e a emissão de fótons nos átomos, Bohr está disposto a desistir do princípio de conservação de energia e impulso. Sua intenção é reduzir o princípio a mera estatística: às vezes, energia e impulso são conservados, às vezes, não. Albert Einstein, o defensor das leis inabaláveis da natureza, não concorda com isso. Lei é lei, não é uma regra geral. Entretanto, ele tampouco tem uma proposta melhor.

A ideia central de Bohr consiste em sacrificar o princípio da conservação da energia e impulso para preservar a teoria ondulatória. Esse princípio, um dos pilares da física, é um ingrediente essencial na argumentação de Arthur Compton para o efeito batizado com o seu nome e que colocou a teoria quântica da luz inegavelmente no centro das atenções. Se o princípio da conservação da energia não se aplica em escalas atômicas com tanta rigorosidade como no mundo cotidiano da física clássica, o efeito Compton deixa de ser uma prova irrefutável dos fótons de Einstein.

A lei da conservação da energia nunca fora verificada experimentalmente no nível atômico, argumentam os três físicos em Copenhague. Eles consideram ainda aberta a questão, se e de que forma ela se aplica em processos como a emissão espontânea de fótons. Einstein supõe que a energia e o impulso permanecem conservados em cada uma das colisões entre um fóton e um elétron. "Por quê?", pergunta Bohr, e coloca em contrapartida a Einstein a hipótese de que energia e impulso só permanecem conservados na média estatística.

Bohr, Kramers e Slater não apresentam um modelo bem construído contra a teoria de impacto precisamente calculada de Compton. Eles delineiam uma possível teoria com conceitos puramente qualitativos e seu trabalho contém apenas uma equação bastante simples. Escrevem sobre um novo campo de radiação "virtual" que envolve os átomos, influencia sua absorção e emissão de luz e transmite energia entre eles. O campo atua como uma reserva energética, de modo que a energia não é conservada em cada interação entre a luz e um elétron, mas sim em longo prazo. E de onde vem esse misterioso campo de radiação? Bohr, Kramers e Slater o inventaram.

À primeira vista, a proposta BKS, como ficou conhecida pelas iniciais de seus autores, parece uma surpreendente reviravolta na discussão sobre a essência da luz. Na verdade, porém, ela é um ato de desespero que mostra com que veemência Bohr recusa a teoria quântica da luz de Einstein. Bohr gostaria de saber o que Einstein acha da proposta, mas não tem coragem de perguntar diretamente a ele, então encarrega Wolfgang Pauli da missão. Em setembro de 1924, Pauli finalmente consegue se encontrar com Einstein e pergunta a ele o que acha da proposta. "Nojenta", julga Einstein, "repugnante". Pauli descreve sem rodeios a Bohr como Einstein desmantelou a hipótese, com palavras como "totalmente artificial", "tem algo sombrio", "ficou ofendido", "nenhuma ligação lógica". Pauli junta-se a Einstein e reclama da "virtualização da física".

Afinal, ainda se pode falar de física quando elétrons irradiados por luz em átomos podem saltar como bolas em uma roleta? Não na física como Einstein a entende. Ele escreve para Max Born: "A ideia de que um elétron exposto a um feixe de raios escolha *por vontade própria* o momento e a direção em que deseja saltar é insuportável para mim. Se fosse assim, eu preferia ser sapateiro ou empregado de um cassino do que físico".

Niels Bohr pressente que está diante de uma encruzilhada. É o momento em que sua persistência corre o risco de virar teimosia. O momento em que ele poderia ser tornar um herói trágico, preso à defesa de uma teoria insustentável do século passado. Mas isso não vai acontecer. Um ano depois, experimentos conduzidos por Compton, que nesse meio-tempo trabalha na Universidade de Chicago, e por Hans Geiger e Walther Bode, no Physikalisch-Technischen Reichsanstalt, em Berlim, vão mostrar que a energia e o impulso permanecem conservados nos impactos entre luz e elétrons. Einstein tem razão. Bohr estava enganado e ele não é do tipo que insiste nas suas posições mesmo às custas da verdade. Ele propõe "sepultar nossos esforços revolucionários com o funeral mais digno possível". Bohr pressente que a verdade sobre os quanta, ao que parece, é ainda mais profunda do que qualquer um, seja Einstein, seja ele próprio ou outra pessoa, tenha imaginado até então. "É preciso estar preparado para o fato de que a necessária generalização da teoria eletrodinâmica clássica exige uma profunda revolução das ideias nas quais nossa descrição da natureza se baseava até agora", escreve ele.

O brilho do "festival Bohr" de Gottingen se apagou. Depois da espantosa previsão das linhas espectrais do hidrogênio e do hélio ionizado, o modelo de Bohr chega aos seus limites com o átomo de hélio com dois elétrons. Em quais órbitas os dois elétrons se movem? Bohr não encontra uma resposta para essa pergunta, e Kramers não consegue ajudá-lo. "Todas as tentativas feitas até agora para solucionar o problema do átomo de hélio neutro fracassaram", constata Arnold Sommerfeld.

A física quântica chegou ao fundo do poço. Ninguém vê luz no fim do túnel, todos tentam improvisar. "É uma tristeza", se queixa Werner Heisenberg. "No momento, a física está novamente encurralada", escreve Wolfgang Pauli, "pelo menos para mim, ela é difícil demais e eu preferiria agora ser um comediante no cinema ou coisa parecida, e quisera nunca ter ouvido falar de física!" E Max Born observa: "Por enquanto, há só poucos e vagos indícios da natureza dos desvios que precisam ser aplicados às leis clássicas para explicar as características atômicas".

Max Born passou a primavera de 1924 acamado, com asma, os pólens agridem seus brônquios. Seu colaborador, Heisenberg, também sofre com alergia e viaja para Copenhague, para visitar Niels Bohr.

Bohr está muito ocupado quando Heisenberg chega. Além de ser pai de cinco filhos, dirige um instituto de pesquisa que cresce rapidamente. Ele gostaria muito de conhecer Heisenberg melhor, mas no instituto são poucas as possibilidades de uma conversa tranquila. Portanto, ele sugere a Heisenberg fazer uma caminhada pela região da Zelândia. Os dois preparam suas mochilas e partem em direção ao norte, para Helsingor, onde ficava o castelo de Hamlet, e seguem ao longo da costa do mar Báltico de volta a Copenhague. Em poucos dias, os dois andam mais de cento e cinquenta quilômetros, conversam sobre a vida e a política, sobre o poder das imagens e da imaginação na física atômica. Em determinado momento, Heisenberg vê ao lado do caminho um poste telegráfico ao longe, pega uma pedra, joga na direção do poste e o acerta — contrariando toda a probabilidade. Bohr mergulha em seus pensamentos e diz: "Se tentássemos mirar, calcular como deveríamos atirar, como deveríamos mover o braço, naturalmente não teríamos a menor chance de acertar. Mas se apenas imaginamos que, contrariando toda a razão, poderíamos acertar, é diferente; então, ao que parece, pode realmente acontecer". Às vezes, a imaginação é, de fato, mais forte que a razão. Quando Bohr e Heisenberg retornam da excursão, Bohr conversa com um dos seus estudantes sobre o estado da física quântica e diz: "Agora, tudo está nas mãos de Heisenberg para encontrar uma saída das dificuldades".

Heisenberg passa duas semanas com Bohr. Volta animado com a notícia da teoria BKS. Max Born está alarmado, mas por outros motivos. A nova proximidade de Heisenberg com Bohr não lhe agrada. Ele acaba de conseguir tirar das garras de Munique essa jovem estrela da física quântica, "essa pessoa querida, valiosa e muito inteligente que cativou meu coração", e então receia perdê-la para Copenhague. Em carta a Max Born, Niels Bohr pede que Heisenberg vá para Copenhague, e Born não pode lhe negar o pedido. Ele sabe que, naquele momento, é melhor viver e pesquisar em quase qualquer lugar que não seja a Alemanha, e ele próprio já planeja uma viagem à América para palestras. O que Born ainda nem suspeita é que será ele, ao voltar da América, que descobrirá as regras básicas da roleta dos elétrons.

Paris, 1924

UM PRÍNCIPE FAZ OS ÁTOMOS ECOAREM

Certo dia, na primavera de 1924, um pacote com selos do correio de Paris vai parar na escrivaninha de Albert Einstein. Um amigo francês lhe enviou um trabalho, pedindo sua opinião. Einstein abre o manuscrito e lê o título inexpressivo: "*Recherches sur la théorie des Quanta*" ("Investigações sobre a teoria quântica"). O trabalho não é muito extenso, não é muito difícil de ler e sua teoria da relatividade é mencionada nele. Ele não conhece o autor, que pretende obter o título de doutor com ele e já está com trinta e um anos de idade. Um daqueles eternos estudantes? Mas, pelo menos, é um De Broglie — um verdadeiro príncipe! Einstein começa a ler e fica entusiasmado. Esse príncipe descobriu uma nova visão da natureza da matéria.

O príncipe Louis Victor Pierre Raymond de Broglie não passou seus estudos só se divertindo, mas obrigações familiares e a guerra retardaram sua carreira científica. Vindo de uma antiga família da nobreza francesa, ele cresceu com a expectativa de seguir os passos de seus ancestrais. Os De Broglie eram originalmente da região do Piemonte, onde já se haviam destacado no século XII como comandantes e fundadores de mosteiros. Há séculos a família era o berço de estadistas, políticos e oficiais em seu país de origem. Muitos militares, historiadores e estadistas, incluindo três marechais da França e dois primeiros-ministros, vinham dessa família. Um rei francês lhes concedera o título de duque, e um imperador do Sacro Império Romano-Germânico o de príncipe. Assim, Louis é um duque francês e um príncipe alemão.

Louis nasce em Dieppe, em 15 de agosto de 1892, sendo o mais jovem de quatro filhos. As crianças têm uma vida luxuosa e desfrutam de todos os privilégios da nobreza, ainda que os pais dediquem pouco tempo a elas. Seus estudos, de acordo com sua condição social, ocorrem na propriedade da família, com professores particulares. Na família, todos se tratam formalmente por "senhor", mesmo entre os irmãos. O pequeno Louis lê os jornais e depois discursa para a família. Com dez anos, já sabe o nome de todos os ministros da Terceira República.

Ninguém duvida que Louis, um dia, será um estadista, talvez um parlamentar, como seu pai. Talvez até primeiro-ministro, como seu avô. Porém, quando Louis tem catorze anos, seu pai morre. Louis cresce sob os cuidados da irmã mais velha, Pauline, a condessa de Pange, que o ama e idolatra. Ela descreve o irmão como um menino franzino, "de cabelos cacheados como um poodle, um rostinho alegre e olhar travesso". Sua felicidade, sua "coragem juvenil" preenche os salões frios e inóspitos do castelo da família. "À mesa de jantar, ele falava sem parar", se encanta a irmã, "e mesmo quando seriamente recebia a ordem de ficar quieto, ele não conseguia segurar a língua e seus comentários eram simplesmente irresistíveis!". Na solidão em que crescera, tinha lido muito e vivido em um mundo fantasioso. Era dono de uma memória espantosa e capaz de recitar de cor, com infinita energia, cenas completas do teatro clássico. Porém, nas situações mais inofensivas, tremia de medo: se assustava com pombas, tinha horror de cães e gatos, e, às vezes, sofria de ataques de pânico só de ouvir o som dos sapatos de seu pai subindo as escadas.

Seu irmão mais velho, Maurice, tornara-se um substituto da figura paterna, mas é um exemplo que foge às normas da família. Maurice foi para a marinha, em vez do exército, tinha desenvolvido ali um sistema de comunicação sem fio para navios e escrito um artigo sobre as "ondas radioelétricas". Contagiado pela euforia em torno dos raios X na década de 1890, Maurice decide se tornar cientista, contrariando a vontade do pai. E fala animado com o irmão mais jovem sobre a radiação e os elétrons. Em uma das residências da família, na rua Chateaubriand, Maurice instalou um laboratório que não parou de crescer até tomar uma grande parte do prédio, incluindo o banheiro de hóspedes e os estábulos. Ali ouve-se o zumbido dos transformadores, dos quais saem grossos cabos que conduzem a tubos de vácuo para produzir raios X.

Em outubro de 1911, Maurice viaja para Bruxelas, para o hotel Metropole, onde acontece a primeira Conferência Solvay, o mais importante evento para cientistas na época. Nele, seus compatriotas Marie Curie e Henri Poincaré discutem com Max Planck, Albert Einstein, Ernest Rutherford e Hendrik Lorentz sobre a "Teoria da radiação e dos quanta". Maurice tem a honra de ser nomeado secretário da conferência. Providencia os protocolos das discussões, prepara-os para publicação e entrega-os ao seu irmão Louis: quatrocentas páginas cheias de ideias e argumentos da nata da física. A leitura significa uma virada na vida de Louis e ele resolve seguir seu irmão no caminho da ciência, decide "*à epouser la science et elle seule*", ou "dedicar-se exclusivamente à ciência". Ele desfaz seu noivado, arranjado com a filha de uma boa família, joga fora as cartas de bridge e o tabuleiro de xadrez, condena os livros de história ao exílio das suas estantes. Seus contatos sociais são reduzidos ao mínimo. Só a ciência importa.

Pauline não reconhece mais o seu favorito: "O *petit prince*, que me deu tanta alegria na minha infância, desaparecera para sempre. Ele agora passa todo o tempo retirado em seu quartinho, mergulhado num livro de matemática e acorrentado a um cotidiano implacável e eternamente igual. Com uma velocidade assustadora, ele se transformou numa pessoa ascética que leva uma vida tão monástica que sua pálpebra esquerda, desde sempre um pouco caída sobre o olho, quase o cobre completamente e o desfigura de tal forma que me compadece, pois seu ar ausente e efeminado enfatiza isso ainda mais".

Em 1913, pouco antes da eclosão da Primeira Guerra, Louis de Broglie comete a loucura de se alistar no corpo de engenheiros do exército para prestar o serviço militar. Durante a guerra, serve em uma unidade de telecomunicação, transmite com radiotelégrafos da Torre Eiffel, faz a manutenção dos aparelhos com os quais as transmissões de rádio do inimigo são interceptadas. Uma posição relativamente confortável para um jovem durante a guerra, longe das trincheiras, mas um duro desafio para o nada heroico Louis. Mais tarde, ele vai se queixar de que sua cabeça não funcionava mais tão bem depois da guerra.

Ao fim dela, Louis de Broglie cultiva ainda uma única relação: com o jovem artista Jean-Baptiste Vasek, um pintor e colecionador daquilo que chama de "arte bruta". Ele reúne poemas, esculturas, desenhos e quadros de pacientes psiquiátricos. Suas visões, acredita Jean-Baptiste, dariam origem aos mitos do futuro. Louis ama as conversas com seu amigo, ama o silêncio juntos, apaixona-se por ele. Então, subitamente, Jean-Baptiste se suicida. Não deixa para trás nenhuma explicação, apenas uma mensagem para seu "queridíssimo Louis", na qual pede que ele preserve e amplie sua coleção. Louis interrompe seu estudo da física, dedica toda a sua energia e sua parte da herança da família para honrar a memória de seu amigo, visita manicômios na França e em toda a Europa, organiza uma grande exposição com o título *La folie des hommes* (A loucura dos homens). A mostra é um sucesso de público e um escândalo para a aristocracia. Um artigo de jornal ridiculariza os quadros de seu amigo, Louis fica profundamente abalado e se tranca em seu quarto por meses. Deixa intocada na frente da porta a comida que sua irmã lhe traz. Pauline começa a desconfiar que seu irmão pretende morrer de fome. Ela alerta o irmão Maurice, que arromba a porta e invade os aposentos de Louis com cinco criados, passando pelas obras de arte e entrando no quarto, onde espera encontrar o irmão em estado deplorável. Mas encontra Louis sentado, penteado e bem-vestido, com o olhar claro e um cigarro na boca. Ele entrega a Maurice uma pilha de papéis cheios de fórmulas e diz: "Por favor, me diga se eu enlouqueci".

Durante a guerra, Louis aprendeu o valor da teoria clássica das ondas eletromagnéticas. Por intermédio do irmão, conheceu a controversa ideia dos quanta de luz, os fótons. Como muitos outros cientistas, essas duas visões da luz lhe parecem incompatíveis. Mas ele aborda esse enigma usando um caminho que ninguém havia trilhado até então.

No final de 1923, De Broglie, "depois de pensar longa e solitariamente", tem uma ideia simples e inusitada. Ele vira o argumento de Einstein para o efeito fotoelétrico do avesso: se a luz pode se comportar como uma corrente de partículas, então as partículas também não poderiam se comportar como ondas, sob alguns aspectos?

É um tiro no escuro, novo, ousado e pouco fundamentado. Até então, as partículas são naturalmente consideradas como aglomerados de massa compactos que não têm absolutamente nada a ver com ondas.

Louis de Broglie simplesmente junta a equação de Einstein $E=mc^2$ com a equação de Planck $E=hf$ e calcula para cada partícula movimentada um comprimento de onda. Quanto mais rápida a partícula, menor o comprimento de onda.

Isso seria apenas um truque matemático? Existe realmente uma onda para o comprimento de onda calculado por De Broglie? Ele não sabe. Apenas tenta — e acerta de um modo que surpreende a ele próprio. Para um elétron na órbita mais interna do modelo atômico de Bohr, no qual nem mesmo Bohr acredita mais, ele calcula um comprimento de onda que é exatamente igual à circunferência da órbita. Para um elétron na próxima órbita mais alta, a circunferência da órbita é igual ao duplo comprimento da onda. Na terceira órbita são três comprimentos da onda. E assim por diante. Isso não pode ser coincidência.

De Broglie fez os átomos ecoarem. Como o tom fundamental e os sobretons das cordas de um violino ou guitarra, as órbitas admissíveis no átomo de Bohr são justamente aquelas para as quais um múltiplo integral dos comprimentos de onda do elétron cabe na circunferência da órbita. Seria possível que, por trás dos quanta, não houvesse mais do que as harmonias musicais?

De Broglie publica suas ideias em dois trabalhos, publicados no final de 1923. Ninguém lhes dá atenção. Ele reflete ainda mais sobre o assunto, defende sua dissertação com segurança e autoconfiança, mas não consegue convencer os examinadores da sua tese. A ideia de ondas de elétrons lhes parece simples demais, matematicamente, e totalmente irreal, do ponto de vista da física. Eles não são capazes de refutar os cálculos de De Broglies, mas não conseguem perceber seu valor para a física. Mesmo o seu orientador no doutorado, Paul Langevin, antigo amante de Marie Curie, não sabe o que pensar sobre o trabalho. A um colega, confessa: "Parece-me muito inverossímil". Ainda assim, ele o considera importante o suficiente para mandá-lo ao amigo Albert Einstein, pedindo sua opinião.

Mas Einstein não responde — meses a fio. Langevin fica nervoso. Será que Einstein considera o trabalho tão fraco que nem se dá ao trabalho de responder? Ele resolve perguntar. E dessa vez, Einstein responde imediatamente. Como adepto de ideias simples e inusitadas que sempre foi, sua resposta é curta e clara: "Muito impressionante". De Broglie estaria na trilha de algo realmente grande, escreve Einstein, e teria "revelado uma ponta do grande enigma. É o primeiro fraco raio de luz sobre essa obscura e mais penosa incógnita da física". Só que quase ninguém ainda percebe isso.

Langevin dá ouvidos a Einstein. Em novembro de 1924, a Faculdade de Física da Universidade de Paris reúne-se para ouvir Louis de Broglie defender sua tese de doutorado.

De Broglie eleva sua voz aristocrática, anasalada, e começa a enunciar frases inacreditáveis em tom monótono: "Na física como se apresenta hoje, existem falsas doutrinas que exercem uma influência nefasta sobre nossa imaginação. Durante mais de um século, dividimos os fenômenos do mundo em duas áreas: os átomos e as partículas da matéria sólida, e as ondas imateriais da luz que se propagam pelo oceano do éter. Mas não devemos mais observar esses dois sistemas separados um do outro, temos que os reunir em uma única teoria, somente tal teoria poderá explicar suas diversas interações. O primeiro passo já foi dado por nosso colega Einstein: há vinte anos ele postulava que a luz não é apenas uma onda, mas contém partículas energéticas, e esses fótons, que são meros conjuntos de energia, se deslocam com as ondas de luz. Muitos duvidaram que essa ideia fosse correta, outros preferiram fechar os olhos para nem sequer ver o novo caminho que ela aponta. Pois, não nos enganemos, trata-se de uma verdadeira revolução. Estamos falando aqui do mais respeitado objeto da física, a luz, e a luz nos permite não só ver as formas deste mundo, ela nos mostra também as estrelas que ornamentam os braços espirais das galáxias e o coração oculto das coisas. Esse objeto, porém, não é singular, mas duplo. A luz existe de duas formas diferentes. E, como tal, ultrapassa as categorias com as quais tentamos organizar as inúmeras formas pelas quais a natureza se manifesta. Como onda e como partículas, a luz ocupa dois sistemas, tem duas identidades, e são tão opostas quanto as duas faces de Jano. Como o deus romano, ela expressa as características contraditórias do contínuo e do disperso, do diverso e do igual. Aqueles que se recusam a aceitar essa constatação argumentam que essa nova corrente de pensamento significaria afastar-se da razão. Mas digo-lhes: toda matéria possui essa dualidade! Não é apenas a luz que está sujeita a tal divisão, mas cada um dos átomos que criaram o universo. A dissertação que os senhores têm em mãos mostra que para cada partícula material — seja elétron ou próton — existe uma onda correspondente que a transporta pelo espaço. Sei que muitas pessoas contestarão meus argumentos e não estou aqui para dizer que eles nasceram apenas das minhas reflexões solitárias. Reconheço seu caráter bizarro e aceito o castigo que possa recair sobre mim, caso eles estejam errados. Mas hoje digo-lhes com a mais profunda convicção que todas as coisas podem existir de duas maneiras e que nada é tão sólido quanto parece. A pedra na mão de uma criança que mira o pássaro mudo sobre um galho poderia escorrer-lhe entre os dedos como água".

De Broglie conclui sua apresentação. Os professores permanecem mudos, perplexos, não encontram palavras para questionar suas teses. Louis de Broglie sai da sala. E leva com ele o seu título de doutor. Cinco anos mais tarde, ele receberá o Prêmio Nobel pelo seu trabalho.

Einstein gosta tanto da ideia das ondas de matéria que no próximo congresso, em setembro de 1924, em Innsbruck, sugere a seus colegas pesquisadores que procurem indícios de fenômenos de ondas em feixes moleculares. Na opinião de Einstein, as ondas de matéria de De Broglie são um passo na direção de restabelecer a ordem clássica da física, que Niels Bohr está minando atualmente. Isso, porém, tem um preço: agora há dois aspectos da matéria lado a lado, ondas e partículas. Como elas se relacionam? Ou, será que se relacionam? Einstein não sabe a resposta.

Em abril de 1925, uma coincidência mostra que De Broglie está no caminho certo com sua ideia inusitada. No laboratório da Western Electric Company, em Nova York, o físico Clinton Davisson, de trinta e quatro anos, examina o que acontece quando dispara elétrons em diferentes metais. Um dia, uma garrafa de ar liquefeito explode e estilhaça o tubo de vácuo com a amostra de níquel para a qual ele está apontando o feixe de elétrons. O níquel enferruja no ar.

Davisson limpa-o aquecendo-o, sem saber que, com isso, está transformando os cristais pequenos em cristais maiores, em cuja grade o feixe de elétrons é dobrado. Davisson não consegue entender por que obtém resultados de medição totalmente diferentes. Anota e publica esses resultados, e fica surpreso quando colegas explicam a ele o que tinha medido: elétrons podem se comportar como ondas. O príncipe francês tinha razão. Doze anos depois, Davisson receberia o Prêmio Nobel por essa descoberta.

Heligolândia, 1925

A IMENSIDÃO DOS MARES E OS ÁTOMOS TÃO MINÚSCULOS

Maio de 1925. A natureza floresce com toda a sua força. Werner Heisenberg, aos vinte e quatro anos, sofre com isso. Seus olhos ardem. O rosto fica inchado e vermelho. O nariz entope e, para Heisenberg, é como se seu cérebro se congestionasse também. Logo agora.

Como muitos físicos, Heisenberg pesquisa então a mecânica das órbitas de elétrons nos átomos: procura saber como os elétrons saltam em diferentes direções entre as diversas órbitas e como esses saltos geram as linhas que os físicos e químicos veem com seus espectroscópios. Ele tem uma ideia para uma explicação, uma ideia arrojada que, como ele pressente, poderá levá-lo a uma nova teoria dos quanta. Às vezes, a genialidade consiste em questionar o que parece óbvio. Diferentemente de seus colegas, Heisenberg está disposto a desistir das leis que regem o pensamento dos pesquisadores nas ciências naturais desde Isaac Newton. Essas leis, como ele supõe, perdem sua validade no interior dos átomos. Se quiser descobrir o que mantém as menores partículas profundamente unidas, terá que adotar uma abordagem completamente nova.

Mas genialidade também exige trabalho paciente. O formalismo matemático não representa uma grande dificuldade para Heisenberg: o objetivo é descrever a posição e a velocidade de um elétron como funções da equação da onda do átomo ao qual o elétron pertence. No entanto, assim que coloca essas funções nas equações da mecânica clássica, o resultado é um emaranhado incompreensível. A partir de números individuais, brotam séries inteiras de números, regras comuns da álgebra geram fórmulas de várias páginas. Heisenberg começa a experimentar, brinca com séries de Fourier, se confunde nas anotações, perde a paciência. Para piorar, sofre com esse ataque violento de alergia que paralisa o seu cérebro.

A aparência de Heisenberg é tão deplorável que seu chefe, Max Born, autoriza que ele tire férias fora de época. Ele foge dos pólens e pega o trem noturno para Cuxhaven em 7 de junho, depois a barca para a ilha de Heligolândia, para se curar com a brisa do mar. Heligolândia, a "terra sagrada", a única ilha alemã em alto-mar, menor que o zoológico de Berlim, a oitenta quilômetros da costa alemã no mar do Norte. Seu clima é tão inóspito que ali nenhuma flor desabrocha e as árvores quase não crescem. Durante a Primeira Guerra, a Heligolândia fora um posto militar avançado, depois tornou-se uma ilha de veraneio, visitada por turistas em busca de tranquilidade e ar fresco. Heisenberg encontra um quarto, cuja proprietária, ao vê-lo, supõe que ele fora espancado — algo nada raro na Alemanha dos anos após a guerra.

Heisenberg não leva muita bagagem: algumas trocas de roupa, um par de botas para caminhadas, uma edição do *Divã ocidento-oriental*, de Goethe, seus cálculos sobre as órbitas de elétrons. Seu quarto fica no segundo andar, no alto da extremidade dessa ilha de rochas vermelhas. Ele fica lá por uma semana e meia, senta-se na varanda, respira profundamente o ar puro enquanto observa o mar, passeia pela praia, nada até a ilha vizinha, lê os versos de Goethe, não fala com ninguém e pensa — dia e noite. Heisenberg sente-se bem assim. Desde sempre, ele encontra refúgio na natureza, nas montanhas, nas florestas e na água. Aos poucos, suas mucosas se acalmam, e sua mente ganha clareza de novo. Em Gottingen, Heisenberg estava enraizado demais na física tradicional, mas aqui ele consegue ter uma visão livre e sem obstáculos para a imensidão. Pensa nas palavras que Niels Bohr usara um dia tentando abrir seus olhos — ele, o montanhista — para a magia da paisagem plana da Dinamarca: "Quando olhamos para longe, além do mar, acreditamos que conseguimos compreender uma parte da eternidade". Na solidão da Heligolândia ele entende o que Bohr queria dizer naquele dia, que ingenuidade imaginar que um átomo seja um pequeno sistema solar no qual os elétrons giram em torno do núcleo como planetas em torno de uma estrela central. Heisenberg apaga esse sol e faz as órbitas bem delineadas dos elétrons se diluírem em nuvens disformes.

Ele encontra um novo caminho para abordar o enigma dos saltos quânticos. Alguém no grupo de Gottingen — talvez Wolfgang Pauli — havia dito que só existia uma possibilidade de descobrir o que acontece no interior de um átomo ou de outro sistema assim tão pequeno: uma medição. É possível medir o estado quântico de um átomo em um determinado momento e depois medir mais uma vez em qual estado quântico o átomo se encontra agora. Mas o que acontece entre uma medição e outra? No grupo de Gottingen, surgia a ideia de que a única realidade que uma medição pode registrar é a realidade da própria medição. Portanto, uma teoria da física, ou seja, empírica, deve falar apenas das coisas que podem ser medidas. Física é aquilo que pode ser visto, nada mais, nada menos. No início, Heisenberg hesitou em aceitar essa ideia, ela o lembrava muito do antigo debate filosófico se uma árvore que cai na floresta também faz algum barulho se ninguém estiver ouvindo. Mas agora, ele está disposto a saber até onde essa ideia poderá chegar.

A ideia "se ofereceu", escreveu Heisenberg mais tarde. O fato é que ela se ofereceu apenas a ele e a mais ninguém, e ele ousa dar um passo que não é menos corajoso do que aquele dado por Einstein quando redefiniu conceitos considerados eternos de espaço e tempo na sua teoria da relatividade.

Uma característica das medições em sistemas quânticos é o fato de que cada medição envolve dois estados simultaneamente: a transição entre eles. A medição da energia de uma determinada linha no espectro de um átomo diz algo a respeito da relação entre dois estados quânticos, no início e no fim do processo da emissão ou da absorção de um fóton.

Assim, Heisenberg se propõe a descrever matematicamente a relação entre dois estados quânticos observáveis. Para isso, ele tem que trabalhar com um tipo estranho de objeto matemático: as tabelas numéricas. Cada tabela numérica descreve a transição de um estado quântico ao outro. Os sistemas se desenvolvem multiplicando essas tabelas umas com as outras. Heisenberg tem que descobrir como isso pode ser feito. Quando dois números são multiplicados um pelo outro, o resultado é um número, isso é claro. Quando se multiplica duas tabelas numéricas uma pela outra, o resultado é uma confusão de números que antes precisa ser organizado: o que está certo, o que pode ser ignorado? Heisenberg tem que aprender novamente a multiplicar e oscila entre a sensação de grandeza por sua percepção da física e o desespero de um aluno de matemática sobrecarregado.

Mas logo ele se controla e formula condições para o cálculo: somente grandezas observáveis e sem violar a lei da conservação de energia. Para avançar, faz uso de um truque: quando se permite que duas dessas transições entre estados se sigam, o resultado tem que ser sempre uma transição válida. Ele continua tentando, erra o cálculo, corrige, avança um pouco mais, fica cada vez mais animado, está cada vez mais certo de "olhar através da superfície dos fenômenos atômicos para um fundamento bem mais profundo de estranha beleza interior". Assim que Heisenberg anota a multiplicação correta, tudo se encaixa como em um passe de mágica para uma nova teoria da mecânica — a mecânica quântica! "Fiquei atordoado só de pensar", diria Heisenberg mais tarde, "que agora eu teria que desvendar essa enorme quantidade de estruturas matemáticas que a natureza me exibia lá no fundo".

Sua alergia havia melhorado, mas agora era essa nova febre interior que lhe tirava o sono. Mas dessa vez ele não se deixa dissuadir. E certa noite, por volta das três horas, o resultado está no papel à sua frente.

O nervosismo não deixa Heisenberg dormir. Quase tropeçando de tanta emoção, ele sai à luz do amanhecer, caminha até o extremo sul da ilha para escalar o "Mönch", um penhasco rochoso de cinquenta e cinco metros de altura. Heisenberg chega incólume ao topo, vê o sol subir lentamente e desce de novo sem problemas. É a escalada mais arriscada da história da física. A mente de Heisenberg era o único lugar onde a mecânica quântica existia. Se ele tivesse caído durante a escalada, ela teria se perdido para sempre.

Na solidão, Heisenberg fez sua maior descoberta. Mas ele não estava completamente sozinho. De volta a Gottingen, ele discute sua ideia com Max Born, que, para sua grande surpresa, a recebe com simpatia. Heisenberg escreve rapidamente um artigo científico para anunciar sua ideia ao mundo, manda o trabalho para a revista *Zeitschrift für Physik* e parte para uma breve viagem de verão a Leiden e Cambridge, onde não menciona sua descoberta em suas palestras, mas a discute particularmente com seus colegas. Heisenberg resume seu manifesto da mecânica quântica em uma frase: "Nessa situação, parece mais aconselhável abandonar completamente a esperança de observar as grandezas até então não observáveis (como posição, período orbital do elétron), e, ao mesmo tempo, admitir que a concordância parcial das regras quânticas mencionadas com a experiência seria mais ou menos casual, e tentar construir uma mecânica quântica teórica análoga à mecânica clássica, na qual somente relações entre grandezas observáveis ocorram".

Em 19 de julho de 1925, um mês depois da inspiração de Heisenberg na ilha de Heligolândia, Max Born pega um trem para Hannover, para um simpósio da Sociedade de Física Alemã. E tem um estranho *déjà-vu*.

Born está sentado em uma cabine, lendo, escrevendo e pensando. Ele dormiu mal, há uma pergunta que não o deixa em paz: o que há na ideia de Heisenberg que lhe parece familiar? Então ele se dá conta: o que Heisenberg construiu pertence a um ramo distante e, até então, inútil da matemática, a álgebra de matrizes. Poucos matemáticos conhecem o conceito das matrizes e praticamente nenhum físico — com exceção de Born. Ele se lembra de ter lido algo a respeito há anos, quando ainda pensava em ser matemático.

Born reconhece, portanto, que já existe um ramo da matemática que pode ser útil para a mecânica quântica. Em certo momento, Wolfgang Pauli, seu antigo aluno, senta-se junto a ele na cabine. Born está empolgado com sua descoberta e mal pode esperar para explicá-la a Pauli. Este, porém, não fica nada entusiasmado e replica: "Eu sei que você gosta de formalismo difícil e complicado. Com a sua matemática inútil você só vai arruinar a ideia física de Heisenberg". Born desembarca do trem, em Hannover, desanimado e cansado de tanto pensar. Seu aluno Pascual Jordan — um talento matemático que gagueja muito e tem olhos inquietos por trás das lentes grossas dos óculos — estava sentado na cabine com ele e Pauli e ouviu a conversa entre os dois em silêncio, mas então se dirige a ele: "Professor, eu entendo um pouco de matrizes, será que posso ajudá-lo?". Juntos, Born e Jordan começam a trabalhar. Juntos, eles reconhecem a importância do fato de que, na multiplicação de matrizes, a ordem é determinante. Duas vezes sete maçãs é exatamente o mesmo que sete vezes duas maçãs. Mas, nas matrizes, em geral a-b não é o mesmo que b-a. Isso se encontra também no primeiro artigo de Heisenberg, é verdade, mas sem nenhum destaque. Apenas dois meses depois de Heisenberg ter enviado seu artigo para a *Zeitschrift für Physik*, Born e Jordan enviam o deles também. Eles aperfeiçoaram a teoria de Heisenberg para criar aquilo que logo ficaria conhecido como "mecânica matricial". Ela não tem quase mais nada em comum com a mecânica criada por Isaac Newton séculos antes. "Minha parca aspiração", escreve Heisenberg a Pauli, "é acabar definitivamente com o conceito de órbitas que, afinal, não podemos observar, e substituí-lo adequadamente".

Então, Heisenberg volta de Cambridge e de suas aventuras de verão com os escoteiros. Ainda antes de 1925 terminar, Heisenberg, Born e

Jordan elaboram um terceiro artigo científico sobre a mecânica matricial, que ficará famoso como o *trabalho de três homens*. Nele, eles detalham e ampliam a mecânica matricial.

Heisenberg, que já é dono de um grande ego, fica orgulhoso que sua intuição física o tenha levado a um caminho promissor que ninguém havia descoberto. Mas ele também compartilha do ceticismo de seu amigo Pauli. O nome "mecânica matricial" não lhe agrada, lembra matemática pura, o que assusta muitos físicos.

Começam a surgir sinais de um conflito entre professor e aluno. Born ficará ressentido para o resto da vida pelo fato de suas contribuições com Jordan para a mecânica quântica serem menosprezadas ou até mesmo ignoradas. Afinal, foi em um de seus trabalhos que a expressão "mecânica quântica" foi usada pela primeira vez. De fato, ele admite que Heisenberg fora "extremamente engenhoso" ao ter a ideia da álgebra de matrizes, sem ter nenhuma ideia do que realmente são matrizes. Mas ele não consegue admitir que o passo ousado de Heisenberg tenha sido decisivo. Heisenberg não é alguém com pouco conhecimento matemático que tenha sido iluminado por acaso pela luz do saber. Ele tem algo que falta a Born: uma profunda intuição física.

A mecânica matricial não é recebida pela comunidade física com entusiasmo. A maioria dos cientistas precisa se familiarizar primeiro com uma área completamente nova da matemática e então se esforçar para entender o que essas matrizes significam do ponto de vista da física. É extremamente complicado. Os físicos matemáticos asseguram que a teoria seria logicamente consistente e resolveria muitos problemas formais da teoria quântica. Muito bem, mas para que isso é preciso?

Wolfgang Pauli continua descrente. Pouco após a publicação do artigo de Born e Jordan, ele escreve a um colega: "A mecânica de Heisenberg me deu esperança e alegria de vida novamente. Ela ainda não trouxe a solução do enigma, mas acredito que agora é possível avançar de novo. Ainda é preciso, primeiro, livrar a mecânica de Heisenberg um pouco mais da enxurrada de erudição de Gottingen e expor melhor o seu âmago".

Heisenberg não suporta mais as provocações de Pauli sem perder a compostura. Irritado, escreve a ele: "É realmente vergonhoso que o senhor não consiga parar com essas afrontas grosseiras. Seus eternos insultos contra Copenhague e Gottingen são simplesmente um escândalo gritante. Se o senhor afirma que somos asnos tão ignorantes a ponto de nunca termos conseguido algo de novo na física, pode ser que esteja certo. Mas então o senhor é também um asno do mesmo porte, pois também não consegue... (os pontos representam um xingamento de cerca de dois minutos de duração!)".

Aquilo mexe com os brios de Pauli, que começa a trabalhar. Em menos de um mês, ele deduz a série de Balmer das linhas espectrais do átomo do hidrogênio, como Bohr tinha feito anos antes, com seu primeiro modelo atômico. Com seu exercício de cálculo, Pauli demonstra que a mecânica matricial não é apenas uma construção matemática, mas também uma ferramenta útil. Heisenberg se acalma: "Não preciso lhe escrever", dirige-se a Pauli, "o quanto me alegro com a nova teoria do hidrogênio e o quanto admiro que o senhor tenha criado essa teoria com tanta rapidez".

Mas a prova de Pauli não tornou a mecânica matricial mais compreensível. A maioria dos físicos continua desencorajada pela matemática altamente complicada. Para esses físicos, a alegação de que não se trata apenas de matemática requintada, mas também de física profunda, continua a ser uma questão de fé.

No verão de 1925, mais alguém tenta fazer uma grande jogada: Albert Einstein apresenta à academia, em Berlim, seu esboço de uma "teoria do campo unificado". Uma semana mais tarde, ele recebe uma mensagem de Gottingen, de Max Born: Heisenberg teria acabado de concluir um trabalho, "parece muito místico, mas certamente é correto e profundo". Com golpe de genialidade, o jovem Werner Heisenberg, de apenas vinte e quatro anos, criara uma nova teoria quântica — o ponto de partida para uma fase de dois anos de trabalho febril, ao final da qual estava pronta a teoria que iria marcar a física do século XX como nenhuma outra. Einstein lê o trabalho e o desaprova: "Heisenberg pôs um enorme ovo quântico. Em Gottingen acreditam nisso. Eu não", escreve ele a Paul Ehrenfest, em 20 de setembro de 1925. E continuou desacreditando até o fim de sua vida. Ele, que havia contribuído decisivamente para o avanço da "velha" teoria quântica até os primeiros meses de 1925, não dá mais nenhuma contribuição construtiva para a "nova". O ano de 1925 é o fim da era Einstein e o início da era Heisenberg. A "Teoria do campo unificado" nunca será concluída.

Em abril de 1947, a Marinha britânica deposita toda a munição restante da guerra, todas as granadas e torpedos, em um *bunker* sob a ilha de

Heligolândia: sete mil toneladas de explosivos. Sua intenção é destruir a ilha e todas as suas instalações com a maior explosão não nuclear da história até então. O poder explosivo corresponde à metade da bomba de Hiroshima, mas a ilha resiste. O penhasco que Heisenberg escalou, com sua mecânica quântica na cabeça, desaba.

Cambridge, 1925

O GÊNIO SILENCIOSO

Cambridge, verão de 1925. A notícia sobre a mecânica quântica de Heisenberg circula entre os físicos. Muitos ficam admirados com a teoria, poucos a compreendem. Eles têm medo das matrizes, esses monstros matemáticos. Um físico jovem de Cambridge, de poucas palavras, não sente esse medo. Para Paul Dirac, vinte e três anos e apenas oito meses mais novo que Heisenberg, nenhuma forma da matemática é muito complicada.

Pouco depois de sua epifania na ilha de Heligolândia, Heisenberg visita Cambridge, em julho de 1925, para dar uma palestra com o título enigmático de "Zoologia de termos e botânica de Zeeman". Ele ainda hesita em falar abertamente sobre sua descoberta, mas conta sobre ela ao seu colega Ralph Fowler. De volta a Gottingen, envia a Fowler seu primeiro artigo científico sobre a mecânica quântica e Fowler entrega o trabalho a seu estudante prodígio, Dirac, que não encontrou Heisenberg durante sua visita a Cambridge. Dirac lê o trabalho. E é um dos poucos que o entende. Mais que isso, ele eleva seu conteúdo ao próximo nível.

Dirac reconhece o que Max Born e Pascual Jordan também viram: a importância da não comutatividade das matrizes na mecânica quântica de Heisenberg. Sozinho, sem saber do trabalho dos colegas em Gottingen, Dirac reinventa toda a teoria, desenvolve sua própria fórmula matemática da mecânica quântica, semelhante à de Born e Jordan, mas com outra base. Ele tira de um canto obscuro da mecânica clássica um operador diferencial que, como as matrizes, atende às regras de multiplicação de Heisenberg. Dirac faz uso de um elegante instrumento matemático desenvolvido pelo irlandês William Hamilton no século XIX. Nada mais de matrizes!

Ou, pelo menos, quase nada. Elementos similares a matrizes também aparecem em seu cálculo, mas apenas em segundo plano.

Paul Dirac envia o manuscrito no qual registrou os resultados de seu trabalho para Gottingen e as estrelas da mecânica quântica ficam perplexas. Dirac? Quem é ele? Ninguém tinha visto antes uma estrutura matemática de tamanha beleza, uma ligação tão elegante entre a física clássica e a mecânica quântica. Max Born dirá, mais tarde, que a primeira leitura do trabalho de Dirac foi "uma das maiores surpresas da minha vida. O autor ainda parecia ser muito jovem, mesmo assim tudo ali era perfeito e admirável, na sua própria maneira".

Heisenberg também fica impressionado com a dissertação de Dirac. Pouco depois de receber as provas de impressão, ele escreve a Dirac uma carta de duas páginas em alemão: "Li seu trabalho excepcional sobre a mecânica quântica com enorme interesse. Certamente não há dúvida de que todos os seus resultados estão corretos, considerando que se acredite na nova teoria experimentada". Heisenberg até mesmo admite a Dirac que seu trabalho "realmente está escrito de forma melhor e mais concentrada do que nossas tentativas aqui". Porém, depois segue-se uma decepção para Dirac: "Espero que não se aborreça em saber que, entretanto, uma parte de seus resultados também foi encontrada aqui há algum tempo". Max Born, em Gottingen, e Wolfgang Pauli, em Hamburgo, já tinham descoberto parte do que Dirac descrevia em seu artigo. Mas Dirac suporta bem a decepção e uma longa amizade entre ele e Heisenberg começa com essa carta.

Parece que tudo está se encaixando aos poucos. Mas continua confuso. A mecânica quântica pode ser compreendida em dois sistemas matemáticos diferentes, mas aparentemente relacionados. Em Gottingen, prefere-se o sistema de matrizes, como era de se esperar. No grupo de Copenhague em torno de Niels Bohr, o trabalho de Dirac é considerado mais elegante e, ao que parece, mais eficaz também. Fora desses círculos seletos, os físicos veem as matrizes e os operadores com desespero crescente e se perguntam se um dia haverá uma formulação da mecânica quântica que eles também compreendam.

Paul Dirac é um homem quieto, de aparência discreta. Magro, de altura mediana. Testa larga, nariz reto e fino, queixo reto, bigode escasso, olhos inteligentes e sonhadores. Entre os cientistas que trabalham com a mecânica quântica, ele é o mais genial e o mais estranho. Como será constatado mais tarde, ele sofre de uma forma de autismo.

Paul Adrien Maurice Dirac nasce em janeiro de 1902 e tem uma infância que ele próprio descreve como "infeliz". O motivo é a relação difícil com o pai.

O comportamento quieto de Dirac vem da sua infância. Paul tem um irmão e uma irmã. Seu pai, um suíço, é muito rigoroso e exige disciplina incondicional de seus filhos. Sua mãe vem da região britânica da Cornualha. O pai exige que seus filhos falem apenas francês, a mãe insiste no inglês. Assim, para o jovem Paul é comum ter que falar diariamente em francês com o pai e em inglês com a mãe e seus irmãos. À mesa de jantar, o pai senta-se apenas com Paul e fala francês, enquanto o resto da família come na cozinha. "Como eu descobri que não conseguia me expressar em francês, era melhor para mim fica calado", contaria Dirac mais tarde. A família tem poucos amigos, não recebe visitas e também não visita ninguém. Por isso, o jovem Paul tem poucas oportunidades de exercitar e melhorar seu inglês. Sobra, então, apenas o silêncio que o acompanhará pelo resto da vida.

Os irmãos de Dirac se tornam acadêmicos respeitáveis, mas Dirac logo supera a todos. Ele é o que aprende mais rápido, é o melhor aluno da classe em todas as matérias de ciências naturais e técnicas, ultrapassa até os professores de matemática e física e tem que criar seus próprios deveres de casa.

Mas o aluno exemplar não sabe exatamente o que deve fazer com seu talento e, por isso, acompanha seu irmão Felix na disciplina escolhida pelo pai para os dois: a engenharia. Quando um de seus professores vê Dirac ocupado com experimentos no porão da universidade, lhe dá um conselho: "Pare de ficar brincando aqui! Você é um matemático tão talentoso. Mude de curso e faça sua graduação em matemática! Você consegue isso em dois anos". Paul Dirac segue o conselho e passa a estudar matemática.

Dirac é então tanto engenheiro como matemático: os pés bem firmes no chão e a cabeça nas nuvens. Desenvolve uma intuição para relações na física e, ao mesmo tempo, um sentido extraordinário para a pura beleza das ideias matemáticas. Sim, Dirac fala muito da beleza matemática. Ele vê beleza em estruturas e argumentos matemáticos, como outras pessoas veem em quadros ou poemas.

Paul Dirac tem o seu momento de grande inspiração em 1919, quando a teoria da relatividade de Einstein é confirmada pelo eclipse total do Sol. Agora, ele sabe o que quer: tornar-se físico teórico. Expressar a ordem do universo em equações matemáticas. Ele tem absoluta convicção de que a natureza, no seu mais profundo interior, tem uma estrutura matemática. Quando outros físicos lhe vêm com discursos muito vagos sobre o mundo, seu comentário-padrão é "O que são as equações?".

Em 1921, Dirac vai para o Trinity College, em Cambridge. Lá, Ernest Rutherford é diretor do Cavendish Laboratory. Seu caráter é exatamente o contrário do de Dirac. Fala alto, é direto, informal e tem pouca paciência com os teóricos, mas tolera Dirac, que vem ao laboratório semanalmente para tomar chá com os experimentadores e frequenta os seminários.

Em Cambridge, a noção da física como uma ciência madura ainda é predominante, baseada nos dois pilares da mecânica newtoniana clássica e da teoria da eletricidade e do magnetismo de Maxwell. Além disso, existe ainda essa nova teoria moderna da Alemanha: a teoria da relatividade de Einstein. Com essas teorias, como muitos em Cambridge ainda acreditam, seria possível descrever e calcular tudo.

Dirac "apaixona-se", como ele próprio diz, pela teoria da relatividade especial de Einstein. Ele brinca com as relações entre energia, massa e impulso de uma partícula, pretende descrever a menor das partes, o átomo, em relação com a mais rápida, o objeto da teoria da relatividade especial.

Em Cambridge, Dirac continua a ser a pessoa tímida e introvertida que sempre foi. Quando alguém tenta iniciar uma conversa com ele durante a High Table, a refeição tradicional em grupo no Trinity College, e lhe pergunta para onde pretende ir nas férias, ele fica em silêncio. Três pratos depois, ele responde: "Por que você quer saber?". E não faz isso por grosseria, ele simplesmente não entende como alguém pode se interessar por esse tipo de coisa. O sentido de conversas sobre amenidades é algo que Dirac não consegue entender. Ele só pensa nos átomos e na teoria especial da relatividade. Sua melhor fase ainda está por vir.

Leiden, 1925

O PROFETA E OS ELÉTRONS EM ROTAÇÃO

Meados de dezembro de 1925. Bohr é a favor, Einstein é contra. A discordância entre os grandes nomes da mecânica quântica não pode continuar assim. Paul Ehrenfest, professor de física teórica em Leiden e amigo dos dois grandes cientistas, convida Bohr e Einstein para sua casa, para tentar um consenso.

Quando o trem de Bohr para na estação de Hamburgo, a caminho de Leiden, Wolfgang Pauli o está esperando na plataforma. Pauli quer saber o que Bohr acha da ideia do spin do elétron. Para descrever a estrutura dos átomos, Pauli acaba de atribuir aos elétrons uma propriedade peculiar que só pode adotar dois valores: 1/2 e -1/2. Pauli não é capaz de explicar essa característica, só pode calcular com ela e solucionar um problema que os teóricos tentam resolver há muitos anos: a fina separação das linhas espectrais de átomos em um campo magnético, chamada de "efeito Zeeman anômalo".

Dois estudantes holandeses no instituto de Ehrenfest, Samuel Goudsmit e George Uhlenbeck, se aventuraram a fazer uma interpretação da descoberta de Pauli: é o giro dos elétrons, sua própria rotação, que pode ter duas direções, para a esquerda e para a direita. Goudsmit e Uhlenbeck falam de "spin". Uma interpretação ousada. Do ponto de vista da física, um elétron é uma massa pontual. Mas um ponto não tem dilatação, ele não pode girar em torno do seu próprio eixo. Além disso, o valor 1/2 significa que o elétron, por assim dizer, já está voltado para a frente outra vez depois de meia pirueta. Sob alguns aspectos, o "elétron giratório" (Heisenberg) corresponde a um giro em torno do próprio eixo, sob outros, ele contraria todos os conceitos clássicos.

Até para os seus autores, Goudsmit e Uhlenbeck, essa interpretação é tão inconveniente que eles tentam fazer com que ela desapareça e seja esquecida. O chefe do seu instituto, Paul Ehrenfest, impede que façam isso: "Vocês ainda são jovens o suficiente para se dar ao luxo de fazer uma besteira". A imagem permanece no mundo: os elétrons giram em torno de si mesmos de forma peculiar. Como a maioria das imagens para os fenômenos quânticos, é um improviso insatisfatório. O spin é uma grandeza nas fórmulas da mecânica quântica da qual ninguém tem uma visão realmente clara.

"Muito interessante", responde Bohr a Pauli naquela estação ferroviária. Traduzindo: rejeitado. Pauli acena que sim com a cabeça. Ele também não concorda com a interpretação de Goudsmit e Uhlenbeck.

A viagem de Bohr continua. Na estação de Leiden, ele é recebido por Albert Einstein e Paul Ehrenfest, que também querem ouvir a opinião de Bohr sobre o spin. Bohr explica a eles por que discorda da ideia. Como é possível que um elétron, que se movimenta no forte campo elétrico do núcleo atômico, receba o suficiente de um campo magnético existente externamente para produzir a fina estrutura das linhas espectrais que se apresenta no efeito Zeeman alômano? Einstein explica a ele como isso é possível. Ele já imaginava a objeção de Bohr e consegue afastá-la com a ajuda da sua teoria da relatividade. Bohr foi convertido. A explicação de Einstein é uma "revelação", diz ele. A ideia do spin, acredita, vai salvar seu modelo atômico. Os planetas também giram em torno do próprio eixo enquanto orbitam em torno do Sol. É um último momento de harmonia entre Bohr e Einstein. Embora não tenham concordado quanto à mecânica quântica, concordam quanto aos elétrons giratórios.

Na volta para Copenhague, o trem de Bohr para em Gottingen. Na plataforma, Werner Heisenberg e Pascual Jordan estão esperando. O spin do elétron, anuncia Bohr, é um grande avanço. Os outros acreditam nele.

Bohr continua a viagem para Berlim, para participar de um encontro da Sociedade de Física Alemã em comemoração dos vinte e cinco anos dos quanta. Wolfgang Pauli chega de Hamburgo. Ele pergunta a Bohr mais uma vez sobre o spin — e não se surpreende ao ouvir que este mudou de opinião e se transformou em um profeta do spin. Pauli sacode a cabeça. Ele considera o "novo evangelho" do spin do elétron uma "falsa doutrina" e adverte Bohr para não continuar a divulgá-la. "Não estou gostando disso!", diz Pauli. Mas Bohr está. Ele é o profeta. Herege é quem o contesta.

Arosa, 1925

UMA EXPLOSÃO ERÓTICA TARDIA

Dezembro de 1925. Erwin Schrödinger, físico de Viena, residente em Zurique, viaja para passar as férias de Natal na Villa Herwig, na região de Graubünden, um suntuoso sanatório para doenças pulmonares situado nas montanhas acima de Arosa. O ar fresco das montanhas, a 1.850 metros acima do nível do mar, traz alívio para quem sofre de tuberculose. Ele já tinha estado ali no Natal dos dois anos passados, na época com sua mulher, Annie. Dessa vez, está na companhia de uma mulher com quem não é casado, uma antiga amiga de Viena. Annie não se importa. Ela também tem seus amantes, entre eles o matemático Hermann Weyl, cuja mulher é a amante do físico Paul Scherrer, um amigo de Wolfgang Pauli.

Schrödinger é quinze anos mais velho que os outros jovens aventureiros, Pauli e os outros "garotos da física", que têm suas atividades principalmente em Gottingen e Copenhague. Nasceu em 1887 em Viena, em uma família rica, mas não convencional, com antepassados ingleses e austríacos. Erwin cresceu como filho único nos últimos anos do Império Austro-Húngaro, em um exuberante apartamento no centro de Viena, cercado de mulheres: sua mãe sensível, as duas tias, irmãs de sua mãe, sua prima e uma série de babás. Essa época vai marcar as relações de Erwin Schrödinger com as mulheres para sempre. Para ele, elas são seres que cuidam de suas necessidades, enquanto as necessidades delas pouco o interessam.

Os Schrödinger têm pouco interesse pela música, mas uma grande paixão pelo teatro erótico e desenfreado na Viena do final do século XIX. Na escola secundária, Erwin logo fica conhecido pelo seu talento extraordinário, sua autoconfiança, boa aparência e jeito charmoso e descontraído.

Schrödinger é um homem que atrai as mulheres. Seu rosto tem traços marcantes e bonitos. Se ele, pelo menos, não fosse tão míope. Seus olhos parecem nadar por trás das lentes grossas e redondas dos seus óculos.

No outono de 1906, poucas semanas depois do suicídio de Ludwig Boltzmann, Schrödinger se matricula na Universidade de Viena e faz o doutorado em 1910 com o tema "Sobre a condução da eletricidade sobre a superfície de isoladores em ar úmido". Na sua certidão do doutorado, seu nome está grafado "Ervino" (a forma de Erwin em latim). Ele consegue um primeiro emprego como auxiliar, com o físico experimental Franz Exner. Uma palestra apresentada por Albert Einstein em 1913, em Viena, com o título "Sobre o estado atual do problema da gravidade", desperta em Schrödinger o interesse pelas perguntas fundamentais e mais profundas da física: o problema da gravidade, as características do cosmo e a natureza da matéria.

Então, a guerra começa. O professor mais importante de Schrödinger, Fritz Hasenöhrl, o mais promissor teórico da física na Áustria, é atingido fatalmente na cabeça por um estilhaço de granada. Schrödinger também participa da guerra, primeiro como oficial da artilharia, depois como meteorologista. Ele ouve e vê tiros, recebe uma medalha de condecoração. Em 1916, anota no seu diário: "Penso: isso vai continuar se arrastando, não podes fazer nada. Horrível. Estranho: eu não pergunto mais: *quando* a guerra vai acabar? Em vez disso: *será* que vai acabar? Infantil, não é? Espero. Será que catorze meses são tão terrivelmente longos que a pessoa até já se desespere se haverá mesmo um fim?".

Depois da guerra, Erwin Schrödinger faz uma carreira acadêmica de respeito, mas não extraordinária. Vai para Jena como assistente de Max Wien, e para Stuttgart e Breslau, como professor extraordinário. Em 1921, finalmente consegue um emprego que lhe dá dinheiro suficiente para se casar com sua noiva, Annemarie "Annie" Bertel: um cargo de professor efetivo para física teórica na Universidade de Zurique. Ele deixa que sua mulher, Annie, cuide dele e o admire, mas isso não o impede de continuar com seus constantes casos amorosos, que mantém com mulheres de amigos já pouco depois do seu casamento, durante a lua de mel. Alguns anos depois, ele tem três filhos com três mulheres, mas nenhum com a esposa.

Mas ele cuida da mulher e um de seus principais objetivos é proporcionar a ela segurança financeira na velhice. Na negociação para o cargo em

Zurique, dá importância a direitos de pensão que sejam transferidos para a esposa após sua morte.

A vida na Suíça neutra é mais agradável do que na Viena do pós-guerra. Schrödinger discute com o físico Peter Debyie e o matemático Hermann Weyl, mantém correspondência com Albert Einstein, Arnold Sommerfeld e Wilhelm Wien, pesquisa a termodinâmica de corpos sólidos, a mecânica estática, a teoria geral da relatividade, átomos e espectros, a colorimetria e a percepção das cores. Os trabalhos de pesquisa publicados por ele são sólidos, mas nada espetacular.

Schrödinger se dedica às questões mais discutidas da física no momento, mas permanece preso ao seu pensamento tradicional. A ideia de que os elétrons no átomo de Bohr e Sommerfeld saltem abruptamente de uma órbita para a outra lhe parece duvidosa. Ele acredita que essas transições desconexas não devem fazer parte da física, pois trazem imprevisibilidade: coisas que acontecem sem causa identificável. É a mesma queixa de Einstein sobre Bohr.

Quando os primeiros boatos sobre a interpretação das órbitas de elétrons como ondas estacionárias, feita pelo príncipe De Broglie, começam a circular, Schrödinger tem a impressão de já conhecê-la. Ela também está em um de seus resultados teóricos publicados um ano antes, bem escondida e não identificada nem mesmo por ele próprio.

De Broglie é um diletante teórico com uma ideia genial. Schrödinger é um mestre da matemática. Ele resolve se dedicar à ideia de De Broglie, para transformá-la em uma teoria.

Em 1925, enquanto Heisenberg luta com seu estranho formalismo na ilha de Heligolândia, Schrödinger escreve um relatório no qual se aprofunda nas ondas de elétrons de De Broglie e, entre outras coisas, expressa a suposição de que as partículas, na verdade, não seriam partículas, mas "a espuma no topo de um raio de ondas formando a base do mundo". Ele cria sua imagem do mundo físico inspirado pela sua sensibilidade poética.

Conversando com um colega em Zurique, divaga sobre as ondas de partículas. O colega pergunta: se os elétrons são ondas, qual é a sua equação de onda? Qual é a matéria que provoca essas ondas? Qual é a sua aparência? Schrödinger não tem respostas para essas perguntas. De Broglie calculou apenas um comprimento de onda, nada mais. Até agora, suas ondas não são mais que uma ideia abstrata, sem raízes na realidade física. Schrödinger está decidido a defini-las em uma fórmula que resolva de uma vez por todas os saltos quânticos de Bohr e essas complicadas matrizes de Heisenberg. Ele escreve uma equação de onda no papel que parece boa, mas está errada. Vai para a cesta de lixo.

No Natal de 1925, quando Schrödinger viaja para Arosa, está decidido a não voltar sem ter encontrado a equação certa. Talvez seja o ar rarefeito das montanhas que o ajude a pensar, talvez a misteriosa companheira de viagem. A matemática é difícil e, infelizmente, Schrödinger não colocou na mala o livro sobre equações diferenciais. "Se, pelo menos, eu dominasse mais a matemática!", reclama. Ele começa de novo, deixa simplesmente de lado complicações como a teoria da relatividade e por fim encontra o que estava procurando: uma equação de onda que define formalmente a ideia de De Broglie. Ele a desenvolve quase sozinho, só recebe ajuda de Hermann Weyl para alguns detalhes matemáticos, depois de voltar para Zurique. Seu chefe pergunta se tinha aproveitado as pistas de esqui. Schrödinger responde que "alguns cálculos" o tinham atrapalhado.

A equação de Schrödinger é uma construção elegante. Ela descreve um campo regulado por uma espécie de função energética, representada por um operador matemático. Quando Schrödinger a aplica a um átomo, ela oferece um número de soluções das quais cada uma descreve um padrão estatístico do campo: os estados energéticos do átomo. Usando uma manobra matemática habilidosa, Schrödinger conseguiu enunciar as regras quânticas que Bohr definira de forma tão crua. Com a sua equação, os estados energéticos de um átomo não parecem ser mais misteriosos que os tons de uma corda no violino.

Schrödinger transforma os saltos quânticos, essas mudanças de estado repentinas e instáveis que alguns físicos acham tão assustadoras, em transições regulares de um padrão de onda estacionário para o outro. Nas suas mãos, a física dos átomos deixou de ser uma colcha de retalhos e se tornou uma obra de arte. Schrödinger não derivou sua equação com pura lógica, ele fez uma composição.

Ainda em janeiro, ele escreve um primeiro artigo sobre sua equação e o envia para a revista *Annalen der Physik*. Uma fase extraordinariamente criativa começa para ele, que escreve outros quatro artigos até junho, no ritmo de quase um por mês, nos quais aperfeiçoa sua mecânica ondulatória.

A velha guarda fica entusiasmada. O artigo teve nele o efeito de "um trovão", relata Arnold Sommerfeld. "A ideia do seu trabalho demonstra verdadeira genialidade!", escreve Albert Einstein a Schrödinger, e pouco depois acrescenta: "Estou convencido de que o senhor, com sua fórmula das condições quânticas, encontrou um verdadeiro avanço, assim como estou convencido também de que o caminho apontado por Heisenberg e Born não faz sentido". Robert Oppenheimer, o prodigioso físico norte-americano que, naquele momento, está estudando física quântica com Max Born, em Gottingen, o elogia: "Aqui está essa teoria extremamente elegante, talvez uma das mais perfeitas, precisas e belas que o ser humano já desenvolveu".

As notícias também despertam a atenção dos mecânicos quânticos no círculo de Bohr e Heisenberg. "Acredito que esse trabalho seja um dos mais importantes escritos nos últimos tempos", escreve Wolfgang Pauli, de Hamburgo, para Pascual Jordan, em Gottingen. "Leia cuidadosamente e com atenção."

Ao que parece, a ordem clássica fora restaurada. A equação de Schrödinger torna-se o cerne da nova física quântica. Com quase quarenta anos de idade, seu autor cria "sua maior obra durante uma fase de explosão erótica tardia em sua vida", observa seu bom amigo Hermann Weyl, o matemático e amante de sua mulher. É uma das muitas explosões eróticas ao longo da vida de Schrödinger, e não será a última. Mas é uma que o levou à sua mais importante descoberta. A respeito da "Dark Lady", a misteriosa mulher que acompanhou Erwin em Arosa, o casal Schrödinger mantém discrição. Na física, Schrödinger é um tradicionalista. Na vida, não.

No mesmo ano de 1926, ele começa a dar aulas particulares de matemática para as meninas Itha e Roswitha Junger, chamadas de Ithi e Withi. As duas são filhas de uma conhecida de sua mulher, Annie, têm catorze anos de idade e são gêmeas. Na escola religiosa que frequentam, estão correndo o risco de serem reprovadas. Schrödinger evita que isso aconteça, explica a elas sua pesquisa, conversa com elas sobre religião, escreve poemas ruins para elas e, como Itha conta mais tarde, tudo isso vinha acompanhado de "muitas carícias e abraços". As meninas sentem-se lisonjeadas com sua atenção. Schrödinger apaixona-se por Itha. Ele espera até que ela complete dezesseis anos. Então, durante férias esquiando, ele entra no quarto de Itha no meio da noite e confessa seu amor por ela. Pouco depois de ela completar dezessete anos, os dois iniciam um caso amoroso.

Copenhague, 1926
ONDAS E PARTÍCULAS

Copenhague, 1926. Heisenberg muda-se para um pequeno e agradável apartamento na mansarda do Instituto Bohr, com paredes inclinadas e vista para o Faelledparken. Bohr mora com sua família em uma residência imponente ao lado do instituto. Heisenberg visita os Bohr com tanta frequência que já se sente "quase em casa" na residência.

Bohr está exausto. O instituto foi reformado e ampliado, o que lhe custou muita energia. Uma gripe forte o derruba e ele precisa de dois meses até se recuperar. Heisenberg aproveita o tempo e a tranquilidade antes de Bohr voltar para elaborar, com sua teoria, o espectro de linhas do hélio — um teste importante para a teoria. O resultado é positivo, a teoria e seu autor estão aprovados.

Mal Bohr se recupera, começa a velha rotina novamente. "Depois das oito ou nove da noite, Bohr entrava no meu quarto e dizia: 'Heisenberg, o que acha desse problema?'. Depois falávamos e falávamos horas a fio, muitas vezes até a meia-noite ou uma da manhã." Às vezes, Bohr convidava Heisenberg também para uma conversa animada, regada a muitos copos de vinho, até tarde da noite na sua residência.

Paralelamente, Heisenberg tem que cumprir seus deveres como docente. Ele dá aulas duas vezes por semana na universidade sobre física teórica — em dinamarquês. Com seus vinte e quatro anos, ele é pouco mais velho que seus alunos. Depois da primeira aula, um estudante comenta: "Mal dá para acreditar que ele é tão inteligente", ele mais parece "um astuto aprendiz de marceneiro". Heisenberg se acostuma rapidamente ao ritmo de trabalho no instituto, faz amizade com seus colegas, sai para velejar, cavalgar e fazer caminhadas nos fins de semana. Porém, depois da visita de Schrödinger, em outubro de 1926, ele encontra cada vez menos tempo para essas atividades de lazer, que lhe são tão importantes. Bohr não deixa muito espaço para isso. O mestre precisa de um interlocutor.

Mas Bohr e Heisenberg não conseguem achar um consenso sobre como interpretar a mecânica quântica. Bohr quer explorar o assunto a fundo, buscar clareza: no caminho para o mundo dos quanta, onde termina a capacidade descritiva? E por que ela termina? Bohr pretende conjugar a dualidade das ondas e partículas com a teoria e, assim, salvar os conceitos da velha física para a nova era.

Heisenberg não entende a preocupação de Bohr. Qual é o problema? Temos uma teoria. Podemos fazer previsões, podemos testá-las em experimentos. A teoria explica o que localização e velocidade significam agora. Que importância tem quais outras visões temos a respeito delas?

A dualidade onda-partícula provoca dores nos físicos, como se fossem no próprio corpo. Albert Einstein escreve a Paul Ehrenfest, em agosto de 1926: "Ondas aqui, quanta ali! A realidade dos dois é inabalável. Mas nem o diabo consegue fazer disso um verso (que realmente rime)".

Na física clássica, o mundo ainda estava em ordem. Havia ondas e havia partículas, mas nada era as duas coisas ao mesmo tempo. Na física quântica, as partículas às vezes se comportam como se fossem ondas. E ao contrário? Na sua mecânica quântica, Heisenberg partiu das partículas. Schrödinger pensou no mundo como uma grande salada de ondas. Depois, as duas abordagens provaram ser matematicamente equivalentes. Como isso é possível? Dois pontos de partida tão fundamentalmente diferentes, aparentemente incompatíveis, mas o mesmo resultado. A prova da equivalência da mecânica matricial e da mecânica ondulatória não ajudou a resolver a dualidade onda-partícula.

Parece mesmo que os elétrons querem pregar uma peça nos pesquisadores: enquanto ninguém olha, eles são ondas. Mas assim que alguém olha, são partículas. Que mecanismo está por trás disso, o que é a causa, o que é o efeito? Quanto mais Bohr e Heisenberg pensam nisso, menos entendem. Juntos, eles tentam expor o cerne do paradoxo. Mas, ao fazer isso, também expõem as tensões que crescem entre eles. Os dois têm abordagens incompatíveis, mas nenhum deles abre mão do seu ponto de vista. Ambos perdem a paciência e se irritam um com o outro até não aguentarem mais.

Heisenberg quer dar ouvidos à teoria em si, à sua teoria: o que ela nos diz sobre a natureza da realidade em escala atômica? Se forem os saltos quânticos e descontinuidades, então que seja. Para ele não há dúvida de que, na dualidade onda-partícula, o lado da partícula predomina. Ele se recusa a abrir espaço para qualquer coisa que lembre as ondas de Schrödinger. Bohr é mais aberto. Ao contrário de Heisenberg, não está fixado na mecânica matricial. Quer brincar com as duas ideias: partículas e ondas. Bohr não se deixa fascinar por formalismos matemáticos. Heisenberg pensa sempre a partir da matemática. Bohr tenta explorar a física além da matemática. Busca o significado físico da dualidade onda-partícula. Heisenberg busca uma descrição matemática.

Bohr quer um caminho para conjugar ondas e partículas em uma descrição completa dos processos atômicos. Conciliar essas duas ideias contraditórias, na opinião de Bohr, é a chave que abrirá a porta para a interpretação da mecânica quântica.

Berlim, 1926

VISITA AOS SEMIDEUSES

Berlim, abril de 1926. Albert Einstein e Max Planck observam o cenário do alto do olimpo da física. Einstein já tem quase cinquenta anos, Planck está chegando aos setenta, ambos são considerados semideuses. Quando têm vontade, os dois convidam jovens heróis da física para ouvir os relatos de suas aventuras. Dessa vez é Werner Heisenberg, aos vinte e quatro anos, que tem a honra de poder apresentar seus últimos feitos na "fortaleza da física", como ele próprio chama Berlim. A aparência de Heisenberg continua sendo a daquele jovem que caminhou pelo Hainberg com Bohr, quatro anos antes, hesitando entre timidez e ousadia. Ele ainda luta com esses estranhos quanta. Mas hesita um pouco menos. Foi ele quem descobriu a mecânica quântica. Não Planck, nem Einstein. A teoria é criação sua.

Em torno da figura de Einstein criou-se, nesse meio-tempo, um verdadeiro culto. Com seus cabelos rebeldes e grisalhos, os olhos vívidos e as calças sempre um tanto curtas demais, ele é reconhecido nas ruas. Tornou-se uma espécie de ícone. Seu status muda também sua maneira de pensar e de falar cientificamente. Deuses proclamam a verdade, não apresentam as razões. "A mecânica quântica exige muita atenção", escreve Albert Einstein a Max Born. "Mas uma voz interior me diz que isso ainda não é o fim da linha. A teoria acrescenta muito, mas pouco nos aproxima do antigo mistério. O certo é que estou convencido de que Deus não joga dados."

Quando o jovem Werner Heisenberg se coloca junto à lousa, em 28 de abril de 1926, em Berlim, e põe suas anotações sobre o púlpito à sua frente, tem todos os motivos para estar nervoso. Ele pretende explicar sua mecânica matricial para o seleto colóquio de física da Universidade de Berlim.

Munique e Gottingen foram apenas ensaios, Berlim é a verdadeira estreia. Os olhos de Heisenberg passam pelo público. Na primeira fila, Max von Laue, Walther Nernst, Max Planck e Albert Einstein — quatro laureados com o Prêmio Nobel, sentados lado a lado.

Heisenberg já ouviu e disse esses nomes muitas vezes. Hoje, ele vê as pessoas por trás dos nomes pela primeira vez. Ele sabe que não são mais jovens. Suas façanhas já ficaram um pouco para trás. Como diria mais tarde, ele "se esforça para apresentar os conceitos e fundamentos matemáticos da nova teoria, tão incomuns para a física daquela época, da forma mais clara possível".

Einstein demonstra interesse suficiente para conceder a Heisenberg uma conversa mais aprofundada. Quando o público se dispersa depois da palestra, ele se dirige a Heisenberg e o convida para ir à sua casa. Juntos, eles caminham pelas ruas da cidade até o apartamento de Einstein. É esse passeio com um semideus, e não a palestra, que Heisenberg levará na lembrança ao retornar de Berlim. Finalmente, ele encontra Einstein em pessoa. Quatro anos antes, ele tivera esperança de encontrá-lo no evento de físicos realizado em Leipzig, mas Einstein preferiu ficar em casa, devido ao assassinato do ministro Walther Rathenau, e ele próprio não pôde ir, porque tinha sido roubado pouco antes.

Agora, enquanto passeiam por Berlim nesse dia primaveril, é Einstein quem conduz a conversa. Ele pergunta sobre a família de Heisenberg, sobre sua formação e a pesquisa realizada até agora. Ainda não diz uma só palavra sobre a nova teoria.

Só quando chegam ao apartamento, no quarto andar da Haberlandstrasse 5, Einstein passa a falar sobre temas sérios. Não lhe agrada que Heisenberg tenha afastado a localização e a velocidade do centro da física na sua mecânica matricial e substituído por construções matemáticas abstrusas: "O que o senhor nos relatou parece muito inusitado", ele confronta Heisenberg, "o senhor supõe que existem elétrons no átomo, e nisso certamente tem razão. Mas o senhor quer eliminar completamente as órbitas dos elétrons no átomo, embora seja possível ver essas órbitas dos elétrons diretamente em uma câmara de nuvens. Pode me explicar um pouco melhor os motivos para essa estranha suposição?".

É a oportunidade que Heisenberg esperava. A chance de conquistar o grande mestre da física quântica, nos seus quarenta e sete anos, para o seu lado. Ele fez apenas aquilo que a realidade lhe impôs. Não deseja construir sua teoria sobre a base de grandezas desconhecidas e, possivelmente, não detectáveis, mas sim sobre o que os físicos realmente podem observar nos átomos. "Não podemos observar as órbitas dos elétrons no átomo", ele explica, "mas a partir da radiação que é emitida por um átomo em um processo de descarga, podemos concluir diretamente as frequências de oscilação e as correspondentes amplitudes dos elétrons no átomo. Na física, até agora, o conhecimento da totalidade dos números de oscilação e das amplitudes é também uma espécie de substituto para o conhecimento das órbitas de elétrons. Mas como é razoável, em uma teoria, só adotar as grandezas que possam ser observadas, pareceu-me natural introduzir somente essas totalidades, digamos, como representantes das órbitas de elétrons".

Não. Einstein não acha nada razoável. "Mas o senhor não acredita seriamente que só se possa adotar grandezas observáveis em uma teoria física", retruca ele.

Contudo, é exatamente nisso que Heisenberg acredita. Ele tenta colocar Einstein na defensiva. "Pensei", devolve ele, "que justamente o senhor tivesse usado esse raciocínio como base da sua teoria da relatividade? O senhor destacou que não seria possível falar de um tempo absoluto, uma vez que não se pode observar esse tempo absoluto. Apenas aquilo que os relógios indicam, seja com o sistema de referência em movimento ou parado, é relevante para determinar o tempo".

O comentário acerta o alvo. Einstein murmura que talvez tenha usado esse tipo de filosofia. "Mas ainda assim é um disparate. Ou, dizendo com mais cuidado, pode ser que heuristicamente tenha importância lembrar-se do que realmente se observa. Mas, em termos de princípio, é absolutamente errado querer fundamentar uma teoria apenas em grandezas observáveis. Pois, na realidade, é exatamente o contrário. É só a teoria que decide o que podemos observar. Veja bem, a observação, em geral, é um processo muito complicado. O processo que deve ser observado provoca certos eventos no nosso aparelho de medição. Por isso, outros processos são desencadeados nesse aparelho, que, finalmente, por outras vias, produzem a impressão sensorial e a fixação do resultado na nossa consciência. Durante esse longo caminho, desde o processo observado até a fixação na nossa consciência, temos que saber como a natureza funciona, temos que conhecer as leis da natureza, pelo menos, na prática, se quisermos afirmar que podemos observar algo. Portanto, só a teoria, ou seja, o conhecimento das leis da natureza nos permite inferir o processo subjacente a partir da impressão sensorial. Se afirmamos que podemos observar algo, então deveríamos, na verdade, dizer com mais exatidão: embora tenhamos a pretensão de formular novas leis da natureza que diferem das anteriores, supomos, sim, que as leis da natureza antes existentes funcionam com tal exatidão no caminho entre o processo a ser observado e a nossa consciência que podemos confiar nelas e, portanto, podemos falar de observações. Na teoria da relatividade, por exemplo, presume-se que mesmo no sistema referencial em movimento os feixes de luz, que saem do relógio para o olho do observador, funcionam suficientemente bem, como seria de se esperar antes. E na sua teoria, o senhor obviamente presume que todo o mecanismo da radiação de luz, desde o átomo oscilante até o aparelho espectral, ou até o olho, funciona exatamente como sempre se supôs, ou seja, de modo geral, segundo as leis de Maxwell. Não fosse assim, o senhor não poderia mais observar as grandezas que chama de observáveis. Assim, sua afirmação de que está introduzindo apenas grandezas observáveis é, na realidade, uma suposição sobre uma característica da teoria que está tentando formular. O senhor supõe que sua teoria deixa intacta a descrição anterior dos processos de radiação nos pontos que lhe interessam aqui. Pode ser que tenha razão, mas não há nenhuma certeza disso."

Com isso Heisenberg não contava. Ele acreditava que Einstein estaria do seu lado com respeito à possibilidade de observação. A argumentação de Einstein parece então lógica para Heisenberg. Mas esses argumentos não contrariam também a própria teoria da relatividade de Einstein? É possível que Einstein seja um adversário tão grande da mecânica quântica que esteja disposto a derrubar seu próprio monumento? Heisenberg busca reforço com um velho aliado de Einstein, o filósofo Ernst Mach: "Dizem que a ideia de que uma teoria é, na verdade, apenas o resumo das observações, sob o princípio da economia do pensamento, seria do físico e filósofo Mach. E frequentemente é dito que o senhor fez uso justamente dessa ideia de Mach, de forma decisiva, na sua teoria da relatividade. Mas o que o senhor me disse agora parece apontar exatamente para a direção contrária. No que eu devo então acreditar, ou melhor, no que o senhor acredita nesse aspecto?".

De fato, durante sua época como oficial de patentes em Bern, Einstein estudou a obra do filósofo austríaco Ernst Mach. Este proclamara como nova meta da ciência desvendar não a essência da natureza, mas os fatos, ou seja: descrever os dados experimentais da maneira mais simples possível. Cada conceito científico é definido pelas instruções de como cada um deve ser mensurado. Sob influência da filosofia de Mach, Einstein iniciou seu ataque aos antigos conceitos de um tempo e de um espaço absolutos. Mas o que Heisenberg aparentemente não sabe é que, mais tarde, Einstein rejeitou a filosofia de Mach, pois ela ignora o fato de que o mundo realmente existe: "Essa é uma longa história, mas podemos conversar sobre ela mais a fundo. Esse conceito da economia do pensamento de Mach provavelmente já contém uma parte da verdade, mas o considero um pouco banal demais. Primeiro, quero introduzir alguns argumentos a favor de Mach. Nossa interação com o mundo acontece evidentemente pelos nossos sentidos. Já na infância, quando aprendemos a falar e a pensar, fazemos isso ao reconhecer a possibilidade de expressar impressões sensoriais muito complicadas, mas de algum modo relacionadas com uma palavra, por exemplo, com a palavra 'bola'. Aprendemos com os adultos e sentimos nisso uma satisfação porque podemos nos comunicar. Portanto, é possível dizer que a formação da palavra e, com isso, do conceito 'bola' seria um ato da economia do pensamento, pois nos permite resumir de maneira simples impressões sensoriais bastante complicadas. Mach não aborda aqui nem mesmo a questão de quais requisitos mentais e físicos são necessários no ser humano — nesse caso, a criança pequena — para que o processo da comunicação possa ser iniciado. Como se sabe, com os animais ele funciona muito pior. Mas disso não precisamos falar. Mach continua afirmando que a formação de teorias científicas — possivelmente teorias muito complicadas — ocorre basicamente de modo semelhante. Tentamos organizar os fenômenos de modo uniforme, conduzi-los de alguma maneira a algo simples, até que, com a ajuda de alguns conceitos, possamos compreender um grupo talvez bem complexo de fenômenos; e 'compreender', nesse caso, não significa mais do que poder percebê-los na sua complexidade com esses conceitos simples. Tudo isso parece bastante plausível, mas é preciso perguntar o que esse princípio da economia do pensamento quer dizer aqui. Trata-se de uma economia psicológica ou lógica, ou, em outras palavras, trata-se do lado subjetivo ou objetivo do fenômeno. Quando a criança forma o conceito 'bola', isso é resultado apenas de uma simplificação psicológica, na medida em que as complicadas impressões sensoriais são resumidas nesse conceito, ou a bola existe mesmo? Provavelmente, Mach responderia 'a frase, a bola existe mesmo, contém não mais que a afirmação das impressões sensoriais resumidas simplesmente', mas Mach se engana. Pois, em primeiro lugar, a frase 'a bola existe mesmo' contém também uma série de afirmações sobre possíveis impressões sensoriais que talvez ocorram no futuro. Aquilo que é possível, que é esperado, é um importante componente da nossa realidade que não deve ser esquecido além dos elementos de fato. E, em segundo lugar, é preciso considerar que a inferência das impressões sensoriais às ideias e coisas pertence aos requisitos básicos do nosso pensamento; que, portanto, se quiséssemos falar apenas das impressões sensoriais, teríamos que abandonar nossa língua e nosso pensamento. Em outras palavras, o fato de que o mundo realmente existe, de que há algo objetivo subjacente às nossas impressões sensoriais, recebe pouca atenção em Mach. Não quero, com isso, me posicionar a favor de um realismo ingênuo; sei bem que essas são questões muito difíceis, mas considero o conceito de observação de Mach também um tanto ingênuo. Mach age como se já se soubesse o que a palavra 'observar' significa; e como ele acredita, nesse ponto, poder se esquivar da decisão 'objetivo ou subjetivo', seu conceito da simplicidade recebe um suspeito caráter comercial: economia do pensamento. Esse conceito tem uma conotação excessivamente subjetiva. Na realidade, a simplicidade das leis da natureza é também um fato objetivo e seria importante, na correta formação de um conceito, estabelecer o equilíbrio certo entre o lado subjetivo e o objetivo da simplicidade. Isso é mesmo muito difícil. Mas vamos voltar ao objeto da sua palestra. Tenho a suspeita de que o senhor, justamente no ponto do qual falamos agora, ainda terá dificuldades mais tarde na sua teoria. Gostaria de justificar melhor isso. O senhor age como se pudesse deixar tudo como estava até agora no lado da observação, como se pudesse simplesmente falar sobre o que os físicos observam usando a linguagem usada anteriormente. Mas então também precisa dizer: na câmara de nuvens, observamos a órbita do elétron através da câmara. Do seu ponto de vista, porém, não deve haver mais órbitas do elétron no átomo. Isso, evidentemente, não faz sentido. O conceito de órbita não pode ser invalidado simplesmente reduzindo o espaço no qual o elétron se move".

Agora é a vez de Heisenberg defender sua teoria. Ele tenta fazer isso demonstrando certa compreensão pelo ponto de vista de Einstein: "Por ora nem sabemos qual linguagem usar para falar sobre o que acontece no átomo.

Temos uma linguagem matemática, quer dizer, um esquema matemático com a ajuda do qual podemos calcular os estados estacionários do átomo ou as probabilidades de transição de um estado ao outro. Mas ainda não sabemos, pelo menos não de modo geral, como essa linguagem está relacionada à linguagem comum. Naturalmente precisamos dessa relação para poder aplicar a teoria a experimentos. Pois falamos sobre os experimentos sempre na linguagem comum, ou seja, na linguagem anterior da física clássica. Portanto, não posso afirmar que já tenhamos compreendido a mecânica quântica. Suponho que o esquema matemático esteja correto, mas a relação com a linguagem comum ainda não foi estabelecida. Só quando isso for alcançado será possível falar também sobre a órbita do elétron na câmara de nuvens de uma forma que não surjam contradições internas. Acredito que ainda seja muito cedo para solucionar o seu problema".

"Bem, estou disposto a aceitar isso", concorda Einstein, "daqui a alguns anos ainda poderemos conversar sobre isso. Mas talvez eu deva fazer ainda outra pergunta com relação à sua palestra. A teoria quântica tem dois lados muito diferentes. Por um lado, como Bohr, em especial, sempre destaca acertadamente, ela garante a estabilidade dos átomos; permite que as mesmas formas surjam sempre novamente. Por outro lado, ela descreve um estranho elemento de descontinuidade, de interrupção na natureza, que podemos reconhecer com muita clareza, por exemplo, quando observamos, no escuro, os flashes de luz que emanam de um preparado radioativo em uma tela fluorescente. Esses dois lados, é claro, estão ligados um ao outro. Na sua mecânica quântica, o senhor terá de falar sobre esses dois lados quando falar, por exemplo, sobre a emissão de luz através dos átomos. O senhor pode calcular os valores discretos de energia dos estados estacionários. Assim, sua teoria, ao que parece, pode explicar a estabilidade de certas formas que não podem se fundir continuamente, mas que são diferentes por valores finitos e aparentemente podem ser formadas repetidamente. Mas o que acontece na transmissão de luz? O senhor sabe que tentei a ideia de que o átomo, de certo modo, cai repentinamente de um valor energético estacionário para outro, irradiando a diferença de energia como um pacote energético, um chamado quanta de luz. Esse seria um exemplo particularmente flagrante para aquele elemento de descontinuidade. Acredita que essa ideia é correta? Pode descrever com mais precisão a transição de um estado estacionário para o outro?".

Heisenberg tenta se proteger por trás de Niels Bohr: "Acho que aprendi com Bohr que é absolutamente impossível falar sobre uma tal transição usando os conceitos anteriores, que decerto não se pode descrevê-la como um processo no espaço e no tempo. Isso, é claro, diz muito pouco. Na verdade, somente que nada se sabe. Não posso decidir se devemos ou não acreditar nos quanta de luz. Aparentemente, a radiação contém esse elemento de descontinuidade que o senhor representa com os seus quanta de luz. Por outro lado, também um elemento evidente de continuidade que se revela nos fenômenos de interferência e que pode ser descrito mais simplesmente com a teoria ondulatória da luz. Mas o senhor pergunta, e com razão, se a nova mecânica quântica, que ainda não compreendemos completamente, pode nos ajudar a aprender algo sobre essas questões terrivelmente complexas. Acredito que deveríamos, pelo menos, ter esperança. Posso imaginar, por exemplo, que obteríamos uma informação interessante se observássemos um átomo que se encontra em troca de energia com outro átomo próximo ou com o campo de radiação. Seria possível, então, questionar a oscilação da energia no átomo. Se a energia se altera de forma descontinuada, como o senhor espera segundo a ideia dos quanta de luz, então a oscilação, ou para dizer com mais precisão matemática, a média do quadrado de oscilação será maior do que se a energia se alterasse continuamente. Eu gostaria de acreditar que, com a mecânica quântica, o resultado será o valor maior, ou seja, que o elemento de descontinuidade será visto diretamente. Por outro lado, o elemento de continuidade, que fica visível no experimento de interferência, também poderia ser identificado. Talvez se possa imaginar a transição de um estado estacionário para outro como algo semelhante à passagem de uma imagem para a outra em alguns filmes. A transição não acontece de repente, mas a imagem fica mais fraca aos poucos, a outra surge lentamente e vai ficando mais forte, de modo que, por um certo tempo, as duas imagens se confundem e não se sabe ao certo o que se quer dizer. Talvez exista, portanto, um estado intermediário, no qual não se sabe se o átomo está no estado superior ou inferior".

"Bem, agora suas ideias estão tomando uma direção muito perigosa", alerta Einstein. "Pois agora o senhor está falando daquilo que sabemos sobre a natureza e não mais daquilo que a natureza realmente faz. As ciências naturais, porém, só podem ter o objetivo de revelar aquilo que a natureza realmente faz. É bem possível que o senhor e eu saibamos algo diferente sobre a natureza. Mas a quem isso interessa? Talvez ao senhor e a mim. Mas, para os outros, isso pode não interessar. Quer dizer, se a sua teoria estiver certa, um dia o senhor terá que me dizer o que o átomo faz quando passa de um estado estacionário para o outro através da emissão de luz."

Heisenberg espera poder dizer isso um dia, e espera que Einstein, por enquanto, fique satisfeito com isto: "Talvez", responde ele. "Tenho a impressão de que o senhor usa a linguagem de uma forma um pouco dura demais. Mas admito que tudo o que eu poderia responder agora teria o caráter de uma desculpa esfarrapada. Vamos esperar, então, como a teoria atômica vai se desenvolver."

Mas Einstein ainda não se dá por satisfeito. Continua a perguntar: "Por que o senhor acredita tão firmemente na sua teoria, se ainda há tantas perguntas, algumas delas centrais, não respondidas?".

A resposta não é fácil para Heisenberg. Perguntas com "por que" não são o seu forte. Ele hesita, pensa e então responde: "Assim como o senhor, eu acredito que a simplicidade das leis da natureza tem um caráter objetivo, que não se trata apenas de economia do pensamento. Quando a natureza nos guia para formas matemáticas de grande simplicidade e beleza — e com formas quero dizer: sistemas fechados de premissas básicas, axiomas e similares — formas que até então não tinham sido pensadas por ninguém, então não há como não acreditar que elas são 'verdadeiras', ou seja, que elas têm uma verdadeira relação com a natureza. Pode ser que essas formas também tratem de nossa relação com a natureza, que isso também lhes dê um elemento de economia do pensamento. Mas como nunca teríamos chegado a essas formas por nós mesmos, já que elas só nos foram apresentadas através da natureza, elas também pertencem à própria realidade, não só aos nossos pensamentos sobre a realidade. O senhor pode me acusar de estar usando aqui um critério de beleza estético, falando de simplicidade e beleza. Mas devo admitir que a simplicidade e a beleza do esquema matemático que nos é sugerido aqui pela natureza me transmitem um enorme poder de persuasão. O senhor também deve ter sentido isso, a sensação quase de susto com a simplicidade e coerência das conexões que a natureza nos põe à frente de repente e para as quais não estávamos preparados. A sensação que se tem com tal visão é completamente diferente da alegria que se sente, por exemplo, quando se acredita ter feito particularmente bem uma peça (física ou não) de trabalho manual. Por isso, é claro que espero também que as dificuldades antes discutidas ainda venham a se resolver de alguma maneira. Além disso, a simplicidade do esquema matemático aqui significa que deve ser possível imaginar em vários experimentos no quais se possa calcular previamente o resultado com grande exatidão, segundo a teoria. Então, quando os experimentos são realizados e o resultado previsto é alcançado, praticamente não se pode mais ter dúvida de que a teoria nessa área representa corretamente a natureza".

Isso soa mais a uma súplica do que a um argumento. Mas faz com que Einstein seja mais conciliatório. "O controle através do experimento", ele responde, "é naturalmente o requisito trivial para a veracidade de uma teoria. Mas nunca é possível verificar tudo. Por isso, aquilo que o senhor disse sobre a simplicidade me interessa ainda mais. Mas eu jamais afirmaria que realmente tivesse compreendido o que a simplicidade das leis da natureza significa".

Einstein está convencido de que o mundo lá fora realmente existe e que a capacidade humana de imaginação é capaz de investigá-lo a fundo. Heisenberg não confia na imaginação além do nosso mundo cotidiano. Os números têm que estar corretos, as fórmulas têm que estar corretas. Só então podemos falar sobre imaginação.

Os dois chegaram a questões filosóficas profundas: o que é a verdade científica? A beleza é um critério para ela? Os dois discutem mais um pouco, depois Heisenberg muda de assunto. Está em vias de tomar uma decisão importante. Em três dias, deve voltar ao trabalho em Copenhague, na sua dupla função como assistente de Bohr e docente na universidade. Bohr gostaria de mantê-lo em Copenhague, mas a Universidade de Leipzig acaba de lhe oferecer uma cadeira, uma posição permanente e de muito prestígio — uma honra fora do comum para um cientista tão jovem. O que ele deve fazer, ir para Copenhague ou para Leipzig? Heisenberg pede o conselho de Einstein. Volte para Bohr, diz Einstein.

Heisenberg se despede. Ele está decepcionado por não ter convencido Einstein. Os dois só se encontrarão novamente um ano e meio depois, e discutirão novamente sobre a mecânica quântica e a realidade — mas então com carga mais pesada.

No dia seguinte, Heisenberg conta aos seus pais, em Munique, que vai recusar a oferta de Leipzig. *Outros convites virão*, pensa ele. *E se não vierem, é porque eu não os mereci.*

Pouco depois do encontro com Heisenberg, Einstein escreve a Arnold Sommerfeld: "Das tentativas mais recentes de formular as leis quânticas com mais profundidade, a de Schrödinger é a que melhor me agrada. Não posso deixar de admirar as teorias de Heisenberg-Dirac, mas, para mim, elas não cheiram à realidade".

Berlim, 1926

FESTA NA CASA DOS PLANCK

Berlim, verão de 1926. A visita de Werner Heisenberg a Einstein e Planck, os semideuses da física, foi uma decepção para os dois lados. Os semideuses preferem o outro herói, Erwin Schrödinger, que vem publicando artigos em ritmo acelerado. "Com justificado entusiasmo", é como Einstein indica a obra de Schrödinger para Max Planck. "Não é uma dessas máquinas infernais", avalia Einstein, visando a álgebra matricial de Heisenberg, "mas um pensamento claro — e inevitável na aplicação".

 A ideia de um elétron no átomo como onda estacionária tem algo de concreto que falta às matrizes de Heisenberg. Como é possível que duas teorias completamente diferentes descrevam o mesmo fenômeno? A confusão foi esclarecida com surpreendente rapidez pelo próprio Schrödinger. Na primavera de 1926, ele descobriu que a mecânica ondulatória e a mecânica matricial não são tão diferentes assim. Por trás de suas fachadas aparentemente opostas está a mesma teoria, apenas envolta em uma matemática diferente. Com as ondas de Schrödinger, é possível calcular os números que obedecem à álgebra matricial. A álgebra de matrizes, um pouco aparada, resulta na equação de Schrödinger. Ele não foi o único a chegar a essa espantosa equivalência das teorias. Wolfgang Pauli também a descobriu, mas não publicou. Em vez disso, fez um esboço da prova apenas em carta a Pascual Jordan.

 Agora, os físicos quânticos podem escolher: as ondas de Schrödinger ou as matrizes de Heisenberg. Muitos físicos tendem para as ondas, que já conhecem. As matrizes continuam sendo estranhas e obscuras para eles. Mas existe apenas uma maneira "correta" de falar sobre os menores componentes do mundo, ou é uma questão de gosto e conforto?

Chegou a hora de convidar Schrödinger a Berlim, já que ele está mesmo viajando pela Alemanha, para que apresente sua equação. Em julho, Schrödinger chega à capital alemã, a convite de Max Planck. Antes, esteve alguns dias em Stuttgart e, de Berlim, seguirá para Jena, onde trabalhara cinco anos antes como assistente.

O casal Planck recebe Schrödinger na estação ferroviária e convida o visitante para sua casa sóbria e mobiliada com austeridade, na Wangenheimstrasse 21, em Grünewald. Sua programação é intensa. No dia 16 de julho, ele apresenta o tema "Os fundamentos do atomismo com base na teoria ondulatória". Dias depois, dá outra palestra, mais detalhada, a um círculo seleto no Colóquio de Física da universidade. Todos os decanos da física em Berlim estão presentes — Einstein, Planck, Von Laue e Nernst — e acompanham as palavras de Schrödinger com simpatia. Finalmente alguém que avança com a física quântica com o bom e velho método, com conceitos clássicos e matemática comprovada. Depois da palestra, o casal Planck dá uma festa para Schrödinger. Max Planck, entusiasmado com a palestra e embriagado pelo álcool, considera indicar Erwin Schrödinger como seu substituto quando se aposentar no ano seguinte.

Pela primeira vez, Einstein e Schrödinger podem ter uma conversa mais profunda. Finalmente, pois há muito tempo Schrödinger sente uma ligação entre ele e Einstein, desde aquela palestra em Viena, em 1913, com a qual Einstein despertou o interesse do jovem Schrödinger para os grandes enigmas da física. Desde então, ambos mantêm correspondência, enviam seus trabalhos um ao outro, já se encontraram rapidamente, em 1924, por ocasião do evento de pesquisadores das ciências naturais em Innsbruck. Schrödinger não perde uma oportunidade de destacar o grande exemplo que Einstein representa a ele.

Ainda com a lembrança viva da difícil conversa com Heisenberg, Einstein se alegra ao perceber que se entende melhor com Schrödinger. Gosta dele. Ele não tem o jeito duro e reservado dos povos do Norte, que incomoda Einstein em Heisenberg, pois, embora este tenha nascido na Baviera, continua sendo o que ali se costuma chamar, no dialeto local, de "*Zuagroasten*" (forasteiro): com linguagem e comportamento marcados pela origem de seu pai, da Vestfália. Schrödinger é educado, culto, afável, de boas maneiras, e fala um agradável dialeto vienense — o companheiro ideal para uma conversa durante uma festa.

Com relação à mecânica quântica, Einstein e Schrödinger têm a mesma opinião. A mecânica ondulatória é a teoria mais bela, correta e verdadeira. Mas os pontos em comum vão além da ciência. Ambos são casados, pois dão valor aos cuidados familiares, mas encontram prazer fora do casamento.

As semelhanças e simpatia, porém, não impedem Einstein de revelar os pontos fracos da física de Schrödinger. Na sua palestra para a Deutschen Physikalischen Vereinigung, Schrödinger reafirma sua esperança de que as ondas descritas em sua equação se revelem como imagens fiéis de elétrons e outras coisas, quer dizer: não partículas como outros as imaginam, mas aglomerações onduladas de massa e carga. Einstein gosta disso, mas continua reticente. Schrödinger tem uma esperança, mas não um argumento irrefutável. Poderia ser apenas um desejo.

Werner Heisenberg não gosta nada da teoria de Schrödinger e não esconde sua opinião: "Quanto mais eu penso na parte da física da teoria de Schrödinger, mais a considero abominável", escreve a Wolfgang Pauli. "Mas perdoe-me a heresia e não a conte a ninguém."

Einstein não diria isso de forma tão direta e brutal a Schrödinger, tem esperança de que Schrödinger tenha razão e Heisenberg esteja enganado. Mas pressente que a coisa não se resolverá tão facilmente como Schrödinger imagina.

Gottingen, 1926
A ABOLIÇÃO DA REALIDADE

Primavera de 1926. Max Born passou cinco meses nos Estados Unidos. Ele sentiu de perto o estrondoso poder das Cataratas do Niágara e visitou o Grand Canyon: "De repente, essa enorme fenda, esse grande penhasco, acidentado e dilacerado como nenhuma fantasia seria capaz de imaginá-lo". Velejou no gelo do lago George, visitou os tristes bairros de trabalhadores na cidade siderúrgica de Chicago, atravessou mais de dez mil quilômetros de trem, deu palestras nas excelentes universidades e ganhou dólares. Diversas universidades lhe oferecem um cargo fixo, mas Born recusa, sente-se ligado à sua cidade natal e a Universidade de Gottingen facilita sua decisão, lhe oferecendo um aumento de salário. Em abril, Born está de volta à Alemanha — e em uma situação difícil. Na margem da carta de recomendação, na qual seu chefe o defende, alguém escreveu "Judeu!". Seu assistente, Heisenberg, havia ido para Copenhague. Acabaram-se os anos de cooperação profícua.

Mas há algo que chama a atenção de Born: a série extraordinária de artigos sobre a mecânica ondulatória que Erwin Schrödinger vem colocando no mundo. Born lê esses trabalhos e fica "totalmente surpreso". Ele, o prodígio da matemática, reconhece em um piscar de olhos a "força e elegância fascinantes" da teoria criada por Schrödinger, a "superioridade da mecânica ondulatória como ferramenta matemática". Para descrever apenas o átomo do hidrogênio, o mais simples de todos os átomos, com a mecânica matricial, Heisenberg, seu criador, precisou da ajuda do gênio matemático Wolfgang Pauli. Com a mecânica ondulatória, ficou tudo bem mais fácil.

Born fica surpreso — e também um pouco zangado. Ele bem poderia ter pensado nisso. Albert Einstein já tinha chamado a sua atenção, em 1924, para a ousada tese de Louis de Broglie sobre ondas de matéria. Boa ideia, pensara Born na época. "Poderia ser de grande importância", escrevera a Einstein. Ele especulou um pouco sobre as ondas de De Broglie, brincou com as fórmulas e então, quando as habilidades matemáticas de Born foram necessárias para controlar as monstruosas matrizes de Heisenberg, ele deixou de lado o trabalho de De Broglie. Max Born tem longos anos de tradição em Gottingen, e por lá calcula-se com matrizes.

Embora Born viva há muitos anos em Gottingen, não é natural dessa cidade. Ele cresceu em Breslávia, capital da província prussiana da Silésia. O que o cativou primeiro foi a matemática, não a física. Ao se matricular na Universidade de Breslávia, seu pai, o professor de embriologia Gustav Born, recomendou que ele não se especializasse cedo demais. O filho obedeceu e assistia a aulas de química, zoologia, direito, filosofia e lógica, antes de se transferir para matemática, física e astronomia. Seguem-se estadas de estudo em Heidelberg e Zurique, até que ele, finalmente, realiza seu doutorado em matemática, em 1906, em Gottingen.

Logo depois, começa seu ano de serviço militar, que ele não precisa completar, devido à asma. Depois de passar um semestre como pós-doutorando em Cambridge, onde assiste a aulas de J. J. Thomson, volta para Breslávia, para fazer experimentos em laboratório. Mas esse tipo de trabalho não é a sua vocação, falta-lhe a habilidade e a paciência necessárias. Ele não é um bom experimentador.

Assim, Born volta a se dedicar à teoria e torna-se professor particular na mundialmente famosa faculdade de matemática em Gottingen, onde David Hilbert comanda. "A física, na verdade, é difícil demais para os físicos", acha Hilbert. Os matemáticos devem cuidar dela. Born torna-se professor de física teórica em Berlim. Pouco depois, eclode a Primeira Guerra Mundial e Born é convocado para o serviço militar, primeiro como operador de rádio na Força Aérea, depois como desenvolvedor de armas na artilharia. Ele fica lotado nas proximidades de Berlim, suficientemente perto para assistir a seminários na universidade e tocar com Albert Einstein nas suas sessões musicais.

Depois da guerra, na primavera de 1919, Max von Laue sugere trocar de cargo com Born. Von Laue é professor titular em Frankfurt, recebeu o

Prêmio Nobel em 1914, pela teoria da difração de raios X em cristais, ou seja, pela prova de que esses raios se comportam como ondas. Ele tem o "velho e grande desejo" de trabalhar com Max Planck em Berlim, seu professor e ídolo. "Não deixe de aceitar", recomenda Einstein, e Born segue seu conselho. Dois anos depois, dá o próximo passo na direção de Gottingen, para assumir ali a direção do Instituto de Física Teórica, que consiste apenas em uma sala, um assistente e uma secretária em regime de meio expediente. Born está decidido a expandir seu instituto até que possa se comparar com o de Sommerfeld em Munique. Depois de longas tentativas de recrutamento, consegue levar Wolfgang Pauli e Werner Heisenberg para lá, e com eles lança a mecânica matricial: a primeira teoria da física pós-clássica.

Agora, com os trabalhos de Schrödinger sobre a mesa, Born retorna às ondas. Ele reconhece a força dessa ideia, mas não a vê de forma tão dogmática como Schrödinger. Para ele, a rejeição de partículas e saltos quânticos de Schrödinger vai longe demais. Durante seu trabalho no grupo de Gottingen, viu várias vezes como a ideia de partículas é proveitosa para compreender os impactos entre átomos. Eles acontecem entre partículas, não entre ondas. Essas partículas têm uma localização determinada, não estão distribuídas no espaço como ondas sobre um lago. A fé de Schrödinger nas ondas simplesmente não se encaixa no mundo, como mostram os experimentos dos físicos atômicos.

Born usa a mecânica ondulatória para calcular o que acontece quando duas partículas se chocam uma contra a outra e descobre algo surpreendente: as ondas das partículas que rebatem de volta se espalham no espaço como ondas de água sobre um lago. Na interpretação de Schrödinger, isso significa que as próprias partículas são espalhadas em todas as direções. O que isso significa? Partículas que colidem, mesmo que baseadas em um movimento de ondas, continuam sendo partículas e não traços de névoa, disso Schrödinger também está convencido. Em algum lugar determinado elas têm que estar, não podem se espalhar no espaço de forma misteriosa.

Schrödinger baseia sua interpretação em um argumento duvidoso: ele mostra que o pacote de ondas com o qual descreve uma partícula que se desloca no espaço vazio permanece sempre coeso. Essa estabilidade, segundo ele, justifica substituir as partículas convencionais por pacotes de ondas.

Porém, essa estabilidade é uma exceção, não a regra. Max Born, o mestre do cálculo, reproduz um cenário mais complicado com a teoria de

Schrödinger: duas partículas se chocam uma contra a outra. E o resultado é completamente diferente. Depois da colisão, os pacotes de ondas se dissolvem. Eles se espalham pelo espaço em todas as direções, como ondas sobre um lago no qual cai uma pedra. Se Schrödinger tivesse razão, as próprias partículas se dissolveriam. Isso não se encaixa no mundo que observamos diariamente. Partículas colidem sem se dissolver.

Se as partículas forem mesmo agrupamentos de ondas, devem corresponder àquilo que físicos e outras pessoas veem e medem. Isso é exatamente o que Niels Bohr quer dizer com seu princípio da correspondência: a descrição físico-quântica de uma colisão tem que se integrar em uma descrição clássica, ela deve, afinal, se enquadrar na intuição cotidiana com a qual as pessoas atravessam o mundo. Partículas não podem se espalhar pelo espaço. Elas têm um local. Depois que duas partículas colidem, elas voam se afastando não para um lugar qualquer, mas em direções determinadas, como pode ser observado no efeito Compton. São partículas trabalhando, não ondas, não importa por quanto tempo se fixe o olhar sobre elas.

Born pensa sobre isso. O que ele acaba de calcular? Ele encontra uma explicação elegante. As ondas que se espalham a partir do local da colisão não são as partículas em si, mas suas probabilidades. No ponto em que a onda de uma partícula rebatida é mais alta, é mais provável que a partícula apareça. Onde é mais rasa, é menos provável encontrar a partícula.

Portanto, em vez da fórmula de Heisenberg, Born adota a fórmula de Schrödinger, mas não para a interpretação de Schrödinger. Continua convencido de que as partículas não podem apenas ser eliminadas. "Porém", escreve ele em seu trabalho *Sobre a mecânica ondulatória dos processos de colisão*, "é necessário abandonar completamente as suposições físicas de Schrödinger, que visam ressuscitar a clássica teoria do contínuo, adotar apenas o formalismo e preenchê-lo com novo conteúdo físico".

Como isso se encaixa? Max Born consegue a proeza de manter ambos: as partículas e a equação de Schrödinger. O truque é a reinterpretação da função de onda. Born reinterpreta as ondas e não as vê mais como as partículas em si, mas como suas probabilidades. Onde a onda alcança o ponto máximo, a probabilidade de encontrar a partícula é maior. Onde a onda é fraca é menos provável encontrar a partícula.

Se Born estiver certo, a equação de Schrödinger descreve algo totalmente novo: para um elétron, por exemplo, não a sua distribuição de massa ou de carga, como Schrödinger imagina, mas a probabilidade de encontrá-lo em um determinado ponto ou em outro.

Mas a reinterpretação da função de onda tem seu preço. Born elimina a realidade das ondas. Para ele, elas são apenas distribuições de probabilidades, construções matemáticas.

Born, o calculador racional, não lamenta a perda das ondas. O importante é que a teoria se enquadre nos experimentos. Durante sua estada nos Estados Unidos, ele se esforçou para descrever colisões atômicas com a difícil mecânica matricial. De volta à Alemanha, produz em pouco tempo e com a ajuda da mecânica ondulatória dois artigos inovadores sobre esse tema. O primeiro, de apenas quatro páginas, com o título "Sobre a mecânica quântica dos processos de colisão", é entregue à redação da revista *Zeitschrift für Physik* em 25 de junho de 1926. "Eu próprio tendo a desistir do determinismo no mundo atômico", escreve Born. Dez dias depois, coloca nos correios o segundo artigo, mais detalhado e fundamentado, novamente para a mesma revista.

Erwin Schrödinger fica indignado. Ele rejeita a existência de partículas. E agora Born usa a sua teoria para salvar as partículas e, com isso, ainda mexe nos alicerces do princípio eterno da física, o determinismo. Com sua função de onda, Schrödinger quer descrever algo material, algo que se possa observar. Algo tão real quanto árvores, cadeiras, livros e pessoas. Não se trata de distribuição de probabilidades.

O universo, como Isaac Newton o imaginou, era um paraíso do determinismo. Não existe acaso nele, somente desconhecimento sobre causa e efeito. Cada partícula tem um local determinado e uma velocidade determinada em cada momento. As forças que atuam sobre a partícula determinam como o local e a velocidade se alteram. Isso se aplica também em gases e líquidos que contêm muitas partículas — em princípio. Na prática, é impossível ter uma visão clara desses grandes conjuntos de partículas. Por isso, o que restou a físicos como James Clerk Maxwell e Ludwig Boltzmann foi apenas explicar as características de gases usando probabilidade e estatística.

A probabilidade era uma lamentável consequência do desconhecimento humano em um universo determinista que se desenvolvia rigorosamente segundo as leis da natureza. Fosse o intelecto humano desenvolvido o suficiente para conhecer o estado do universo com todas as forças atuantes em um dado momento, ele poderia também calcular cada estado futuro. Na física clássica, o determinismo e a causalidade — o princípio de que todo efeito tem um causa — estão ligados como por meio de um cordão umbilical. A causalidade dá origem ao determinismo.

"Aqui surge toda a problemática do determinismo", escreve Born no seu primeiro artigo científico sobre a interpretação pela probabilidade. "Do ponto de vista da nossa mecânica quântica, não há nenhuma grandeza que determine causalmente, em um caso individual, o efeito de uma colisão; mas, mesmo na experiência, ainda não temos evidências de que existam propriedades internas dos átomos que condicionem um determinado sucesso da colisão. Devemos ter esperança de descobrir mais tarde tais propriedades (por exemplo, fases do movimento atômico interno) e de determiná-las para cada caso individual? Ou devemos acreditar que a incapacidade de indicar condições para o processo causal, encontrada tanto na teoria como na experiência, é uma harmonia preestabelecida que resulta da inexistência de tais condições? Eu próprio tendo a desistir do determinismo no mundo atômico."

Isso é escandaloso. Sem mais nem menos, Max Born questiona três séculos de ciência. O determinismo é o pivô da física clássica. Que sentido teria o princípio de causa e efeito se não houvesse mais um caminho sem ramificações levando da causa ao efeito? Como uma física razoável ainda pode ser possível se tudo o que resta é apenas probabilidade?

Se duas bolas de bilhar colidem, elas podem ricochetear de volta em quase qualquer direção. Do mesmo modo, um elétron que colide com um átomo pode ricochetear em praticamente todas as direções. Mas existe uma diferença, argumenta Born. Os movimentos das bolas de bilhar já estão determinados antes da colisão. Eles são calculáveis. Nas colisões atômicas não é assim. A teoria física não é capaz de responder a pergunta "Como as partículas se movimentam depois da colisão?", mas apenas a pergunta "Qual a probabilidade de um determinado estado de movimento depois da colisão?". É impossível prever para onde o elétron voa depois da colisão. Só é possível calcular a probabilidade de que a direção do seu movimento esteja dentro de um determinado ângulo. É isso que Born quer dizer quando escreve que se trata de "preencher com novo conteúdo físico" a fórmula de Schrödinger.

O "novo conteúdo físico" significa que a função de onda não tem uma realidade física, mas existe apenas no mundo intermediário do possível e descreve possibilidade abstratas, como o ângulo possível no qual um elétron poderá se espalhar depois de uma colisão com um átomo. Os valores da função de onda são números complexos, seus quadrados são números reais. Born afirma que esses números reais estão no espaço do possível.

A reinterpretação de Max Born da função de onda é a preparação daquilo que ficará conhecido como "Interpretação de Copenhague" da mecânica quântica. Pouco depois, Niels Bohr postula que um micro--objeto, como um elétron, não existe em lugar algum enquanto for observado ou medido. Entre duas medições, ele existe apenas no fantástico mundo intermediário do possível descrito pela função de onda. Somente durante uma medição ou observação "a função de onda colapsa", um dos estados "possíveis" do elétron torna-se seu estado "real" e as probabilidades de todos os outros estados caem para zero.

Portanto, Born interpreta a função de onda de Schrödinger como uma onda de probabilidade: uma onda real torna-se abstrata. "Do ponto de vista da nossa mecânica quântica, não existe uma grandeza que determine causalmente o efeito de uma colisão em um caso individual", ele escreve em um artigo. Com isso, abre mão do velho determinismo, mas faz uma restrição: "O movimento das partículas segue as leis da probabilidade, mas a probabilidade em si se propaga de acordo com a lei da causalidade".

Entre o primeiro e o segundo artigo, Born percebe a dimensão da revolução que provocou. Ele não apenas "probabiliza" a física, mas também reinterpreta a probabilidade. A probabilidade com a qual Maxwell e Boltzmann calculavam é uma probabilidade do desconhecimento. "Cinquenta por cento de chance de ter sido aprovado no teste" não significa que a nota ainda dependa do acaso. Ela já foi dada, apenas não se sabe ainda qual foi. A "probabilidade quântica" que Born concebeu não pode desaparecer assim simplesmente por meio de mais conhecimento. Ela pertence à realidade atômica. O fato de que é impossível prever se um determinado átomo em uma amostra radioativa logo se desintegrará, embora seja certo que um dos átomos se desintegrará, não resulta da falta de conhecimento, mas da essência das leis quânticas que regem a radioatividade.

Antes havia a realidade, e então os físicos calculavam a probabilidade. Agora, a probabilidade vem primeiro. A realidade resulta depois. Parece um pequeno truque, mas é um passo gigantesco para a física.

E quase ninguém se importa. A interpretação de Born entra para a física quântica sem grande alvoroço. "Estávamos tão acostumados a observações estatísticas que não nos pareceu muito importante ir a um nível mais profundo", comentará Born mais tarde. Outros físicos quânticos afirmam que é claro, Schrödinger estava enganado quanto à natureza de suas ondas, trata-se de probabilidade, eles já sabiam disso. Heisenberg alega que sabia desde o início que estava calculando com probabilidades. Acontece que ele não escreveu isso em lugar algum. Muitos livros didáticos sobre a mecânica quântica explicam a interpretação pela probabilidade muitas vezes sem atribuí-la a Born, algo que vai irritá-lo por toda a vida.

Do outro lado, quem se irrita são Erwin Schrödinger e Albert Einstein. Schrödinger recusa-se veementemente a aceitar o que Born fez da sua equação. Ele nega "que um acontecimento individual como esse seja absolutamente por acaso, ou seja, perfeito e determinado" (em carta a Wilhelm Wien, em 25 de agosto de 1926). Mesmo o ponto de vista de Bohr, de que uma descrição de espaço-tempo dos processos atômicos seria impossível, é negado por Schrödinger "*a limine*", quer dizer, sem verificação adicional. Sua justificativa para isso: "A física não consiste apenas na pesquisa atômica, a ciência não consiste apenas na física e a vida não apenas na ciência. O objetivo da pesquisa atômica é introduzir nossas experiências nesse sentido ao resto do nosso pensamento. Todo esse resto do pensamento move-se no espaço e tempo no que se refere ao mundo exterior".

Schrödinger está convicto: se Born tivesse razão, a volta dos saltos quânticos seria inevitável e a causalidade estaria ameaçada. "Não preciso tecer elogios sobre a beleza e a clareza de seu desenvolvimento matemático do problema da interferência", escreve a Born, em novembro de 1926, "mas tenho a impressão de que o senhor e outros que compartilham de sua opinião, de modo geral, estão presos demais àqueles termos que adquiriram direitos civis no nosso pensamento nos últimos doze anos (como estados estacionários, saltos quânticos etc.) para fazer plena justiça à tentativa de sair desse padrão de pensamento".

É nesse ponto que Erwin Schrödinger se torna um dissidente. A teoria para a qual ele contribuíra com a mais importante equação não é mais a sua teoria. Schrödinger mantém sua interpretação da mecânica ondulatória e sua ambição de tornar os fenômenos atômicos descritíveis por toda a sua vida. "Não consigo imaginar que um elétron pule por aí como uma pulga", diz ele.

Munique, 1926
UMA LUTA PELO TERRITÓRIO

Alemanha, 1926. O país desperta. A hiperinflação está controlada. Há mais movimentação de cargas nos portos. Novos canais navegáveis, usinas elétricas e portos são construídos. A produção de carvão não é mais totalmente dirigida para reparações, os trens da empresa ferroviária alemã, a *Reichsbahn*, voltam a circular sem ter que parar horas a fio no meio do caminho. Alemães ricos já compram casacos de pele em Paris, bebem champanhe em Arosa, viajam de automóvel pelas montanhas da Alta Baviera. Berlim também floresce. A capital cinza, empoeirada dos derrotados na guerra, tornou-se uma cidade cosmopolita, selvagem e vibrante. Até mesmo os turistas voltaram. Os norte-americanos querem ver o que aconteceu com o país de seus antepassados. Ingleses buscam diversão sem controles sociais. Durante o dia, o velho clima prussiano de pudor domina, mas à noite, Josephine Baker dança no Kurfürstendamm. Os clubes noturnos de Berlim atendem a todas as orientações sexuais, embora o parágrafo 175 do código penal criminalize atos sexuais entre homens. "Nascido em 17 de maio" é o código usado pelos homens homossexuais. É a linguagem da moral dupla.

A situação política é precária e desequilibrada. O golpe de Hitler fracassou. Na Saxônia, comunistas se revoltam, na Renânia, são os separatistas. O governo não pode confiar na lealdade das Forças Armadas. Alguns receiam que o país possa se desmantelar, outros esperam que isso aconteça.

A recuperação deve-se principalmente a um homem: Gustav Stresemann, o ministro das Relações Exteriores com sua fina gola engomada e ternos de corte casual. Stresemann introduziu uma nova moeda, resistente à inflação e garantida pelo Estado e por títulos industriais: o *Rentenmark*. Convenceu seus colegas no governo a aceitar o plano do especialista financeiro americano Charles Dawes, permitindo à Alemanha pagar as reparações sem continuar arruinando a própria economia.

Antes mesmo de completar uma década do fim da Primeira Guerra Mundial, a Alemanha está a caminho de se tornar a segunda maior nação industrial do mundo. Os Tratados de Locarno, assinados em 1º de dezembro de 1925, em Londres, abrem o caminho para a reabilitação alemã, permitem ao Reich construir novamente aviões e dirigíveis, o que lhe tinha sido vetado pelo Tratado de Versalhes. Começa a era do Zeppelin. Em 1926, a Liga das Nações aceita incluir a Alemanha. Cientistas alemães deixam de ser párias e colegas de outros países voltam a dialogar com eles. O alemão passa a ser de novo a mais importante língua científica do mundo.

Na tarde de 23 de julho de 1926, um dia ensolarado de um verão chuvoso, o futuro da física está sendo negociado em Munique. O físico austríaco Erwin Schrödinger, vindo de Zurique e passando por Stuttgart, Berlim, Jena e Bamberg, discursa no auditório Max, da Ludwig-Maximilians-Universität, sobre os "Fundamentos básicos da mecânica ondulatória".

Até poucos meses antes, Schrödinger ainda era quase um desconhecido entre os cientistas. Zurique fica longe dos grandes palcos da física quântica, Berlim, Gottingen e Munique. Mas quando a mecânica ondulatória começa a se alastrar entre os físicos como fogo, na primavera e no verão de 1926, Schrödinger torna-se um homem requisitado, todos querem discutir sua teoria pessoalmente com ele.

Assim, quando recebe um convite de Arnold Sommerfeld e Wilhelm Wien para proferir duas palestras em Munique, Schrödinger aceita imediatamente. A primeira palestra acontece em 21 de julho de 1926, no "colóquio das quartas-feiras" de Sommerfeld. Schrödinger recebe aplausos com simpatia. A segunda palestra, com o título "Fundamentos básicos da mecânica ondulatória", acontece dois dias depois na Federação da Sociedade de Física com menos tranquilidade, e o motivo disso é Werner Heisenberg.

O murmurinho toma conta do auditório. Homens e algumas poucas mulheres se apertam entre as fileiras de cadeiras, à procura de um lugar, cumprimentam uns aos outros, acenam, apertam mãos. O local é iluminado pelo sol que entra pelas altas janelas.

As primeiras fileiras estão ocupadas pelas grandes figuras da ciência, de gola engomada, casacos longos e pomada nos cabelos: Wilhelm Wien, o diretor do Instituto Físico-Metronômico e atual *rector magnificus* da universidade, e Arnold Sommerfeld, presidente do Instituto de Física Teórica, um homem baixo e forte que mais parece um oficial hussardo. Nas filas de trás estão os estudantes, entre eles um jovem químico norte-americano chamado Linus Pauling, que veio para a Europa em abril com uma bolsa Guggenheim. Pauling é dez meses mais velho que Heisenberg, mas ainda não foi tão longe no caminho para uma carreira científica prestigiosa.

Werner Heisenberg entra tarde na sala, com seus cabelos louros curtos e rebeldes, um rosto de menino e olhos claros e brilhantes. Ele tem 24 anos e já é um ícone da mecânica quântica. Descobriu sua teoria, que chama simplesmente e sem modéstia de "a" mecânica quântica, poucos meses antes de Schrödinger desenvolver a sua. Na verdade, ele deveria estar no palco, e não Schrödinger. Pensando também em defender seu terreno, Heisenberg voltou às pressas de suas férias na natureza da Noruega, atravessando a Europa para isso. Viajara para o norte para escapar da alergia que o maltrata no verão, para escalar montanhas e "passar com o rolo compressor", como ele diz: mostrar aos outros físicos quânticos como se faz de verdade. Nas semanas anteriores, acampou no lago de Mjosa, nas noites claras, pensou sobre a mecânica quântica e calculou, com sua ajuda, o espectro do átomo de hélio, que fora um enigma por tanto tempo, caminhou do vale de Gudbrandsdal até o fiorde de Sognefjord e voltou para Munique cheio de autoconfiança. Seu rosto está bronzeado pelos dias ensolarados na Escandinávia.

O que não se vê são os conflitos entre os presentes. Wien e Sommerfeld têm o objetivo de colocar a física de volta na velha ordem, em um estado que agradaria também a Isaac Newton e James Clerk Maxwell. Uma física que não só torne o mundo calculável, mas também descritível. Que não forneça apenas fórmulas, mas também uma visão do mundo.

É essa a esperança que os velhos mestres da física têm em Erwin Schrödinger. Foi por isso que Wien e Sommerfeld o convidaram a Munique. A física que eles praticam está ameaçada, e a ameaça vem de Werner Heisenberg. Sua mecânica matricial é um monstro formal, uma afronta à intuição da física. Nem mesmo local e movimento preservam seu significado na sua teoria, que ele deduz ao banir toda a capacidade descritiva dos seus pensamentos, em uma luta longa e solitária. Ele desenvolveu um formalismo que gera muitas perguntas filosóficas e é tão complexo e insólito que a maioria dos físicos precisou estudar uma nova área da matemática para poder entendê-lo. Eles se sentem como alunos na escola e só poucos conseguem penetrar intelectualmente na fórmula de Heisenberg.

Alguns meses depois de Heisenberg, Schrödinger desenvolveu sua mecânica ondulatória, durante férias de inverno em Arosa. Descobriu um caminho fácil para descrever os processos no interior dos átomos, com o mesmo poder explanatório de Heisenberg e a promessa de tornar esses processos tão descritíveis como as ondas de um lago, com fórmulas como aquelas que são conhecidas e que vêm sendo usadas pelos físicos há séculos.

É como se Schrödinger tivesse acendido a luz na escuridão do mundo quântico, como se os físicos pudessem ver então o que precisam fazer. Os menores elementos do mundo não são nada misteriosos como Bohr, Heisenberg e companhia acreditavam, é isso que a mecânica ondulatória de Schrödinger promete. Ao contrário, eles seguem leis já conhecidas e compreensíveis, como as que são ensinadas nos primeiros semestres da universidade.

O conflito entre Schrödinger e Heisenberg não está na matemática. Formalmente, suas teorias são equivalentes e podem ser calculadas convertendo-as entre si, o próprio Erwin Schrödinger provou isso, Wolfgang Pauli mostrou o mesmo em Hamburgo e Carl Eckart na Califórnia também.

Não se trata de fórmulas. Trata-se da interpretação. Schrödinger compreende que um átomo é um sistema oscilante. Sim, ele compreende. Ele desenha uma imagem descritiva dos processos físicos — justamente o que Heisenberg considera impossível. Heisenberg não compreende, ele calcula. Sua chave para a mecânica matricial foi justamente dar adeus à compreensão. E agora Schrödinger vem com essa atrevidamente compreensível mecânica ondulatória para lhe fazer concorrência.

O que está em jogo é "a alma" da física, como Schrödinger a chama. A física deve nos aproximar e não nos afastar do mundo, como o fazem as matrizes de Heisenberg. Schrödinger alegra-se com a "abordagem humana de todas essas coisas", graças a suas ondas que fluem. Ele chama sua própria teoria de "física", dando a entender que a de Heisenberg não seria física. Para ele, esse salto de um estado para o outro que as matrizes de Heisenberg descrevem é abominável.

Ele deixa claro o quanto odeia essa ideia em seu artigo "Sobre a relação da mecânica quântica de Heisenberg-Born-Jordan com a minha", publicado em maio de 1926 na *Annalen der Physik*. Nele, Schrödinger escreve com franqueza surpreendente que se sente "assustado, para não dizer repelido" pela "álgebra e a falta de capacidade descritiva" na teoria de Heisenberg.

A rejeição é compartilhada por ambos. "Acho o que Schrödinger escreve sobre a capacidade descritiva da sua teoria... uma porcaria", escreve Heisenberg a Wolfgang Pauli. Pauli chama a interpretação de Schrödinger de "superstição local de Zurique" — uma expressão que se espalha rapidamente. Quando chega aos ouvidos de Schrödinger, ele fica ofendido. Pauli pede desculpas ao "querido Schrödinger" e que "não entenda como indelicadeza perante você, mas como expressão da convicção racional de que os fenômenos quânticos na natureza mostram aspectos que não podem ser compreendidos apenas com termos da física do contínuo (teoria de campos)". Caro Schrödinger, sua teoria é muito bonita, mas não me leve a mal, ela não se enquadra no nosso mundo.

Realmente, nada disso é pessoal. Mas o que isso significa entre pessoas cuja personalidade, em grande parte, é a de um cientista? Pessoalmente, Heisenberg e Schrödinger também não têm nada um contra o outro. Mas cientificamente, tudo. Os dois já conhecem a teoria um do outro. Agora, naquele dia de julho, no auditório da magnífica Ludwigstrasse de Munique, se encontram pessoalmente pela primeira vez.

Robert Emden, o astrofísico suíço, cuida das formalidades. Cumprimenta o público, agradece a presença de Schrödinger. Este se dirige ao púlpito pequeno e estreito, trajando um terno de linho, gravata-borboleta e óculos redondos, os olhos por trás das lentes grossas como se estivessem flutuando. Sua pele tem o tom bronzeado das muitas estadas passadas nas montanhas. Um alívio para sua tuberculose, doença que o acompanhará pelo resto da vida e que, um dia, será a causa da sua morte.

Schrödinger começa a falar com sua pronúncia melódica, de sotaque vienense. Apresenta a equação com a qual seu nome entrará para a eternidade. Uma das equações mais belas e extraordinárias que a mente humana um dia criou. Com ela, ele descreve os movimentos dos elétrons no campo de energia do núcleo atômico de modo tão elegante que alguns de seus colegas a chamam de "transcendental".

Seu efeito é mágico. Schrödinger conseguiu preservar a força formal da mecânica quântica e, ao mesmo tempo, descrever um mundo como os físicos tradicionais o desejavam: um mundo que flui com suavidade, continuamente e de maneira clara de um estado para o outro, sem saltos ou descontinuidades.

Ele está convencido de que a sua equação de onda não é uma construção abstrata. Ela descreve uma onda concreta, real. Mas o que exatamente oscila ali? Qual é a água dessa onda? Nesse ponto, Schrödinger hesita. Talvez algo como a distribuição da carga de um elétron pelo espaço. Ele acredita que um elétron não é, na verdade, uma partícula, mas uma onda que parece ser uma partícula.

Erwin Schrödinger é um orador impressionante e conquista os espectadores rapidamente. Wilhelm Wien, o físico experiente em testes e reitor — e o primeiro a ser informado por Schrödinger sobre sua descoberta, com um cartão-postal de Arosa, em dezembro de 1925 —, escuta aquilo que esperava: Schrödinger desvendou o átomo, acredita Wien, "e, o que é melhor, com uma ligação muito próxima à teoria clássica". Wien fica aliviado, "o estado da teoria até agora" teria "se tornado insuportável" para ele. Reconfortado, ele constata que finalmente a "teoria quântica deságua novamente na clássica" e os jovens físicos "não poderiam mais andar pelo pântano de descontinuidades quânticas inteiras ou pela metade". O modelo atômico de Bohr, no qual os elétrons saltam de uma órbita para a outra: "misticismo atômico". A mecânica matricial de Heisenberg: um monstro formal, distante da realidade experimental na qual Wien se sente em casa. Na opinião de Wien, ambos são direções erradas tomadas pela pesquisa que ele espera que desapareçam com as ondulações de Schrödinger.

O estudante norte-americano Linus Pauling fica tão impressionado com a maneira como Erwin Schrödinger leva clareza para o mundo dos quanta que resolve deixar de lado todos os seus interesses de pesquisa e seguir os passos de Schrödinger. Mergulha na mecânica ondulatória noites a fio. Alguns meses depois, irá para Zurique para estudar com Schrödinger.

Mas nem todos os ouvintes são conquistados pelo orador. "Não acredito em Schrödinger", escreve Sommerfeld alguns dias depois em carta a Pauli. Ele elogia a mecânica ondulatória de Schrödinger como "uma micromecânica admirável", mas que "não soluciona nem de longe os enigmas fundamentais dos quanta". No auditório, Sommerfeld reserva suas reticências para si. Não quer ser indelicado com a visita que ele próprio convidou.

Heisenberg também consegue se controlar — até o último momento, até o final da segunda palestra de Schrödinger. Então, durante a discussão seguinte, sua emoção explode. A mecânica quântica é sua invenção e agora Schrödinger é o homem que vem salvar o mundo dela? Não pode deixar que isso fique assim. É a sua cidade, a sua teoria, o seu território. Foi aqui que ele frequentou a escola, a universidade e fez seu doutorado.

Heisenberg levanta a voz. Todos os olhares se voltam para ele. Com veemência, se pronuncia contra Schrödinger. Como os átomos poderiam oscilar suavemente se o resultado de tantos experimentos mostra que eles não fazem isso? Que dentro deles ocorrem colisões abruptas? E o que acontece com o ricochete do elétron ao passar pela abertura? E o que dizer do efeito fotoelétrico, das colisões de Franck, da dispersão de Compton? Nada disso é explicado pela teoria de Schrödinger. Nem mesmo a lei da radiação de Planck se encaixa nela, expõe Heisenberg. É claro que ela não explica, nada disso pode ser explicado sem partículas, sem descontinuidades, sem saltos quânticos, ou seja, sem aquilo que Schrödinger pretende eliminar.

Zangado, Wilhelm Wien se levanta e repreende Heisenberg. Diz que entende que Heisenberg se irrite com o fato de que Schrödinger acabou com a mecânica matricial, que tenha dado um fim aos saltos quânticos e toda essa bobagem. "O professor Schrödinger" certamente responderá a todas essas perguntas restantes em breve. Ambos, Wien e Heisenberg, ainda se lembram muito bem de que, três anos antes, Wien era o professor que queria reprovar Heisenberg na prova oral do seu doutorado. Foi graças à intervenção do seu mentor, Sommerfeld, que Heisenberg recebeu, afinal, seu título de doutor. Agora, Wien vê a oportunidade de finalmente reprovar Heisenberg. "Meu jovem, o senhor precisa primeiro aprender física", diz ele em tom humilhante, e faz um gesto, dando a entender que Heisenberg sente-se. "Ele quase me botou para fora do auditório", dirá Heisenberg mais tarde.

Schrödinger fala com mais cuidado, assim que Wien lhe passa a palavra. As objeções de Heisenberg contra a mecânica ondulatória seriam justificadas, admite ele, mas ele teria confiança de poder resolvê-las em breve. Mas Heisenberg não se dá por satisfeito. Ele vê um problema ainda mais profundo. Como seriam essas ondas "realmente", se não é possível observá-las? Por que nosso bom senso, treinado no contato com cadeiras, árvores e outras pessoas, nos ajudaria no mundo subatômico? Esse mundo que não é comparável com nada que pudéssemos conhecer, disso Heisenberg tinha certeza e colocou toda essa sua convicção em palavras. Não é possível iluminar o núcleo escuro nas profundezas do mundo físico com uma simples equação de onda. Fora de questão. Do contrário, toda a sua luta com esses enigmas teria sido em vão.

A vantagem de jogar em casa não corre bem como Heisenberg esperava. Sommerfeld continua polidamente em silêncio. Outros ouvintes também ficam ainda mais desconfiados, quanto mais enérgicas são as objeções de Heisenberg contra Schrödinger: por que se deveria esquecer do bom senso e da intuição, apurada e comprovada há séculos, para avançar na menor escala da matéria? Esse Heisenberg com certeza está com inveja, o que não é de espantar, quando um concorrente ameaça tirá-lo do seu lugar na história.

Abalado, Heisenberg se recolhe na casa dos pais, na Hohenzollernstrasse. Sente-se expulso do campo de batalha antes mesmo de a luta começar de verdade, e está preocupado de "ver que muitos físicos perceberam justamente essa interpretação de Schrödinger como libertação". Até mesmo Sommerfeld, queixa-se Heisenberg, não consegue "escapar do poder de persuasão da matemática de S.". Nada contra S., mas não é assim que se resolverá o problema dos quanta. "Por mais que Schrödinger seja simpático pessoalmente, acho sua física muito estranha", escreve ele a Wolfgang Pauli, "parece que somos vinte anos mais jovens quando a ouvimos".

Heisenberg precisa de alguns dias para se recompor. Escreve sua frustração em cartas. "Alguns dias atrás ouvi aqui duas palestras de Schrödinger e desde então estou absolutamente convencido de que a interpretação física da mecânica quântica defendida por Schrödinger está errada", ele relata a seu colega Pascual Jordan, em Gottingen. Mas Heisenberg sabe que sua convicção não basta. O brilho irradiado pela elegância de Schrödinger, pelo homem e por sua matemática, é mais forte.

Niels Bohr também fica preocupado quando fica sabendo do escândalo do seu assistente com Erwin Schrödinger. Decide reunir mais uma vez os adversários e convida Schrödinger para Copenhague, para "discutir mais profundamente as questões em aberto da teoria atômica, no pequeno círculo de pessoas que trabalham aqui no instituto", entre "as quais, como o senhor sabe, está atualmente Heisenberg". Schrödinger aceita o convite agradecido. Fica contente de poder conversar com Bohr sobre "as difíceis e urgentes perguntas", mas primeiro ele vai com sua mulher, Annie, para o verão mais fresco do Tirol. É melhor estar bem descansado quando for visitar Bohr. A cena em Munique é apenas o começo do drama.

Copenhague, 1926

ESTÁTUAS DE MÁRMORE FINAMENTE TRABALHADAS QUE CAEM DO CÉU

Cambridge, setembro de 1926. Paul Dirac parte para uma viagem. A mecânica quântica é o assunto mais recente e mais discutido no continente europeu, e Dirac não quer ficar de fora dessa discussão. Sua intenção é esclarecer como os átomos funcionam e ele parte para um tour pela Europa, para aprender com os grandes nomes da física quântica: Niels Bohr, em Copenhague, Max Born, em Gottingen, Paul Ehrenfest, em Leiden.

A travessia do mar do Norte dura dezesseis horas. As tempestades de outono começaram, Dirac sofre com enjoos e passa a maior parte da viagem vomitando. Nunca mais? Não, Dirac é diferente. Ele decide continuar viajando por mares turbulentos para se curar da fraqueza dos enjoos. "Dirac é um pouco como se imagina que Gandhi seja", diz um colega a seu respeito, "ele não se importa com frio, desconforto, alimentação etc.". Dirac não fuma e nem bebe nada alcoólico. Sua bebida preferida é água. Para o jantar, ele se contenta com *porridge*, uma espécie de mingau de aveia. "Entre todos os físicos, Dirac é o que tem a alma mais pura", diz Niels Bohr.

É essa pureza que define a sua força científica, mas no convívio social ela é um ponto fraco. Em certa ocasião, quando alguns físicos estavam tomando chá juntos, Wolfgang Pauli colocou tanto açúcar na sua xícara que os colegas em volta riram e brincaram com ele. Mas não Dirac, que ficou quieto e sério. Os colegas perguntam qual é a posição dele na questão do açúcar. Dirac pensa e diz: "Penso que um cubo de açúcar é suficiente para o professor Pauli". O grupo muda de assunto. Depois de dois minutos, Dirac continua: "Penso que um cubo de açúcar é suficiente para qualquer um". A conversa continua. Dirac conclui seu pensamento e observa: "Penso que os cubos de açúcar são feitos de tal forma que um só é suficiente".

Dirac vai passar quatro meses com Bohr. Haveria muito o que discutir, mas Dirac fala pouco. "Esse Dirac me parece saber muito sobre física, mas não diz uma palavra", constata Bohr. Em Copenhague, Dirac reflete muito, mas prefere fazer isso sozinho. Bohr afirma que Dirac seria "a pessoa mais estranha" que já esteve no seu instituto em Copenhague.

Por outro lado, Dirac também se surpreende com Bohr. Ele o admira e se espanta com sua sociabilidade, seu jeito de dar aulas como se estivesse resmungando. "As pessoas o ouvem concentradas", relata Dirac, queixando-se de que "os argumentos de Bohr eram principalmente de natureza qualitativa e eu não conseguia identificar realmente os fatos por trás deles. O que eu queria eram afirmações que pudessem ser expressas em equações, e a obra de Bohr fornecia muito raramente tais afirmações". Bohr teria se tornado "um bom poeta", supõe Dirac, "pois na poesia é uma vantagem usar as palavras com imprecisão".

Embora Dirac não compreenda Bohr, ele o admira, mas não demonstra o tipo de veneração exacerbada à qual o dinamarquês está acostumado. E é justamente isso que faz esse inglês solitário e alto merecer o respeito de Bohr. Bohr se esforça para expressar em palavras suas inspirações filosóficas. Dirac busca clareza e precisão lógica. Ele só se manifesta quando tem certeza de todos os detalhes do que diz. Sua força reside na capacidade de compreender a essência da natureza com a elegância da matemática. Bohr depende de gente assim. E Dirac precisa de alguém como Bohr. Ele sabe que apenas as fórmulas não bastam. É preciso interpretá-las. E Dirac prefere deixar a interpretação a cargo de outros: Bohr, Heisenberg, Schrödinger.

Dirac conduz boa parte das suas conversas em Copenhague com um repertório de três expressões: "sim", "não", "não sei". Sua vida é extremamente rotineira, quase como a de Immanuel Kant, ele trabalha cinco dias da semana nas suas teorias, sábados em projetos técnicos. Aos domingos, faz caminhadas em trilhas. Semana após semana, sempre o mesmo ritmo.

Em seu pequeno escritório, Paul Dirac transforma o mundo da mecânica quântica com dois trabalhos revolucionários, que escreve no prazo de doze semanas.

Mais tarde, dirá que o primeiro desses trabalhos era o seu "preferido". Desde que Schrödinger apresentou sua mecânica ondulatória, continua a haver consenso: existe uma teoria quântica sobrando. Apenas uma pode existir. No seu trabalho preferido, Dirac prova que as fórmulas da mecânica quântica de Heisenberg e Schrödinger, que parecem ser profundamente diferentes à primeira vista, são equivalentes e transferíveis entre si. Outros já tinham demonstrado isso: o próprio Schrödinger, Pauli, Eckart. Mas Dirac vai um passo além. Descobre uma estrutura matemática por trás das duas teorias que ninguém havia encontrado. Essa estrutura é chamada por ele de "teoria da transformação". Ela é ainda mais distante do ponto de vista físico do que as matrizes de Heisenberg. A abstração matemática não é um problema para Dirac. Com sua teoria, ele pode fundamentar matematicamente a equação de Schrödinger, criada por este quase de forma artística, e assim transformar poesia em realidade.

Poucas semanas depois, com seu segundo trabalho, ele inaugura uma nova área de estudo que continuará a ser um dos fundamentos da física um século depois: a "teoria quântica de campos".

Depois da estada em Copenhague, Dirac segue para Gottingen, onde encontrará Max Born, Werner Heisenberg e Pascual Jordan. Ele se hospeda com Robert Oppenheimer, o talentoso norte-americano, falador, mestre da autopromoção e doutorando de Max Born, sublocado na mansão de uma família local. Embora ambos sejam muito diferentes, Dirac torna-se amigo de Oppenheimer. Dirac acorda cedo pela manhã, Oppenheimer só vai se deitar quando o dia amanhece. Dirac gosta de fórmulas, Oppenheimer de poemas. Ele próprio escreve alguns. "Não consigo imaginar como você consegue trabalhar com a física e escrever poemas ao mesmo tempo", diz Dirac a Oppenheimer. "O que queremos na ciência é dizer algo que ninguém sabia antes, com palavras que todos possam entender. Em um poema, é inevitável dizer algo com palavras que todos já conhecem, mas que ninguém é capaz de entender." O que os dois têm em comum é seu entusiasmado pela física. "A época mais empolgante da minha vida foi talvez quando Dirac chegou e me mostrou as provas de impressão do seu trabalho sobre a teoria quântica da radiação", contará Oppenheimer mais tarde. Poucos físicos haviam compreendido a teoria quântica de campos de Dirac até então, mas Oppenheimer a considera "extraordinariamente bela".

Os físicos alemães têm mais dificuldade com Dirac. Ele é visto como excêntrico. Todos em Gottingen são excelentes matemáticos, mas a aplicação de uma matemática tão remota como Dirac realiza é fora do comum mesmo para os seus padrões, ainda mais quando ela é combinada com um espírito de engenharia que muitos teóricos por lá consideram abaixo do seu nível. Essa não é a maneira alemã de praticar a física.

Os poucos cientistas que compreendem o trabalho de Dirac sentem um profundo respeito por ele. Ninguém menos que Werner Heisenberg, vinte e seis anos e autor da mecânica quântica, comenta brincando, mas com um fundo de verdade: "Acho que tenho que abandonar a física. Chegou um certo jovem inglês, chamado Dirac, que é tão inteligente que concorrer com ele seria em vão".

A grande fase produtiva de Paul Dirac estava apenas começando. Nos oito anos seguintes, ele faria uma descoberta atrás da outra — e cada uma mais elegante que a anterior. Seu colega Freeman Dyson compara esses trabalhos a "estátuas de mármore finamente trabalhadas, caídas do céu, em sequência. Ele parecia ser capaz de evocar leis da natureza por puro pensamento — era essa pureza que o fazia tão singular". Comparados a Dirac, os outros físicos quânticos parecem principiantes. Eles se enganam nas suas teorias, cometem erros, precisam corrigir-se. Dirac consegue acertar na primeira tentativa.

Em 1928, ele desenvolve uma equação de extrema perfeição que receberá seu nome: a equação de Dirac. Curta, perfeita, um monumento adequado ao seu silencioso criador, talvez a mais bela equação da física.

Quando Dirac a põe no papel, a física se sustenta sobre dois pilares: a teoria especial da relatividade de Albert Einstein e a mecânica quântica de Erwin Schrödinger. Porém, os físicos não eram capazes de conciliar essas descobertas transformadoras. Até Schrödinger fracassara. Paul Dirac consegue a proeza. Na sua equação, combina as teorias de Einstein e de Schrödinger.

Se houvesse uma equação do mundo, seria essa. Com ela, Dirac descreve o elétron: a partícula cujo comportamento define toda a química e determina como as pessoas percebem o mundo. Quando a luz cai sobre o olho humano, estimula elétrons nos nervos ópticos. A equação de Dirac regula esse processo. Mais que isso, ela se aplica também aos componentes da matéria que foram descobertos desde então — até os quarks e múons.

Com sua equação, Dirac explica também o spin de elétrons que Wolfgang Pauli postulou um ano antes, sem poder explicá-lo teoricamente. Para isso, faz uso de uma estrutura abstrata, tirada de um canto distante da matemática que antes só alguns algebristas alienados conheciam. Mais tarde, ela ficará conhecida como "espinor".

Quando Dirac descreve o elétron com sua equação, não encontra apenas uma solução, mas duas: uma com energia positiva, outra com negativa, mas com carga positiva. Mas o que significa isso, energia negativa? Dirac continua a calcular, mas não consegue largar a solução negativa. Será que ele encontrou, por acaso, a descrição do próton? A imagem não se encaixa. É como se o elétron tivesse uma imagem espelhada até então desconhecida, como se houvesse "buracos" no mundo que se comportam de forma similar às partículas conhecidas até então, mas com sinais invertidos. Dirac encontrou a antimatéria, a substância que compunha a metade do universo pouco depois do Big Bang. Com um argumento matemático, ele descobre metade do mundo.

Inicialmente, ninguém quer acreditar nele. Durante um seminário, Enrico Fermi "sentencia" Dirac ao castigo com golpes de bastão nas solas dos pés descalços por ter cometido o absurdo da antimatéria. No entanto, poucos anos mais tarde, o pósitron será provado também experimentalmente, com exatamente as mesmas características previstas por Dirac, e Werner Heisenberg chama a descoberta da antimatéria "provavelmente o maior de todos os saltos que a física do nosso século já deu".

Mas Paul Dirac não para por aí. Com um argumento topológico, ele prevê a existência de monopolos magnéticos. Até então, a regra inabalável é que polos magnéticos só existem em pares. Onde existe um polo norte, existe um polo sul. Como uma folha de papel: não existe um lado da frente se não houver o de trás. Porém, na topologia existem faixas de papel abstratas que, observadas de perto, se parecem com uma folha de dois lados, mas na verdade só têm um: a fita de Moebios. Um monopolo magnético é como uma fita de Moebios magnética.

Existem matemáticos brilhantes. Existem físicos extraordinários. E existe Paul Dirac, que é as duas coisas, matemático de pensamentos abstratos e distantes do mundo e engenheiro orientado para o mundo, que consegue fazer a ponte entre a raiz quadrada de um vetor e a previsão de um mundo inteiro inverso ao nosso.

Em 1932, Paul Dirac assume a mais respeitada cátedra da ciência: a de professor lucasiano de matemática na Universidade de Cambridge. A mesma que um dia fora ocupada por Isaac Newton.

Copenhague, 1926
UM JOGO COM FACAS AFIADAS

No dia 1º de outubro de 1926, Erwin Schrödinger chega de trem a Copenhague com sua autoconfiança reforçada depois das visitas a Arnold Sommerfeld, em Munique, e Albert Einstein, em Berlim. Niels Bohr, aos quarenta e um anos, já uma das velhas figuras da física quântica, espera por ele na estação. O dois se encontram pela primeira vez. Tarde demais, talvez. Alguns meses antes, eles ainda seriam aliados na luta por uma teoria ondulatória dos fenômenos atômicos. Mas não agora. Bohr deixou de acreditar. Schrödinger continua fiel às ondas. Desde que Max Born reinterpretou sua equação de onda, Schrödinger passou de defensor da mecânica quântica a seu crítico. Bohr quer escutar do próprio Schrödinger o que ele tem a criticar.

Bohr não perde muito tempo com a troca de cumprimentos e amenidades, e começa seu impiedoso interrogatório ainda na estação. Serão oito dias até que Bohr permita uma curta pausa ao seu convidado, em 4 de outubro. Nesse dia, Schrödinger dá uma palestra sobre a sua mecânica ondulatória para a "associação de física" no seu instituto. Depois, Bohr volta a questioná-lo.

Margrethe e Niels Bohr são anfitriões atenciosos e simpáticos. Colocam Schrödinger no seu quarto de hóspedes, para que Erwin e Niels possam passar o máximo de tempo juntos. Mas a companhia não é muito pacífica e se assemelha mais a um duelo científico. Schrödinger defende seu "ponto de vista das imagens descritivas", Bohr contesta justamente essa capacidade descritiva. Ele tenta repetidamente abalar a posição de Schrödinger, provar que há um erro no seu raciocínio. Schrödinger se esquiva, replica. Nenhum deles se entrega. "A ciência é um jogo", diz Schrödinger, "mas um jogo com a realidade, um jogo com facas afiadas".

Werner Heisenberg, que acaba de assumir um cargo de assistente de Bohr, também está presente. Ele é quatro anos mais jovem que Schrödinger, mas está sempre um passo a sua frente. Foi assim com suas teorias, foi assim com Planck e Einstein em Berlim, e é assim com Bohr em Copenhague. Como no conto dos irmãos Grimm, Schrödinger é a lebre, Heisenberg o porco-espinho.

Heisenberg não participa da disputa entre os outros dois. Dois meses antes, já havia tido uma discussão com Schrödinger que não acabou bem para ele, por isso, Heisenberg se limita a observar e ouvir. Escuta de Schrödinger a presunção de que ainda seria possível que alguém derivasse a fórmula de radiação de Planck, do ano de 1900, sem usar os quanta. Nenhuma chance, retruca Bohr. Os quanta permanecerão.

Heisenberg mal reconhece seu chefe. Aquele homem sempre tão cortês e gentil lhe parece então "quase um fanático implacável que não estava disposto a dar nem um passo sequer na direção do seu interlocutor, ou a deixar o menor sinal de dúvida".

Dois dos físicos mais importantes do mundo estão frente a frente, mas nenhum deles cede nem mesmo um milímetro. Por trás das frases que os dois se atiram incessantemente, Heisenberg sente uma profunda convicção.

Schrödinger está convencido de que é preciso haver leis segundo as quais os elétrons se movimentam. Qualquer outra opção não seria física, mas uma capitulação da física. "O senhor deve compreender, Bohr, que toda essa ideia de saltos quânticos leva inevitavelmente ao absurdo. Afirma-se que o elétron no estado estacionário de um átomo se movimenta primeiro periodicamente em uma órbita qualquer, sem irradiar. Não existe uma explicação do porquê ele não deveria irradiar; pela teoria de Maxwell, ele teria que irradiar. Então, supõe-se que o elétron salta dessa órbita para outra e, nesse processo, irradia. Essa transição deve ocorrer de maneira gradual ou de repente? Se ocorre gradualmente, então o elétron tem que mudar aos poucos sua frequência orbital e sua energia. Não é possível compreender como, nesse caso, ainda pode haver frequências acentuadas das linhas espectrais. Contudo, se a transição acontece de repente, em um salto, por assim dizer, então é possível obter o número certo de oscilação da luz aplicando as ideias de Einstein dos quanta de luz, mas é preciso perguntar, nesse caso, como o elétron se move ao saltar. Por que ele não irradia um espectro contínuo nesse processo, como seria de se esperar pela teoria dos fenômenos eletromagnéticos? E quais leis determinam seu movimento durante o salto? Ou seja, toda a ideia dos saltos quânticos tem que ser absurda."

Bohr finge concordar, mas não recua: "Sim, o senhor certamente tem razão no que diz. Mas isso não prova que os saltos quânticos não existam. Só prova que não somos capazes de imaginá-los, ou seja, que os conceitos descritivos com os quais descrevemos os eventos da vida cotidiana e os experimentos da física até agora não são suficientes para ilustrar também os processos durante o salto quântico. Isso nem é tão estranho se pensarmos que os processos dos quais tratamos aqui não podem ser objeto da experiência direta, que não os vivemos diretamente e, portanto, também não orientamos nossos conceitos por eles".

Schrödinger sente que Bohr tenta desviá-lo para as águas profundas da filosofia e trata de remar de volta: "Não pretendo entrar em uma discussão filosófica com o senhor sobre a formação de conceitos, isso ficará a cargo dos filósofos depois; quero apenas saber o que acontece no átomo. E para mim é absolutamente indiferente qual língua usamos para falar sobre isso. Se existem elétrons no átomo que são partículas como imaginávamos até agora, eles também têm que se mover de alguma forma. No momento, meu objetivo não é descrever exatamente esse movimento; mas, afinal, um dia terá que ser possível descobrir como eles se comportam em estado estacionário ou também durante a transição de um estado para o outro. Porém, o formalismo matemático da mecânica ondulatória ou quântica já demonstra que não existe uma resposta razoável para essas perguntas. Entretanto, no momento em que estamos dispostos a mudar de visão, ou seja, a considerar que não existem elétrons como partículas, mas sim como ondas de elétrons, tudo fica diferente. Não nos surpreendemos mais com as frequências acentuadas das ondulações. A radiação de luz torna-se tão simples de compreender quanto a emissão de ondas de rádio pelas antenas do emissor e as contradições que pareciam impossíveis de solucionar desaparecem".

Bohr rebate com calma e determinação: "Não, infelizmente, isso não é correto. As contradições não desaparecem, elas apenas são levadas para outro lugar. Por exemplo, o senhor fala da emissão de radiação pelo átomo ou, de modo mais geral, da interação do átomo com o campo de radiação ao redor, e o senhor acredita que, supondo que existam ondas de matéria, mas não saltos quânticos, as dificuldades seriam eliminadas. Mas pense no equilíbrio termodinâmico entre átomo e campo de radiação, por exemplo, na derivação de Einstein da lei da radiação de Planck. Para a derivação dessa lei é imprescindível que a energia do átomo assuma valores discretos e se altere ocasionalmente de forma descontinuada; valores discretos das frequências de oscilações naturais em nada ajudam. O senhor não pretende seriamente questionar todo o fundamento da teoria quântica".

Sim, mas é exatamente isso que Schrödinger pretende: "Naturalmente, não estou afirmando que essas relações tivessem sido inteiramente compreendidas. Mas o senhor também não tem ainda uma interpretação física satisfatória para a mecânica quântica. Não vejo por que não podemos ter esperança de que a aplicação da termodinâmica à teoria das ondas de matéria não leve, afinal, a uma boa explicação da fórmula de Planck — que será, porém, algo diferente das explicações anteriores".

Bohr contesta insistentemente: "Não, não se pode esperar isso. Pois há vinte e cinco anos já se sabe o que a fórmula de Planck significa. Além disso, vemos sim as descontinuidades, a inconstância nos fenômenos atômicos diretamente, por exemplo na tela de cintilação ou em uma câmara de nuvens. Vemos que um clarão de luz surge na tela repentinamente, ou que um elétron passa pela câmara de nuvens de repente. O senhor não pode simplesmente ignorar esses fenômenos inconstantes e fazer de conta que eles não existem".

Schrödinger levanta as mãos com impaciência: "Se é preciso ficar com esses malditos quanta saltitantes, então me arrependo de ter um dia me dedicado à teoria quântica".

Bohr sabe que venceu. Ele mostra isso a Schrödinger adotando um tom mais conciliatório: "Mas todos nós lhe somos muito gratos por ter feito isso, pois sua mecânica ondulatória, com sua clareza matemática e simplicidade, representa um enorme avanço perante a forma da mecânica quântica até então".

Isso continua por dias a fio, do início do dia até tarde da noite. Para Bohr, é sua maneira usual de praticar a ciência, mas Schrödinger sente-se em uma situação kafkiana, em um interrogatório sem saída. Depois de alguns dias, ele, cuja constituição já não é das melhores, perde suas forças. Uma gripe o derruba e o obriga a ficar de cama no quarto de hóspedes dos Bohr. A sra. Bohr cuida de Schrödinger com chá e bolo, enquanto seu marido senta-se à beira da cama e continua a insistir com o convidado: "Mas você precisa entender que..." — enquanto Schrödinger fixa nele os olhos febris. Nenhum deles consegue convencer o outro. Nenhum dos dois tem muito mais a oferecer do que a própria certeza de estar com a razão.

Não se trata de fatos que pudessem ser esclarecidos por experimentos ou argumentos matemáticos. Os fatos são evidentes. Trata-se de sua interpretação. Os dois físicos têm uma convicção profundamente enraizada, nenhum deles abre mão com facilidade nem da menor parte dela. Ambos aproveitam pontos fracos na posição do outro. Mas nenhum deles tem uma interpretação da mecânica quântica que seja absolutamente coerente.

Portanto, não há consenso à vista. As perspectivas são diferentes demais. Schrödinger considera a física quântica uma continuação direta da física clássica. Bohr acredita justamente que a ruptura com a realidade clássica é inevitável. Não há volta para as velhas ideias, para os movimentos constantes e as órbitas ininterruptas. Os saltos quânticos não vão desaparecer, não importa se agradam ou não a Schrödinger. Este vai ficando cada vez mais zangado, impaciente, não encontra resposta para os ataques incessantes de Bohr.

Exausto, Schrödinger embarca no trem de volta para Zurique, aliviado por finalmente escapar das intermináveis perguntas. Bohr o desmoralizou, mas não o convenceu. Não, Bohr não desmentiu seu "ponto de vista das imagens descritivas", mas pode ser, sim, que ele precise repensá-lo em alguns detalhes. "É até mesmo provável", ele admite, "que em um ou outro ponto se tenha tomado o rumo errado, que precise ser abandonado".

Schrödinger escreve uma longa carta a Wilhelm Wien, para relatar sua aventura em Copenhague. Primeiro, pelo lado positivo: "Foi muito bom ter conhecido melhor Bohr, que eu nunca tinha visto, no seu próprio ambiente, e poder falar por horas sobre coisas que agora são tão prementes para todos nós". Conta que achou seu anfitrião "profundamente simpático". "Não haverá tão cedo outra pessoa que obtenha sucessos externos e internos tão formidáveis, que seja venerado em todo o mundo quase como um semideus em sua área de trabalho e, apesar disso, continue tímido e acanhado como um estudante de teologia." Então Schrödinger passa a discorrer sobre a "posição atual de Bohr com relação aos problemas atômicos", que lhe parece "realmente muito estranha". "De fato, ele está absolutamente convencido de que uma compreensão no sentido usual da palavra é impossível. A conversa se dirige quase sempre imediatamente para questões filosóficas e logo não se sabe mais se realmente adotamos a posição que ele combate e se é preciso mesmo combater a posição que ele defende." Schrödinger admite que seu próprio ponto de vista ainda não está completamente amadurecido, mas discorda da alegação de Bohr de que "as imagens descritivas de ondas resolvem tão pouco quanto as imagens descritivas de partículas". Ele resume seu ponto de vista: "Para mim, a compreensibilidade dos fenômenos naturais externos é um axioma. As experiências não podem contradizer uma a outra. Se é essa a impressão, então há algum elo de pensamento insustentável. Quer me parecer que é precipitado procurar esses elementos mais insustentáveis nas ideias mais sustentáveis, quer dizer, nas ideias absolutamente gerais de espaço, tempo e contexto de interação de pontos de espaço-tempo adjacentes — coisas que, na verdade, não foram significativamente alteradas, mesmo pela teoria geral da relatividade, por exemplo".

Contudo, "não é muito fácil ter absoluta certeza, como Bohr realmente pretende", ressalva Schrödinger, "em parte, porque ele com frequência fala por minutos a fio de maneira visionária e quase fantasiosa, e realmente muito imprecisa, mas também porque ele é tão ponderado". Bohr reconhece educadamente o desempenho alcançado por seu adversário na discussão, mas depois diz sem rodeios "que, para ele, toda a história das ondas não presta para nada se não for mais do que um confortável recurso de cálculo improvisado para calcular elementos matriciais". A briga científica não impediu que eles gostassem um do outro: "Apesar de todos esses temas de discórdia", conclui Schrödinger em sua carta a Wien, "a relação com Bohr e especialmente também com Heisenberg, que me trataram com muito carinho, simpatia e atenção, foi totalmente harmônica, amigável e calorosa". A distância geográfica e algumas semanas de nova convalescência ajudaram a suavizar a lembrança da tortura.

Em Copenhague, os adversários fortalecem sua união. Heisenberg fala de "nós copenhaguianos" quando se refere a ele próprio, Bohr e seus companheiros. Depois das exaustivas discussões com Schrödinger, Niels Bohr e Werner Heisenberg sentem-se "muito seguros" na sua campanha contra o realismo na física quântica, de que estão "no caminho certo": o que acontece nos átomos não pode ser descrito com os antigos conceitos de lugar e movimento. Mas sentiram também o gosto das batalhas que terão que travar pela frente.

Copenhague, 1927
O MUNDO SE TORNA DIFUSO

Copenhague, outono de 1926. A euforia sentida por Heisenberg depois da visita de Schrödinger acabou. Agora é ele quem tem que suportar as infindáveis perguntas de Bohr. Falta-lhe espaço para se recolher. Somente uma escada o separa do escritório de Bohr, que pode surgir a qualquer momento à porta, encher o escritório com fumaça de cachimbo e começar um dos seus assustadores monólogos.

Niels Bohr e Werner Heisenberg lutam para encontrar uma interpretação conjunta, uma "interpretação de Copenhague" para a mecânica quântica. Eles lutam juntos, mas também entre si. As fórmulas existem, estáveis e matematicamente lógicas. Mas o que elas significam se os velhos conceitos de posição e velocidade não forem mais válidos? Bohr e Heisenberg logo percebem que suas opiniões não são assim tão idênticas quanto eles próprios acreditavam.

Heisenberg preferiria deixar essas questões de interpretação de lado. A teoria fala por si. Mas ele também não quer deixar a interpretação a cargo de Bohr. A teoria é sua, ele a inventou e tem o direito de participar da sua interpretação.

Bohr, por sua vez, considera Heisenberg um pensador imaturo que, embora seja perspicaz e imaginativo, é filosoficamente superficial. A teoria já foi formulada. Agora é preciso sabedoria. Para isso, Bohr é a pessoa certa.

Os dois passam horas juntos diariamente, Bohr sempre fazendo seus sermões implacáveis, enquanto Heisenberg, cada vez mais irritado, tenta interrompê-lo. Muitas vezes, à noite, as discussões continuam durante passeios no Faelledparken, ao lado do instituto. Nem mesmo no seu acolhedor apartamento sob o telhado do Instituto Bohr, com vista para as árvores do parque, Heisenberg tem paz. É comum Niels Bohr aparecer na sua porta, tarde da noite, com uma garrafa de sherry na mão, para explorar uma ideia experimental, para esclarecer ou complementar algo que foi dito antes. Bohr não sabe o que é lazer. O que precisa ser dito deve ser dito imediatamente.

Os dois concordam quando o assunto é criticar Erwin Schrödinger. Schrödinger descreve os sistemas quânticos como ondas que se movimentam suavemente. Partículas e seus saltos são ilusões, na opinião dele. Os dois acreditam que Schrödinger tomou o bonde errado, atraído por uma ideia nostálgica de épocas passadas da física. Contudo, agora que não é mais possível passar pelas velhas trilhas, Heisenberg pretende mudar radicalmente de direção e repensar tudo desde o começo. Acredita que, para compreender os fenômenos quânticos, os físicos precisam aprender uma linguagem totalmente nova.

Bohr considera a intenção de Heisenberg de reinventar o mundo físico exagerada e pretensiosa. As grandezas consagradas da mecânica clássica — posição, velocidade, energia — não podem ser simplesmente eliminadas. Não vivemos em um mundo de matrizes e probabilidades, vivemos no nosso mundo de pessoas, cadeiras e lagos, onde as coisas têm um lugar fixo, onde as ondas são ondas e as partículas são partículas, e, nesse mundo, os velhos conceitos também continuam a nos orientar. Em algum lugar tem que haver uma ligação. De algum modo, os saltos do mundo quântico têm que se integrar na continuidade do mundo clássico.

Em algum lugar, de alguma maneira: Heisenberg se pergunta se Bohr sucumbiu à melancolia escandinava. Como se a frustração fosse uma condição almejável. Bohr parece acreditar que seria possível não entender a mecânica quântica com os recursos da física clássica e, ao mesmo tempo, querer fundamentá-la com os conceitos clássicos. Como isso seria possível sem contradição? Mas parece que Bohr encontra prazer justamente na contradição.

Onde é que estaria o problema, questiona-se Heisenberg. A mecânica quântica funciona. Suas previsões são sempre corretas, não importa quantas casas decimais são verificadas pelos experimentadores. Mesmo assim, Bohr consegue sempre revelar pontos obscuros, colocar o dedo em ambiguidades lógicas. "Por vezes", lembra-se Heisenberg mais tarde, "tinha a impressão de que Bohr realmente tentava me armar uma cilada. Às vezes, eu ficava zangado com isso". Se Bohr é capaz de armar tais ciladas, talvez estejam mesmo andando por um terreno incerto.

Bohr procura segurança deixando que a imagem das ondas e a imagem das partículas tenham o mesmo valor — é verdade que elas se contradizem, mas também se complementam e, juntas, formam uma imagem completa dos fenômenos nos átomos.

Heisenberg reluta em aceitar essa interpretação imprecisa. Para ele, o fato de que Bohr não consegue parar de falar em ondas é concessão demais a Schrödinger. A sua mecânica quântica não fala de ondas. Heisenberg quer "ouvir a matemática", como diz Paul Dirac. Sua teoria, acredita, interpreta a si própria, sem que seja preciso acrescentar filosofia alguma a ela. Para certas grandezas, a mecânica matricial já determina a interpretação: por exemplo, para as médias de tempo de energia, momento elétrico e impulso. Heisenberg espera que seja assim para todo o resto: que a interpretação correta resulte das fórmulas "por meio de pura dedução lógica", sem espaço para discussão.

Quando Max Born divulga sua interpretação probabilística, no verão de 1926, Heisenberg não se alegra. Born investigou colisões atômicas com auxílio da mecânica ondulatória de Schrödinger e levantou a hipótese de que a função de onda de um elétron seria uma medida para a probabilidade de encontrar o elétron em um determinado lugar. "Interpretação", "hipótese", nada disso agrada a Heisenberg. Existiria mesmo espaço para interpretação?

Os meses se passam, a discórdia continua. Durante 1926, um enigma em especial impede que Bohr e Heisenberg possam dormir de noite: o enigma dos rastros na câmara de nuvens.

A câmara de nuvens, ou câmara de Wilson, é um aparato dos primórdios da física atômica, quando os experimentos ainda eram trabalho manual. Niels Bohr ouviu falar dela em 1911, quando Ernest Rutherford elogiou uma invenção do físico e meteorologista escocês C. T. R.: uma caixa com janela, vedada e cheia de ar saturado com vapor de água. Wilson pretendia criar nuvens artificiais para reproduzir no laboratório os fenômenos ópticos em nuvens atravessadas pelos raios solares, chamados de coroas e glórias. Ele deixou o ar se expandir na caixa, o ar se esfriou e o vapor de água condensou, formando gotas minúsculas em torno de partículas de poeira.

Quando Wilson retirou toda a poeira da câmera, as nuvens continuavam se formando dentro da caixa. Como? Wilson só tinha uma explicação: a água condensa em torno dos íons no ar. Verificou-se que a radiação, quando atravessa a câmara, rompe os elétrons das moléculas de ar, ionizando-as, e deixando para trás um rastro de gotículas semelhante às esteiras de condensação de uma aeronave no céu. Wilson criou uma ferramenta com a qual os físicos poderiam observar as antes invisíveis pistas de partículas de radiação emitidas por substâncias radioativas. Câmaras de nuvens são as ancestrais dos futuros e enormes aceleradores de partículas.

Na década de 1920, a metrologia ainda estava longe de identificar elétrons individualmente. Mas seus rastros se revelam na câmara de nuvens e são visíveis a olho nu — e realmente parecem ser esteiras de condensação de minúsculos aviões. Como os físicos clássicos teriam esperado.

Mas não os físicos quânticos da década de 1920, não Werner Heisenberg e Erwin Schrödinger. Com sua mecânica matricial, Heisenberg pretende acabar com as clássicas pistas de partículas nos átomos. Na mecânica ondulatória de Schrödinger, os elétrons se espalham pelo espaço com o tempo. Mas na câmara de nuvens, eles parecem traçar pistas marcantes. Como isso se explica?

É possível que a natureza se comporte realmente de forma tão absurda, pergunta-se Heisenberg, como os experimentos atômicos parecem mostrar? Enquanto ele próprio ainda hesita, Bohr já responde com um corajoso "sim". O papel decisivo que as observações e medições desempenham na interpretação da mecânica quântica frustra todas as tentativas de encontrar padrões regulares ou relações causais na natureza.

Heisenberg não gosta nada disso. As discussões com Bohr, que sempre acabam em meio a uma névoa filosófica, são desgastantes para ele. É comum que elas terminem em desespero. "A ciência surge no diálogo", gosta de dizer Heisenberg. Mas não desse jeito!

Bohr e Heisenberg passam também as primeiras semanas de 1927 em uma disputa constante e sem resultados até caírem "em um estado de esgotamento que", como descreve Heisenberg mais tarde, "também sofria com a tensão gerada pelas maneiras de pensar opostas". Eles já disseram tantas vezes um ao outro o que pensam que agora é como se tivessem conversas paralelas, marcadas pela frustração de sentir que o outro simplesmente não quer entender.

Em fevereiro, Bohr também já chegou ao fim da sua persistência e tira quatro semanas de férias para esquiar na região de Gulbrandsdalen, na Noruega. Os planos eram de que Heisenberg também fosse, mas nenhum dos dois quer saber mais disso. Precisam de distância um do outro.

Quatro semanas de tranquilidade sem Bohr. Heisenberg sente-se livre. Pode dar seus passeios no parque com calma, sem ser envolvido em uma das longas conversas de Bohr. Ele dorme melhor e fica satisfeito por poder "pensar sozinho sobre esses problemas irremediavelmente difíceis".

Em sua cabeça, porém, ele continua ouvindo as objeções do outro. Pois bem, supondo que Bohr estivesse certo e lugar e velocidade continuassem a ter um significado, mesmo que não mais o clássico, que significado poderiam ter, se partículas também são ondas? Como esse significado poderia ser expresso em fórmulas, em vez das palavras nebulosas de Bohr?

Certa noite, Heisenberg está sentado em seu apartamento, pensando concentrado sobre as matrizes e as órbitas de partículas. De um lado estão os rastros da câmara de nuvens, visíveis para qualquer pessoa. Do outro, a mecânica quântica, na qual as clássicas órbitas de partículas não têm lugar. É a teoria que está errada? Não, Heisenberg insiste. Ela é "convincente demais para ainda permitir mudanças". A lacuna entre a teoria e a realidade parece intransponível.

Nessa mesma noite, Heisenberg não se dá por satisfeito. Tem que haver uma relação entre os dois lados. Por volta da meia-noite, ele se lembra de uma observação de Albert Einstein. No verão passado, depois de um passeio por Berlim, Einstein levantou o argumento dos rastros da câmara de nuvens contra a teoria de Heisenberg até o limite. "Pode ser que heuristicamente tenha importância se lembrar do que realmente se observa", disse Einstein na época, "mas, em termos de princípio, é absolutamente errado querer fundamentar uma teoria apenas em grandezas observáveis. Pois, na realidade, é exatamente o contrário. É só a teoria que decide o que podemos observar". Naquela ocasião, Heisenberg se surpreendeu com a pergunta "o que vem primeiro, a teoria ou a observação?". Para Heisenberg, na época, era claro: certamente a observação. Precisamos poder ver aquilo sobre o que pensamos. Não é essa a graça da pesquisa empírica?

Mas agora, ao pensar sobre as órbitas de partículas, as palavras de Einstein adquirem, de repente, um outro significado: a teoria determina o que podemos observar. "Ficou imediatamente claro para mim que a chave para a porta que ficou fechada por tanto tempo teria que ser procurada ali", dirá Heisenberg mais tarde.

Heisenberg se sente eufórico. Mas dessa vez ela é produtiva. Ele não consegue mais ficar junto à escrivaninha, desce e sai para o Faelledparken. No ar puro da noite, nos caminhos ladeados de plátanos, tílias e ginkgo, Heisenberg pensa mais uma vez sobre o assunto: o que se vê exatamente quando um elétron voa através da câmara de nuvens? Ninguém o vê voando. Não é possível observar nenhuma trajetória estável — nós apenas a construímos na nossa mente. O que se vê é uma série de gotículas de água individuais, cuja condensação foi provocada pelo elétron. Cada gotícula é muito maior que um elétron. Ela também está apenas no lugar aproximado por onde o elétron passou. Ou seja, o que realmente se observa não é uma trajetória estável, mas "uma sequência discreta de lugares imprecisamente determinados do elétron". Como ele passa de um desses lugares ao outro, não sabemos. Assim como não sabemos o que um elétron faz quando salta de um nível de energia para outro em um átomo.

Portanto, o que obtemos se levarmos as palavras de Einstein a sério? Se perguntarmos à teoria o que podemos observar? Na escuridão do Faelledparken, Werner Heisenberg chega à questão central: "É possível representar na mecânica quântica uma situação na qual um elétron esteja mais ou menos — ou seja, com uma certa imprecisão — em um determinado lugar e tenha mais ou menos — ou seja, novamente com certa imprecisão — uma velocidade predefinida? E é possível manter essas imprecisões tão reduzidas que não se tenha dificuldades com o experimento?".

Heisenberg corre de volta para o instituto, sobe as escadas até a sua escrivaninha, pega lápis e papel, esboça equações, encontra a resposta: sim, é possível! Aparentemente, a mecânica quântica impõe limites ao que se pode medir e saber. Mas como ela define esses limites? E onde?

A mecânica quântica proíbe determinar precisamente a posição e a velocidade de uma partícula ao mesmo tempo. É possível medir de maneira exata a localização ou a velocidade, mas não as duas no mesmo momento. Portanto, quem quiser identificar uma dessas grandezas com exatidão tem que negociar com a natureza e renunciar ao conhecimento da outra grandeza. Só é possível olhar para os átomos com um dos dois olhos: o que olha para a posição ou o que olha para a velocidade. Quando se abrem ambos ao mesmo tempo, a visão fica turva.

Assim, Werner Heisenberg encontra a relação entre as imprecisões de posição e movimento que desde então é considerada o cerne da mecânica quântica: o "princípio da incerteza". Expresso em palavras: o produto das incertezas associadas aos valores de posição e impulso não pode ser menor que a constante reduzida de Planck. Se Heisenberg estiver certo, nenhum experimento em nível atômico pode transpor os limites definidos pelo princípio da incerteza. É claro que ele não pode "provar" isso rigorosamente, mas tem certeza, "já que os próprios processos no experimento, durante a observação, devem satisfazer às leis da mecânica quântica".

Heisenberg conseguiu aquilo que ele e Bohr haviam tentado em vão durante meses. Ele construiu a ponte entre a matemática da mecânica quântica e a observação na câmara de Wilson. E fora justamente Albert Einstein, seu maior crítico, quem lhe dera a pista decisiva para isso: "é só a teoria que decide o que podemos observar".

Nos dias que se seguem, Heisenberg verifica se a ideia se sustenta. Ele testa o princípio da incerteza no seu laboratório mental, tenta um experimento depois do outro e observa se é possível driblar de alguma forma o princípio da incerteza. Talvez com um microscópio potente, com o qual se possa observar um elétron em movimento, sua posição e velocidade ao mesmo tempo? Mas, para ter resolução suficiente, esse microscópio teria que ser operado com raios gama de alta energia e esses raios lançariam o elétron para fora da órbita. A fórmula para o poder de resolução de microscópios: quatro anos antes, ela quase provocou o fim da carreira do doutorando Werner Heisenberg. Agora, ela serve de alicerce para a sua mais importante descoberta.

Heisenberg desenvolve tudo isso enquanto Bohr esquia na Noruega. Ele escreve uma longa carta de catorze páginas para Wolfgang Pauli, explicando sua nova descoberta. Com receio da ira de Bohr, ele procura o apoio de Pauli. Para Bohr, manda apenas uma nota anunciando um "avanço".

"O dia está raiando na mecânica quântica", responde Pauli. Encorajado, Heisenberg ousa a revolta, desenvolve a carta escrita a Pauli para um artigo que pretende apresentar para publicação na revista *Zeitschrift für Physik* antes que Bohr retorne da Noruega.

Bohr lê o manuscrito depois de voltar, relê com mais atenção, primeiro se admira, depois se preocupa. Quando os dois se encontram para discutir o trabalho, Bohr declara ao estarrecido Heisenberg que alguma coisa está errada. Bohr afirma que Heisenberg se enganou justamente no experimento mental com o microscópio de raios gama. Heisenberg considera os raios gama como fluxo de partículas. Errado, diz Bohr, são ondas. Partículas, contesta Heisenberg. Ondas, insiste Bohr. A mesma cansativa história de sempre.

Bohr desenvolveu, nesse meio-tempo, sua própria ideia para superar os paradoxos da mecânica quântica. Ele a chama de "princípio da complementaridade". Como ele afirma, existem situações em que podemos entender um mesmo fenômeno por meio de duas maneiras diferentes de observá-lo — por exemplo, ondas e partículas. As perspectivas se excluem, mas também se complementam, e só juntas descrevem o fenômeno completamente. Elas são "complementares".

Bohr considera a sua ideia melhor e o princípio da incerteza de Heisenberg como apenas um caso especial. Heisenberg perde a vontade de contestar. Durante alguns dias ele consegue evitar mais discussões com Bohr. Bohr espera que Heisenberg perceba por si próprio que se enganou. Mas Heisenberg continua inabalável. Bohr insiste que ele retire seu artigo. Heisenberg cai em prantos. É doloroso quando um filho se desliga do pai.

Bohr também pressente que chega, e os dois concordam que querem dizer mais ou menos a mesma coisa. Ele se dá por satisfeito com o fato de Heisenberg mencionar suas objeções em um "adendo de correção" no seu artigo. A pedido de Heisenberg, Bohr envia o trabalho sobre o princípio da incerteza em abril de 1927 para Albert Einstein, acompanhado de uma carta elogiosa. Einstein não responde. Assim nasceu a interpretação da mecânica quântica que ficará conhecida, mais tarde, como a "interpretação de Copenhague", para desagrado de Max Born em Gottingen: matrizes, probabilidades, princípio da incerteza, ondas, partículas, complementaridade, tudo junto.

No seu artigo, Werner Heisenberg abala o princípio considerado por Albert Einstein e Erwin Schrödinger como o fundamento absoluto da física: a causalidade. "Na enunciação precisa da lei da causalidade, na qual 'se conhecemos exatamente o presente, podemos calcular o futuro', o que está errado não é a oração relativa, mas o pressuposto", ele escreve. Não podemos conhecer o estado presente. Não podemos nem sequer conhecer exatamente a posição e a velocidade de um elétron, portanto só podemos calcular as probabilidades de uma série de possibilidades para as futuras posições e velocidades do elétron. "Assim, a mecânica quântica estabelece definitivamente inválida a lei da causalidade", conclui a última frase do seu trabalho. Nem mesmo Einstein ousou ir tão longe com sua revolução de espaço e tempo na teoria da relatividade. As engrenagens do universo concebidas por Newton deixaram de existir. A frase de Immanuel Kant, "todas as mudanças se dão segundo a lei da relação entre causa e efeito", deixa de ser válida. A esperança de que "por trás do mundo estatístico percebido ainda se oculte um mundo 'real', no qual a lei da causalidade se aplique", é "improdutiva e inútil", escreve Heisenberg. "A física deve apenas descrever formalmente as relações das percepções."

Chegou a hora de Heisenberg partir, já aprendeu o suficiente em Copenhague. Assume a cátedra que lhe fora oferecida na Universidade de Leipzig um ano antes e torna-se o mais jovem professor titular da Alemanha, com apenas vinte e cinco anos. Depois de deixar Copenhague, porém, sente remorsos e escreve uma carta a Bohr em junho de 1927, na qual confessa sua vergonha por ter "parecido tão ingrato" perante seu mentor. "Quase todos os dias, ainda penso em como tudo aconteceu, e me envergonho que não tenha sido possível que fosse de outra maneira." Ainda no mesmo ano, Heisenberg viajará mais uma vez a Copenhague, para se reconciliar com Bohr.

Outros físicos precisam de mais tempo para avaliar a importância do princípio da incerteza. Alguns teóricos dizem que a causalidade já fora eliminada um ano antes por Max Born. Certos experimentadores tomam o princípio da incerteza como desafio para obter uma imagem mais precisa dos fenômenos quânticos com aparelhos sofisticados. Um mal-entendido. O mundo não só parece ser difuso, ele é de fato difuso. "Temos que compreender", afirma Werner Heisenberg, "que nossas palavras não são adequadas."

Como, 1927
O ENSAIO GERAL

Verão de 1927, lago de Como, Norte da Itália, na fronteira com a Suíça. É aqui que o teólogo Romano Guardini costuma passar suas férias de verão. A ascensão vertiginosa das ciências naturais o preocupa. Guardini descreve essa nova era como uma época em que "todo passo na direção de mais poder técnico-científico é simplesmente considerado um ganho". Ele, porém, afirma que "a certeza dessa convicção foi abalada". O importante agora não seria aumentar o poder através de mais conhecimento, mas controlá-lo. Do contrário, haveria o risco de uma "catástrofe global", alerta Guardini.

Logo ao lado, nesse verão em Como, acontece um encontro dos físicos com sua insaciável sede de saber, incluindo alguns que, em breve, participarão do desenvolvimento da bomba atômica: Werner Heisenberg e Enrico Fermi, o grande talento italiano da física, ambos com vinte e cinco anos de idade. Niels Bohr comparece, ainda lutando com a interpretação da mecânica quântica. Wolfgang Pauli também, Max Born, Hendrik Lorentz, Arnold Sommerfeld, Louis de Broglie, Max Planck, Arthur Compton e John von Neumann. A *Physikalische Zeitung* anuncia que físicos de catorze países se reunirão em Como: da Suíça, Suécia, dos Estados Unidos, da Espanha, Rússia, Holanda, Itália, Inglaterra, Índia, Alemanha, França, Dinamarca, do Canadá e da Áustria.

O evento acontece por ocasião do centenário da morte de Alessandro Volta, o cientista natural de Como, inventor da bateria e quem deu nome à unidade "volt". É o programa paralelo da "Exposição Centenário Volta", na qual o governo do *Duce del Fascismo*, Benito Mussolini, estiliza o cientista como herói nacional.

Albert Einstein não participa, recusa-se a pôr os pés na Itália fascista. Erwin Schrödinger também se desculpa. Assumiu poucas semanas antes o cargo de Max Planck, como seu sucessor, e está ocupado, se instalando em Berlim. Bohr ainda terá que esperar alguns meses até poder encontrar os dois em Bruxelas.

Faz meio ano que Werner Heisenberg publicou seu artigo pioneiro sobre o princípio da incerteza. Desde então, Niels Bohr trabalha na sua própria tese. Ele escreve e deixa que outros escrevam. Depois que Heisenberg, exausto pelas discussões com ele, fugiu de Copenhague para Leipzig, é seu novo assistente, Oskar Klein, quem tem que suportar os murmúrios diários de Bohr. Este reflete em voz alta sobre o princípio da incerteza, fala lentamente e de maneira intricada, experimenta frases, não encontra a maneira certa de enunciar. À noite, Klein passa a limpo o que conseguiu captar de Bohr. No dia seguinte, Bohr descarta o protocolo de Klein e começa tudo de novo. Quando o casal Bohr viaja para passar o verão na sua casa de campo, ao norte de Copenhague, Klein tem que acompanhá-los. As dificuldades continuam. Até mesmo Margrethe Bohr, que é a tranquilidade e alegria em pessoa, chega aos limites de sua resistência, fica nervosa, até chora, e não por contestar a posição científica de seu marido, como Heisenberg, mas por ele estar mentalmente distante. Afinal, a viagem deveria ser de férias em família, mas Niels deixa Margrethe e os cinco filhos a sós.

Niels Bohr apresenta sua palestra em 16 de setembro de 1927 no suntuoso salão revestido com painéis de madeira do instituto Carducci. Ele já corrigiu e reformulou seu manuscrito infinitas vezes e o trouxe semiacabado para Como. Trabalha nos mínimos detalhes do texto até o último minuto, chega ao púlpito com suas notas repletas de rabiscos, complementos, anotações à margem e setas, olha rapidamente para o público, procura se acalmar e começa a falar em inglês, com sotaque dinamarquês, mas tão baixo que muitos ouvintes se inclinam automaticamente para a frente. Nas filas de trás, é praticamente impossível entender o que é dito. É a primeira vez que Bohr fala em público sobre o seu conceito da complementaridade. Então explica o princípio da incerteza de Heisenberg e conclui discorrendo sobre o papel que as medições desempenham na interpretação da mecânica quântica. Cada um desses temas poderia facilmente servir para uma palestra própria. Cada um deles é um desplante, mesmo para o público especializado. E não está nada claro como eles realmente estão relacionados.

Bohr estabelece a ligação entre eles engenhosamente, tece a função de onda de Schrödinger e a interpretação da probabilidade de Born no seu quadro. Tenta dar o passo decisivo e revolucionário: uma nova concepção da física da mecânica quântica. O público fica, ao mesmo tempo, confuso e impressionado. Nesse dia, "a interpretação de Copenhague", esse conjunto elegantemente organizado de ideias e formalismos, entra definitivamente para o vocabulário dos físicos.

A palestra de Bohr é a quintessência de seus meses de disputa com Heisenberg sobre a interpretação da mecânica quântica. Ele parte da premissa de que qualquer medição interfere no sistema medido. Claro. Ele continua na sua linha de pensamento, dizendo que, na mecânica quântica, é só uma medição que definirá a grandeza medida. O resultado de uma medição depende do que é medido. Também é claro. Porém, Heisenberg mostrou que a medição de uma grandeza impede que outras grandezas sejam determinadas. Embora uma medição amplie o conhecimento sobre o sistema, sob um determinado aspecto, ela evita o conhecimento, sob outro. Quem determina a posição da partícula não é capaz de saber seu impulso e, mais que isso, a partícula não tem nenhum impulso, pelo menos, não até que ele seja medido — quando então o conhecimento da posição se perde. Tudo isso é dito por Bohr nas suas longas e tortuosas frases.

Para tornar a coisa mais compreensível, ele introduz um conceito que chama de "complementaridade". Um sistema quântico só pode ser compreendido com os opostos. Ondas e partículas. Posição e impulso. Eles não andam bem juntos, mas se complementam. Complicado. Bohr espera que seus ouvintes compreendam frases como esta: "Segundo a natureza da teoria quântica, portanto, temos que nos satisfazer em perceber que a representação de espaço-tempo e a exigência de causalidade, cuja união é característica das teorias clássicas, são aspectos complementares, mas excludentes da descrição do conteúdo da experiência, que simbolizam a idealização das possibilidades de observação ou de definição".

A complementaridade deve ser a solução, deve conciliar tudo o que é aparentemente inconciliável, o princípio da incerteza de Heisenberg, as probabilidades de Born, as ondas de Schrödinger, que de modo algum são as ondas clássicas que Schrödinger acredita serem, diz Bohr, pois só se propagam de forma calculável enquanto não são medidas. Acima de tudo, ela deve conciliar tudo isso com o próprio princípio de correspondência de

Bohr, o fundamento de seu pensamento quântico: toda descrição prática do comportamento e das propriedades de um sistema quântico deve, afinal, ser transferível para a linguagem da física clássica. Não observamos nuvens prováveis. Não medimos incertezas. Experimentos fornecem valores concretos.

O que exatamente Bohr quer dizer com isso? Ninguém entende muito bem, talvez nem ele mesmo. Alguns ficam simplesmente perplexos. Outros supõem que Bohr tenta dizer algo que já sabiam, apenas de modo totalmente incompreensível.

Depois da palestra, Max Born se levanta para externar sua aprovação em poucas palavras. A teoria é conclusiva, é possível calcular e fazer previsões com ela, isso é o bastante para ele. Então Werner Heisenberg pede a palavra. Poucos no público sabem dos embates que ele, o inventor da mecânica quântica, travou meses antes com seu mentor, Bohr. Agora, eles parecem ter ficado para trás. Heisenberg não luta mais. Ele apenas elogia e agradece a Bohr.

Ninguém o contradiz. Einstein e Schrödinger, que talvez o tivessem feito, não estão presentes. Assim, a interpretação de Bohr da mecânica quântica começa a se estabelecer por falta de resistência.

Bohr prepara uma versão escrita da sua palestra para a revista científica inglesa *Nature* e, como sempre, trata-se de um processo difícil que leva vários meses. Ele esboça, descarta, reescreve. Wolfgang Pauli o ajuda. Os editores da *Nature* perguntam, imploram. Bohr se desculpa pelo atraso. Mas insiste nas suas frases que desafiam os limites da gramática: "*Indeed, we find ourselves here on the very path taken by Einstein of adapting our modes of perception borrowed from the sensations to the gradually deepening knowledge of the laws of Nature*". O artigo segue desse jeito para impressão. Os editores escrevem um comentário do texto de Bohr no qual expressam sua esperança de que a concepção de Bohr não seja a última palavra sobre a mecânica quântica, já que, aparentemente, não poderia "ser colocada em linguagem descritiva".

O encontro em Como é o ensaio geral para a grande disputa que ainda virá. Apenas poucas semanas depois de os físicos se despedirem da Itália, eles se encontram novamente em Bruxelas, para discutir sobre os "elétrons e fótons" na quinta Conferência de Solvay. Dessa vez, Albert Einstein e Erwin Schrödinger também estarão presentes.

Bruxelas, 1927

O GRANDE DEBATE

Hendrik Antoon Lorentz, o físico holandês, é um homem de maneiras finas, muito considerado por todos devido ao seu jeito afável e ponderado. Fala fluentemente alemão, inglês e francês. "Uma maravilha de inteligência e tato sensível", referiu-se Albert Einstein certa vez a Lorentz, "uma obra de arte em vida!" No dia 2 de abril de 1926, Lorentz tem uma audiência privada com Alberto I, o rei belga. É uma missão delicada. Lorentz pede a autorização do rei para convidar físicos alemães à Bélgica.

Albert I, conhecido como o "rei cavaleiro", tem antipatia pelos alemães. A Primeira Guerra Mundial começara em 1914 com a invasão de seu país neutro pelas tropas alemãs. Como comandante do grupo do exército de Flandres, Alberto conduzira a última ofensiva contra as tropas alemãs, que veio a libertar o oeste do país até o cessar-fogo em 11 de novembro de 1918. Ele não tem intenção de permitir jamais que um alemão ponha os pés novamente em território belga.

Mas Lorentz usa de toda a sua sensibilidade e carisma, e consegue obter do rei a permissão para convidar físicos alemães para a quinta Conferência de Solvay em Bruxelas, planejada para o outono do ano seguinte. Lorentz, que é presidente do comitê científico da conferência, convence Alberto I de que, sete anos depois da guerra, seria hora de adotar uma posição conciliadora perante os alemães e trabalhar para um melhor entendimento entre as nações. Aa ciência poderia contribuir para isso com um papel pioneiro. Além disso, seria difícil ignorar por muito tempo os cientistas alemães depois de tudo o que haviam feito pela física. Ainda no mesmo dia, depois da audiência, Lorentz escreve uma carta a Einstein relatando o seu feito.

Uma mudança de posicionamento sensacional, pois, de fato, o destino dos cientistas alemães depois da guerra foi de afastamento de muitos países. Ficaram isolados como párias da comunidade científica internacional. Na terceira Conferência de Solvay, em abril de 1921, o único alemão convidado era Albert Einstein, que, na verdade, nem era tão alemão assim. Mas Einstein decidira não participar da conferência, em protesto à exclusão de seus conterrâneos. Em vez disso, ele partira para uma turnê de palestras nos Estados Unidos, com o intuito de angariar verba para a fundação da Universidade Hebraica de Jerusalém. Dois anos mais tarde, ele recusava novamente um convite para a quarta Conferência de Solvay, devido ao boicote permanente de cientistas alemães. "Na minha opinião, não é certo trazer a política para questões científicas", escreveu a Lorentz, "e indivíduos não deveriam ser responsabilizados pelo governo do país ao qual, por acaso, pertencem".

Agora, Hendrik Lorentz consegue convencer o rei de que o caminho para uma reconciliação é o melhor, e os alemães podem viajar. Nem mesmo o próprio Lorentz contava com isso. Ele é presidente da Comissão Internacional de Cooperação Intelectual, um grêmio da Liga das Nações, desde 1925, como sucessor de Henri Bergson, e não via, até então, boas perspectivas de que os cientistas alemães pudessem logo participar de eventos internacionais.

Mas então, tudo mudou. Em outubro de 1925, em um elegante palácio próximo ao lago Maggiore, são negociados os Tratados de Locano, depois de meses de preparação por parte de diplomatas alemães, franceses e belgas. Eles concordam em garantir as fronteiras entre seus países e adotar um processo de arbitragem em caso de disputas. Os tratados abrem caminho para que a Alemanha seja aceita na Liga das Nações, em outubro de 1926. Aos poucos, o país se recupera da Primeira Guerra Mundial. A depressão do pós-guerra dá lugar ao entusiasmo com novas ideias, novas formas artísticas e desenvolvimentos técnicos. As pessoas estão boquiabertas com a aviação, dirigem automóveis, falam por aparelhos telefônicos e vão ao cinema.

Depois dos anos de nacionalismo, um novo espírito internacional toma conta do mundo. Em maio de 1927, um jovem americano de nome Charles Lindbergh torna-se a pessoa mais famosa do mundo. Com seu avião *Spirit of St. Louis*, construído com uma estrutura de tubos de aço e madeira de pinho-alemão envolta em plástico, e um tanque contendo mil e setecentos litros de combustível, ele voou de Nova York a Paris e com ainda menos bagagem do que Heisenberg quando partiu para a sua viagem à Heligolândia: apenas cinco sanduíches. "Se eu chegar a Paris, não preciso mais do que isso", disse Lindbergh, "e se eu não chegar, também não precisarei de mais". Lindbergh é dois meses mais novo que Heisenberg.

Nesse clima de otimismo, Alberto I se deixa convencer a abrir as fronteiras do seu país novamente para cientistas alemães e Lorentz começa a planejar a quinta Conferência de Solvay, com o apoio de Einstein. O título oficial é "Elétrons e Fótons", mas o tema dominante é a mecânica quântica. O artigo de Heisenberg sobre o princípio da incerteza fora publicado havia menos de seis meses, era hora de negociar quais rumos tomar. Essa será a mais famosa conferência na história da física. Um século mais tarde, os físicos ainda falarão a seu respeito — e sobre o duelo entre os dois mais importantes físicos dessa era, que começou em Bruxelas: o debate entre Niels Bohr e Albert Einstein. "Nunca foi travado um debate intelectual mais profundo que esse", escreve o cientista e escritor inglês C. P. Snow.

A quinta Conferência de Solvay acontece em Bruxelas entre 24 e 29 de outubro de 1927, na sede da indústria química Solvay, que fatura com a produção de carbonato de sódio, o ingrediente básico para a fabricação de detergentes. Ernest Solvay, que fundou a empresa juntamente com seu irmão Alfred, em 1862, desenvolveu o processo usado na produção, o "processo Solvay". Além disso, ele é um mecenas de projetos sociais e educacionais, e criou a Conferência de Solvay em 1911. São encontros entre personalidades selecionadas: ninguém se inscreve para participar da Conferência de Solvay, é preciso ser convidado. A quinta conferência tem a melhor seleção de participantes. Dentre os vinte e nove convidados, dezessete receberam antes, ou receberão mais tarde, o Prêmio Nobel. A única mulher convidada recebeu dois Prêmios Nobel: Marie Curie. Seu antigo amante, Paul Langevin, com quem teve um caso considerado escandaloso por alguns, também está presente.

Quase todos os físicos que têm algo a dizer sobre a física quântica vêm a Bruxelas: Max Planck, Albert Einstein, Paul Ehrenfest, Max Born, Niels Bohr, Erwin Schrödinger, Louis de Broglie, Hendrik Kramers, Wolfgang Pauli, Werner Heisenberg, Paul Dirac. É a única vez em que todos estão reunidos no mesmo lugar. Só falta uma pessoa: Arnold Sommerfeld. Durante a guerra, ele se manifestou a favor da ocupação da Bélgica e, por isso, não foi convidado.

É a primeira vez que Niels Bohr e Albert Einstein participam da Conferência de Solvay. Em 1921, Einstein estava doente, em 1924 recusou o convite. Ele receara que, se aceitasse, isso poderia ser interpretado como aprovação da exclusão dos alemães.

Quando os grandes nomes da física quântica se reúnem na manhã de 24 de outubro 1927, uma segunda-feira cinza e nublada, às dez horas, no Instituto Fisiológico no parque Leopold, em Bruxelas, para se prepararem, a expectativa é grande.

Hendrik Lorentz, o coordenador da conferência, dá as boas-vindas aos participantes e passa a palavra para William Lawrence Bragg, o sucessor de Ernest Rutherford na cátedra de física na Universidade de Manchester. Bragg, um australiano tímido e nervoso, de trinta e sete anos, já tinha sido agraciado com um Prêmio Nobel aos vinte e cinco anos, juntamente com seu pai, pela análise de estruturas cristalinas com raios X. Com um forte dialeto australiano, relata como os dados mais recentes dessas análises esclarecem a estrutura dos átomos, falando baixo, corretamente e de maneira um tanto monótona. Uma breve discussão se desenvolve em torno da matéria árida. Heisenberg, Dirac, Born e De Broglie fazem perguntas e comentários. Lorentz, que fala fluentemente alemão, inglês e francês, traduz para os poucos que não dominam outras línguas. Depois, todos vão almoçar juntos.

À tarde, o norte-americano Arthur Compton, de trinta e cinco anos, apresenta os ensaios que realizou com elétrons e raios X. Compton é um físico experimental, mas não é um rato de laboratório. Ele se interessa por questões filosóficas como o livre-arbítrio e desenvolve novas formas, mais suaves, de limitadores de velocidade, ou lombadas, para as ruas. O Prêmio Nobel lhe fora concedido apenas poucas semanas antes. Sua modéstia, porém, impede que ele chame a diminuição de frequência de raios X na dispersão em elétrons de "efeito Compton", como ficou conhecido.

As palestras de Bragg e Compton têm uma mensagem comum. A teoria do eletromagnetismo, formulada por James Clerk Maxwell ainda no século XIX e desde então enraizada de maneira inabalável, começa a balançar. Com ela, não é possível explicar os fenômenos observados por Bragg e Compton. E onde ela fracassa, os fótons de Einstein conseguem conciliar teoria e experimento. No final do dia, entretanto, Einstein é o único dos proeminentes físicos que ainda não disse nada. Seu momento de pedir a palavra ainda vai chegar.

Albert Einstein aceitou o convite para apresentar sua posição sobre a mecânica quântica em uma palestra depois de muito hesitar. Escreveu a Lorentz que "não teria competência", que se sentia ultrapassado pelo "desenvolvimento vertiginoso da física quântica", que não poderia participar dando uma contribuição substancial, como seria necessário: "Não tenho mais essa esperança". Com isso, no entanto, Einstein não estava dizendo toda a verdade. Ele queria sim participar. Ouvia em silêncio e aguardava a sua oportunidade.

Do outro lado está Niels Bohr, a segunda eminência da física quântica. Ele também não apresentou um relato em Bruxelas, em 1927, também não avançou com o desenvolvimento teórico da mecânica quântica nos últimos tempos. Mas tem seus protegidos. Heisenberg, Pauli e Dirac elaboram a teoria.

Em Bruxelas, porém, o foco não é a mera teoria. Trata-se da interpretação da teoria. Que mundo é esse que eles descrevem? Como causas e efeitos se comportam nesse mundo? A Lua ainda está lá se ninguém olha para ela no céu? Questões como essas, até agora, eram assunto para filósofos. Agora, os físicos têm que respondê-las para compreender sua própria teoria. Bohr está convencido de conhecer as respostas.

Ele quer convencer Einstein. Bohr está ansioso. Como Einstein reagirá às mais recentes descobertas da física quântica? O julgamento de Einstein é de grande importância para Bohr, pois Einstein continua a ser o papa da física.

Ao longo da conferência, a linha de conflito entre os participantes começa a surgir: a velha física quântica contra a nova. Albert Einstein, Erwin Schrödinger, Max Planck, Hendrick Lorentz, a velha geração, defendem a ordem estabelecida da física clássica, na qual as ondas rolam suavemente e as partículas se movem em órbitas estáveis. São os "realistas", querem descrever o mundo como ele realmente é.

Os jovens "instrumentalistas", tendo à frente Werner Heisenberg, Wolfgang Pauli e Paul Dirac, estão ansiosos para avançar com a mecânica quântica e aplicá-la às questões abertas sobre átomos e radiação. Falta-lhes paciência para filosofia, semântica ou pedantismo.

Só Niels Bohr se recusa a entrar para um desses grupos. Os jovens revolucionários são seus alunos, mas ele não pode ignorar a objeção de Einstein, por respeito ao seu velho amigo, mas também porque ele próprio é um cético que filosofa em torno das dúvidas.

A terça-feira começa tranquilamente com uma recepção na Freie Universität de Bruxelas. Mas depois do almoço tudo muda. O príncipe Louis de Broglie discorre sobre "A nova dinâmica dos quanta". Falando em francês, relata como chegou à ideia ousada de que toda matéria consiste de ondas e como Erwin Schrödinger desenvolveu essa abordagem para a mecânica ondulatória. Nesse meio-tempo, ele aprofundara sua reflexão e estava apresentando então a continuação do seu desenvolvimento, que correspondia ao estado da mecânica quântica. Utilizando a equação de Schrödinger com sagacidade, criou uma nova imagem da mecânica quântica, sem alterar a matemática. Ele refuta a argumentação misteriosa de Bohr sobre a "complementaridade", segundo a qual ondas e partículas são representações opostas, incompletas e complementares dos quanta. Em vez disso, fala de um mundo quântico no qual ondas e partículas coexistem pacificamente.

De Broglie tenta aquilo que ninguém tentou antes: criar uma ponte entre os adeptos da mecânica ondulatória e o grupo de Copenhague. Admite, com cautela, que haveria algo na interpretação probabilística de Born, agora seria preciso ver como tudo isso se encaixa. De Broglie esboça uma teoria na qual as partículas são "conduzidas" por ondas, "pilotadas", como ele diz. Com isso ele pode manter as ondas e, ao mesmo tempo, devolver as partículas ao seu lugar, ainda que esse lugar seja uma "variável oculta", isto é, oculta da mecânica quântica. Ao contrário do que os copenhaguianos afirmam, um elétron não se comporta ou como uma onda ou como uma partícula. Não, ele é as duas coisas ao mesmo tempo: uma partícula que se move sobre uma onda, como um surfista. "*Theorie de l'onde pilote*" é como De Broglie a chama, ou "teoria das ondas piloto". As partículas de De Broglie comportam-se de forma absolutamente determinista e, mesmo assim, correspondem ao princípio da incerteza de Heisenberg, pois seus caminhos estão ocultos à observação. Nenhuma medição é capaz de registrar completamente seus movimentos, exatamente como Heisenberg afirma. Parece ser quase um truque de mágica: a causalidade e o determinismo, esses dois alicerces da física desde sempre, podem ser mantidos e, junto com eles, a mecânica quântica, incluindo sua impressionante concordância com os experimentos.

Mas os grupos não querem se reconciliar. Erwin Schrödinger, que não acredita em partículas, nem sequer ouve a palestra. Wolfgang Pauli diz que a abordagem do francês é "muito interessante, mas errada", e afirma que as partículas sobre as ondas piloto de De Broglie contrariam a teoria quântica anterior das colisões de partículas. O ataque de Pauli baseia-se em uma analogia enviesada, mas De Broglie fica confuso e se perde na argumentação. Embora ele tenha razão, age como se tivesse sido contestado e Pauli, que está errado, senta-se novamente com a certeza de ter vencido.

Uma objeção de mais peso vem de Hendrik Kramers. Ele lembra que um espelho que reflete um fóton experimenta um leve recuo causado pelo impacto. A teoria de De Broglie não poderia explicar esse recuo, afirma Kramers, e o pobre expositor, cada vez mais inseguro, não é capaz de apresentar contra-argumentos.

"A escola dos indeterministas, cujos adeptos eram jovens e intransigentes na sua maioria, recebeu minha teoria com fria rejeição", lembra-se De Broglie mais tarde. Onde estão as fórmulas, eles perguntam. De Broglie não é capaz de escrever uma no quadro. Ele tem somente essa ideia. E espera receber apoio de Albert Einstein. Talvez ele possa trazer os indecisos para o lado certo? Mas Einstein continua em silêncio. De Broglie fica desmoralizado. Em vez de reconciliar os dois lados, ele agora tem todos contra ele.

Na quarta-feira, 26 de outubro de 1927, a palavra é dos jovens revolucionários. Pela manhã, Born e Heisenberg sobem ao púlpito. Juntos, apresentam sua formulação matricial da mecânica quântica, na qual saltos quânticos aleatórios têm um papel essencial. A abertura já é uma provocação a Schrödinger: "A mecânica quântica baseia-se na intuição de que a principal diferença entre a física atômica e a física clássica é a ocorrência de descontinuidades". Em seguida, vem a reverência diplomaticamente importante para as eminências sentadas a apenas poucos metros. Born e Heisenberg ressaltam que a mecânica quântica "é uma continuação direta da teoria quântica criada por Planck, Einstein e Bohr".

Depois de apresentar a mecânica matricial, a teoria da transformação de Dirac-Jordan e da interpretação probabilística de Born, Heisenberg e Born dedicam-se ao princípio da incerteza e ao "verdadeiro significado da constante de Planck h". Esse h, segundo eles, seria nada menos que "a medida universal da incerteza que se insere nas leis da natureza através da dualidade de ondas e corpúsculos". Portanto, se não houvesse a dualidade onda-partícula da radiação e da matéria, não haveria a constante de Planck, nem a mecânica quântica. A conclusão é uma provocação para Einstein e Schrödinger: "Consideramos a mecânica quântica como uma teoria concluída, cujas premissas físicas e matemáticas não são mais passíveis de modificação". Ou seja, a física quântica está resolvida, amadurecida, qualquer manipulação, questionamento ou interpretação seriam desnecessários.

A mecânica quântica está "concluída": essa é a mensagem que Bohr, Born, Heisenberg e Pauli trouxeram para Bruxelas. Estão convencidos de que podem apresentar uma formulação conclusiva da mecânica quântica. Alguns anos antes, a física quântica ainda era uma construção difícil, composta por novos modelos improvisados que surgiam repetidamente e que eram sempre contestados pelo próximo experimento. Agora, seus componentes básicos estão unidos: a mecânica matricial, a equação de Schrödinger. Heisenberg acaba de descobrir o cerne da mecânica quântica: o princípio da incerteza.

Os jovens alemães impressionam seu público e o clima parece virar a seu favor, ainda que alguns na sala, principalmente Einstein, continuem duvidando. Einstein considera que a mecânica quântica é um produto intelectual impressionante, mas não a verdadeira teoria dos menores elementos do mundo. Mas, na discussão que se segue, ele insiste em continuar calado. Ninguém contradiz Born e Heisenberg. Dirac, Lorentz e Bohr fazem algumas pequenas observações.

O que está por trás do silêncio de Einstein? Talvez sua imparcialidade seja inabalável. Talvez ele esteja espantado, incrédulo. Paul Ehrenfest quer descobrir e escreve um bilhete para ele: "Não ria, existe um departamento especial no purgatório para 'professores de teoria quântica', lá eles têm que assistir a dez horas de aula por dia sobre física clássica". Einstein responde: "Eu só rio da ingenuidade. Quem sabe quem estará rindo daqui a alguns anos".

Mas Einstein se satisfaz com a espera. Sua tática é a guerrilha: evitar o conflito aberto, provocar durante as refeições. Já pela manhã, ele traz para o salão do café da manhã no hotel Metropole um suposto falseamento, ou contestação, da mecânica quântica. A discussão começa acompanhada de café e croissants. Pauli e Heisenberg ouvem de passagem e descartam: "Que nada, está certo sim, está certo sim". Bohr ouve com mais atenção, reflete, discute durante o almoço com Heisenberg e Pauli, e aparece para o jantar com a contestação da contestação. Na manhã seguinte, começa tudo de novo.

"Foi maravilhoso, para mim, acompanhar as discussões entre Einstein e Bohr", escreve Paul Ehrenfest, que é amigo dos dois, em uma carta pouco depois do congresso. "Como em um jogo de xadrez. Einstein sempre com novas jogadas. Uma espécie de *perpetuum mobile* de outro tipo, para romper a relação de imprecisão. Bohr sempre procurando de dentro da sua nuvem escura da névoa filosófica as ferramentas para destruir um exemplo depois do outro. Einstein como o palhaço na lata: todo dia saltando novamente com um susto. Oh, foi um deleite. Mas eu sou a favor de Bohr, quase sem reservas, e contra Einstein. Seu comportamento contra Bohr agora é exatamente como aquele dos defensores da simultaneidade absoluta que antes o atacavam." Depois de alguns dias, Ehrenfest diz diretamente a seu amigo: "Einstein, tenho vergonha de você. Você argumenta contra a nova teoria quântica exatamente da mesma maneira que seus adversários contra a teoria da relatividade". Heisenberg sinaliza com um olhar para Pauli: por fim alguém disse. É uma derrota para Einstein. Seu fiel amigo, Ehrenfest, mudou de lado.

Todas as noites, à uma da manhã, Bohr passa pelo quarto de Ehrenfest, faz alguns dos seus comentários misteriosos, envoltos em muita fumaça de tabaco, fica até as três horas e vai embora. Isso também desagrada Ehrenfest, que não gosta nem de frases enigmáticas, nem do cheiro da fumaça do cachimbo. Ele se queixa da "terminologia em estilo de conjuro à la Bohr. Impossível de ser resumida por outros".

Na tarde da quarta-feira, Erwin Schrödinger teria a oportunidade de responder, mas ele não faz uso dela e, em vez disso, apresenta uma defesa fraca da sua mecânica ondulatória. Falando em inglês, ele diz que "duas teorias vêm sendo desenvolvidas atualmente sob esse nome que, de fato, estão muito relacionadas, mas não são idênticas". Deveria ser uma teoria, infelizmente são duas, e entre elas há uma lacuna. Uma teoria descreve ondas bem concebíveis no espaço tridimensional, semelhantes a uma onda acústica ou uma clássica onda de luz. A outra descreve ondas em um espaço abstrato de mais dimensões. Somente em casos excepcionais as três dimensões são suficientes. O elétron individual de um átomo de hidrogênio pode ser abrigado em três dimensões, os dois elétrons de um átomo de hélio já precisam de seis. Isso esfria a expectativa em torno da teoria de Schrödinger, como ele próprio reconhece. Mas não faz mal, esse espaço pluridimensional é apenas um recurso matemático, chamado de espaço de configuração. O que a teoria descreve, seja um ou vários elétrons, se eles giram ou colidem, acontece no espaço e tempo, assim como os conhecemos. "Na verdade, porém, ainda não se obteve uma completa combinação dessas duas concepções", Schrödinger tem que reconhecer.

Nenhum dos outros teóricos relevantes partilha da sua esperança de que tal combinação possa ser alcançada. Embora a maioria dos físicos prefira calcular com sua mecânica ondulatória a com as matrizes de Heisenberg, poucos veem nas ondas descrições realistas de nuvens de elétrons e distribuições de massa. Adotam a interpretação probabilística de Born, que Schrödinger insiste em negar. Ele deixa claro o quanto desconsidera a ideia dos "saltos quânticos".

Desde que recebeu o convite para palestrar em Bruxelas, Erwin Schrödinger sabe que poderia haver embates com os adeptos da mecânica matricial. Por isso, está preparado quando os ataques começam na discussão após a sua palestra, mas ele não contava que viessem com tanta força. A primeira alfinetada vem de Bohr: ele pergunta a Schrödinger se sua menção a "dificuldades" no final da palestra significa que um resultado antes mencionado seria errado. Schrödinger responde com segurança. Em seguida, Born pede a palavra para levantar dúvidas quanto a um outro cálculo. Schrödinger esclarece, já com menos paciência, que o cálculo seria "absolutamente correto e conclusivo, e essa objeção do senhor Born não se justifica".

Mais algumas pessoas pedem a palavra, até que chega a vez de Heisenberg: "O senhor Schrödinger disse, ao final da sua palestra, que os argumentos por ele discutidos alimentam a esperança de que será possível explicar e compreender os resultados da teoria multidimensional em três dimensões, assim que nosso conhecimento for mais profundo. Não identifico nos cálculos do senhor Schrödinger algo que justifique essa esperança". Schrödinger retruca que sua "esperança de chegar a uma representação tridimensional" não seria "exatamente utópica". Poucos minutos depois, a discussão termina. Durante o restante da conferência, Schrödinger fica em silêncio, amuado.

A quinta-feira é livre. Lorentz, Einstein, Bohr, Born, Pauli, Heisenberg e De Broglie pegam o trem para Paris, para participar de uma cerimônia na Academia de Ciência em comemoração ao centenário da morte de Augustin Fresnel, um dos criadores da óptica ondulatória. "A verdadeira batalha começa amanhã", registra Werner Heisenberg na noite de quinta-feira, 27 de outubro, em carta aos seus pais.

Heisenberg desfruta da estada em Bruxelas, aprecia beber e fumar com o grupo, o hotel Metropole, a ópera "realmente respeitável" e principalmente a aceitação na comunidade científica internacional. Todos falam sobre a sua teoria, seu princípio da incerteza.

Na sexta-feira, as discussões ficam mais acaloradas. As palestras oficiais foram apresentadas. A programação prevê uma "discussão geral das ideias propostas". Vozes de todos os lados pedem a palavra a Lorentz em inglês, francês e alemão. Ehrenfest levanta-se e escreve no quadro a sentença do Livro de Gênesis sobre a Torre de Babel: "Porque ali o Senhor confundiu a língua dos homens e espalhou-os por toda a Terra". Sob as risadas dos colegas, ele volta ao seu lugar.

Hendrik Lorentz tenta dar uma orientação à discussão e direcioná-la para as questões da causalidade, do determinismo e da probabilidade. Os fenômenos quânticos teriam causas? Essa é a pergunta com a qual Marie Curie já se debatia um quarto de século antes. Lorentz a coloca da seguinte maneira: "Não seria possível preservar o determinismo transformando-o em um princípio de fé? É absolutamente necessário que o indeterminismo seja elevado a princípio?". Ele próprio não tem a resposta e convida Bohr a dizer algo sobre os "problemas epistemológicos que se colocam diante de nós na física quântica". É chegado o momento decisivo, todos na sala sabem disso. Bohr tentará convencer Einstein da interpretação de Copenhague.

Bohr se aproxima do púlpito. Começa a falar voltado para a sala, mas na verdade se dirige a Einstein. Traz de volta à memória a palestra que fez em Como, que também era dirigida a Einstein, mas que este não ouviu, pois estava ausente. Bohr fala sobre a sua convicção de que a dualidade onda-partícula pertenceria à essência do mundo, que essa dupla natureza só se explicaria com o conceito de complementaridade concebido por ele e que essa complementaridade seria a base do princípio da incerteza, que imporia limites intransponíveis aos conceitos da física clássica. Entretanto, para que os resultados dos experimentos quânticos possam ser descritos sem ambiguidades, a estrutura experimental e as observações teriam de ser apresentadas em uma linguagem "devidamente aprimorada pelo vocabulário da física clássica".

Einstein ouve com atenção. Oito meses antes, em fevereiro de 1927, enquanto Bohr refletia sobre a complementaridade, Einstein havia ministrado uma palestra em Berlim sobre "Aspectos teóricos e experimentais da questão da origem da luz". A natureza da luz não exige um conceito teórico que seja ou ondulatório ou quântico, dissera na época, mas sim uma síntese desses dois conceitos. Essa síntese já fora uma condição requisitada por Einstein ao criar os quanta de luz, ou fótons, em 1905, e desde então ele esperava por ela em vão. E agora ele ouve Bohr separar os dois conceitos. Seriam ondas ou partículas, dependendo da configuração experimental. Nunca as duas coisas. Nenhuma síntese.

O que está em jogo é mais do que ondas contra partículas. Trata-se daquilo que a física realmente é. Cientistas sempre se consideraram observadores imparciais da natureza. Sim, eles intervêm quando fazem seus experimentos. Mas não quando observam. Há uma separação rigorosa entre o observador e o objeto observado. Não existe uma influência do observador nas teorias clássicas e Einstein pretende que isso continue assim.

Mas Niels Bohr abandona essa posição. Segundo ele, no mundo atômico essa separação entre observador e objeto observado não existe. Pela interpretação de Copenhague, nesse mundo o que é válido é o "postulado quântico", que Bohr chama de "essência" da nova física. No estudo dos fenômenos atômicos, conclui-se, a partir da interação entre aquilo que é medido e os instrumentos de medição, "que uma realidade física independente, no seu sentido usual, não pode ser atribuída nem aos fenômenos nem aos meios de observação", é o que Bohr afirma.

A realidade, como Bohr a imagina, não existe sem observação. Um elétron não tem posição, nem velocidade, enquanto ninguém medir essas propriedades. Perguntar sobre a posição ou a velocidade do elétron entre as medições não faz sentido. Sem observação, ele não existe. Só com observação ou medição ele se torna real. Bohr alega que é um erro acreditar que a tarefa da física seria descrever a natureza como ela é. Sua tarefa é descobrir o que podemos dizer a seu respeito.

Einstein vê isso de outra maneira: "O que chamamos de ciência tem um único objetivo: constatar aquilo que é". A física visa registrar e compreender a realidade, objetivamente e independentemente de qualquer perspectiva. Esse é o abismo que separa Einstein e os copenhaguianos. "Os próprios átomos ou partículas elementares não são reais", diz Heisenberg, "eles formam um mundo de potencialidades ou possibilidades, em vez de um mundo de coisas e fatos". Somente durante a observação essas possibilidades tornam-se realidade, dizem Bohr e Heisenberg. Isso não é ciência natural, diz Einstein. A ciência não inventa, pesquisa a natureza. No centro dessa discórdia está nada menos que a alma da física.

Depois da fala de Bohr, Einstein continua calado. Três outros participantes pedem a palavra. Então, Einstein faz um sinal para Lorentz. Seu momento chegou. Faz-se um silêncio na sala. Einstein levanta-se e dirige-se ao quadro, sob os olhares atentos do público. Com sua gola engomada, as pontas cuidadosamente dobradas para a frente e gravata, ele parece saído do século passado.

Com cuidado, ele começa: "Tenho consciência do fato de que não me inteirei com a profundidade necessária da essência da mecânica quântica". E diz que gostaria apenas de fazer "algumas observações gerais". Isso ultrapassa os limites da modéstia. Mais tarde, ele dirá a um amigo: "Pensei cem vezes mais sobre os problemas dos quanta do que sobre a teoria geral da relatividade". Alguns acreditam que Einstein não compreendeu a mecânica quântica. Um engano, ele a compreendeu melhor que qualquer outro. Ele apenas não concorda com ela, pois a considera inacabada.

Einstein não responde à apresentação de Bohr, que inegavelmente se dirigia a ele. Ele ignora a tentativa de Bohr de conquistá-lo para a mecânica quântica e não faz qualquer menção à sua análise do enigma onda-partícula, nem à ideia da complementaridade, nem às suas explanações filosóficas.

Ele mira diretamente no ponto fraco de Bohr: a alegação de que a mecânica quântica teria explorado completamente todas as possibilidades de explicação para os fenômenos observáveis. Por que essa teoria tão feia traçaria os limites do que pode ser pesquisado? Einstein prepara-se para mostrar que a mecânica quântica, do modo como Bohr a compreende, não é uma teoria absoluta e livre de contradições. E, para isso, faz uso da sua ferramenta preferida: um experimento mental.

"Vamos imaginar um elétron que voa na direção de uma tela", Einstein começa; vira-se para o quadro, pega um giz e desenha a trajetória do elétron, e transversal a ela uma linha representando a tela, mas levantando o giz em um trecho. A tela tem uma abertura na qual o elétron é dispersado, ele explica, um pouco voltado para o público. Do outro lado da tela, ele desenha semicírculos para a onda de Schrödinger do elétron, saída da abertura, que se dirige a uma outra tela. O elétron vai colidir com essa tela. "Se observarmos o elétron aqui", diz Einstein, apontando para um ponto na parte superior da tela, "fica excluída a possibilidade de que sua colisão seja aqui". Einstein indica um ponto abaixo. Mas a onda de Schrödinger, que, de acordo com a interpretação de Copenhague, "exprime a probabilidade de que essa partícula se encontre em uma determinada posição", colide com a tela em toda a sua extensão, não somente nesse ponto. Ela "não mostra uma direção preferencial", continua Einstein. Assim que o elétron é observado em um ponto da tela, a onda colapsa subitamente em todas as outras posições para zero: o famigerado "colapso da função de onda". Não é possível que seja assim, diz Einstein, seria uma "contradição ao postulado da relatividade", que proíbe tais "mecanismos de ação remota". O que acontece em um ponto não pode influenciar o que acontece em outros pontos sem que haja um retardo. Entre causa e efeito tem que haver, no mínimo, um retardo correspondente à velocidade da luz. Portanto, conclui Einstein, a interpretação de Bohr da mecânica quântica não fornece uma imagem conclusiva do que acontece.

Einstein propõe uma outra imagem. Cada elétron permanece sendo uma partícula e entra em uma órbita determinada das muitas que se propagam para a placa fotográfica. As ondas esféricas também existem, é verdade, porém não para elétrons individuais, mas para "uma nuvem de elétrons". A mecânica quântica não descreve processos quânticos individuais, mas "conjuntos" desses processos. Em oposição à interpretação de Copenhague, Einstein apresenta uma interpretação "puramente estatística".

Ele coloca o giz de volta no lugar e bate as mãos para sacudir a poeira. "Na minha opinião, só é possível evitar essa objeção descrevendo o processo por meio de uma onda de Schrödinger, mas também localizando ainda a partícula durante o espalhamento. Acredito que De Broglie tem razão ao procurar a solução nessa direção." Resumindo: pode ser que a mecânica quântica não esteja errada, mas ela é incompleta. A realidade dos processos quânticos é mais profunda. De Broglie está no caminho certo. Heisenberg e Pauli no caminho errado. Einstein volta a se sentar.

Bohr, Heisenberg, Pauli e Born se entreolham. Então isso pretende ser o falseamento da mecânica quântica? Sim, é verdade que a função de onda colapsa subitamente, mas ela é uma onda probabilística abstrata, não uma onda real, ela não se espalha no espaço tridimensional no qual vivemos.

"Tenho a sensação", diz Bohr, "de estar em uma posição muito difícil, pois não entendo exatamente o argumento ao qual Einstein quer chegar. Decerto, o erro é meu". Então ele diz uma frase surpreendente: "Eu não sei o que é a mecânica quântica. Acho que lidamos com alguns métodos matemáticos com os quais podemos descrever adequadamente nossos experimentos".

Em vez de considerar os argumentos de Einstein, Bohr explica mais uma vez a sua posição. Começa a falar de novo sobre o dualismo onda-partícula e a complementaridade. Bohr fala de observações, Einstein da realidade. Na sua primeira disputa em público, os dois grandes mestres da física quântica travam diálogos paralelos. "A confusão das ideias chegou ao seu ponto alto", diz Paul Langevin.

Depois de apresentar seus argumentos, Einstein volta a ficar em silêncio. Aos poucos, a discussão chega ao fim e os participantes deixam o Instituto de Fisiologia. Mas a disputa está apenas começando. Niels Bohr e Albert Einstein se encontram novamente no salão em estilo *art déco* do hotel Metropole. De Broglie vê os dois sentados ali, certa noite, mergulhados no seu "duelo", mas ele não consegue acompanhar a conversa. Não fala alemão.

É impossível, diz Einstein, uma teoria fundamental da física não pode ser apenas estatística. É claro que existem teorias estatísticas, como a termodinâmica e a mecânica estatística. Mas elas não são fundamentais. A estatística preenche apenas as lacunas de conhecimento sobre os processos descritos. É o que acontece com a teoria quântica, observa Einstein. Ouve-se ele dizer repetidamente a frase: "Deus não joga dados". Em certo momento, Bohr retruca: "Einstein, não pode ser nossa tarefa ditar a Deus como Ele deve governar o mundo".

Mesmo assim, ele não consegue revidar a objeção de Einstein com o colapso da função de onda, que logo é chamado de "o problema da medição". Como pode ser que um elétron não observado voe como uma onda pelo espaço e então, durante uma medição, de repente — puff! — se materialize em uma posição? Bohr não tem uma resposta para essas perguntas. A mecânica quântica não oferece uma resposta.

Einstein tenta acompanhar o voo do elétron da abertura na tela até a segunda tela. Talvez seja possível usar um truque para driblar o princípio da incerteza, introduzindo mais uma tela com duas aberturas no meio do caminho? Bohr pensa nisso por algumas horas. Será que Einstein considerou com que precisão a posição da abertura na tela é conhecida? E o que acontece com o recuo do elétron ao passar pela abertura? Bohr e Einstein repetem várias vezes o experimento mental, deixando o elétron voar pela construção. Bohr mal consegue terminar uma frase. Einstein começa a ter esperança. Até que Bohr demonstra que todo o aparato que deve revelar a posição do elétron está sujeito ao princípio da incerteza, o que turva novamente a situação.

Einstein fica preocupado. Não tem um contra-ataque rápido. Mas, na manhã seguinte, ele chega com um novo experimento mental, mais requintado. Acrescenta novas telas com mais furos, mais instrumentos de medição. Cada vez mais complicado, cada vez mais impaciente. O clima começa a mudar, a favor de Bohr. Agora, Bohr é o papa da física quântica, e Einstein é o abusado.

Mais tarde, Heisenberg se lembrará dessa conferência como um triunfo para Bohr, Pauli e ele próprio, como o momento em que o "espírito de Copenhague" desceu sobre a física quântica. O significado de posição e impulso no mundo atômico — conceitos que Einstein redefinira alguns anos antes — agora é definido por Bohr, Heisenberg e Pauli. "Estou absolutamente satisfeito com os resultados científicos", escreve Heisenberg. "A visão de Bohr e a minha foram aceitas de modo geral. Pelo menos, não são mais levantadas objeções graves, nem mesmo por Schrödinger ou Einstein." Ele não menciona que a sua visão e a de Bohr não são as mesmas. Eles enterraram o conflito da primavera, mas não o resolveram. Heisenberg continua acreditando que o mundo em escala atômica é completamente diferente do na escala clássica. Bohr insiste que só existe um mundo.

A conferência termina sem que Albert Einstein possa refutar a mecânica quântica. Mas ele permanece inabalável na sua resistência, simplesmente não consegue ser diferente. Afinal, o que está em jogo é a base do seu pensamento. Ele acredita em um mundo físico objetivo, que evolui no espaço e no tempo segundo leis fixas, independentemente de nós, humanos, mas capaz de ser explorado por nós. A mecânica quântica abala essa base. Einstein considera que ela é um insulto à realidade.

Quando a física avança para dimensões atômicas, seus símbolos matemáticos mudam seu significado, afirmam Bohr e Heisenberg. Isso é um ataque ao mundo físico como Einstein o concebeu de forma decisiva: ele reinventou o espaço e o tempo com a teoria da relatividade, criou um mundo de continuidade, causalidade e objetividade. E agora deve assistir à demolição desse mundo? Jamais. Na volta para Berlim, Einstein viaja de trem por Paris ao lado de Louis de Broglie. Na despedida, quer encorajar o príncipe, "continue seu trabalho, você está no caminho certo". Mas De Broglie, desmoralizado pela falta de apoio recebida em Bruxelas, já não acredita nisso.

Exausto e triste, mas não convencido, Einstein retorna a Berlim. Uma semana depois da Conferência de Solvay, em 9 de novembro de 1927, ele escreve a Sommerfeld: "Com relação à mecânica quântica, acho que contém tanta verdade sobre a matéria ponderável quanto a teoria da luz sem quanta". A teoria pode ser "uma teoria certa de leis estatísticas", mas "uma concepção insuficiente de cada processo elementar".

O sucesso de Niels Bohr em Bruxelas não se deve apenas a seu poder de persuasão, mas também ao fato de ele ter contado com o apoio de seus seguidores. No laboratório de Rutherford, em Manchester, ele aprendera a importância de uma boa atmosfera de trabalho em equipe e, por isso, a cultiva no seu instituto em Copenhague. Quem deseja fazer carreira na física quântica procura seu instituto. "Todos os caminhos levam à Blegdamsvej 17", diz o jovem físico russo Georgi Gamow. Já o Kaiser-Wilhelm-Institut für Physik, em Berlim, sob a direção do seu fundador, Albert Einstein, não é muito mais que um endereço. Einstein prefere assim. Gosta de trabalhar sozinho.

Niels Bohr forma toda uma geração de jovens teóricos. Seus alunos ocupam as cadeiras livres para física teórica por toda a Europa. Logo depois da Conferência de Solvay, Werner Heisenberg assume seu novo cargo como professor e diretor do Instituto de Física Teórica em Leipzig. Wolfgang Pauli agora é professor na escola superior técnica em Zurique, a Eidgenössische Technische Hochschule, e Pascual Jordan herda o cargo de Pauli em Hamburgo. Hendri Kramers é professor de física teórica em Utrecht desde 1926. Há uma intensa troca de estudantes e assistentes entre eles. Assim, a visão de Bohr da física quântica é disseminada internacionalmente pelos seus alunos.

Uma exceção é Paul Dirac, o prodígio matemático entre os discípulos de Bohr. Suas lembranças do debate entre Bohr e Einstein são menos eufóricas. Ele ouviu as discussões, dirá mais tarde, mas não participou delas: "Estava mais interessado em encontrar as equações certas". Para Dirac está claro que a mecânica quântica ainda não fora concluída. Pode ser que Einstein tenha ficado na defensiva em Bruxelas, mas Dirac acredita ser bem possível que, em longo prazo, ele tenha razão.

Berlim, 1930

A ALEMANHA FLORESCE, EINSTEIN FICA DOENTE

Berlim, final da década de 1920. A Alemanha se recupera das turbulências da guerra. No campo de Tempelhofer, onde Orville Wright voou duas décadas antes, foi construído o maior aeroporto do mundo, cinquenta aviões de toda a Europa pousam ali diariamente. Atrai também turistas que viajam por terra. Todos podem visitar o aeroporto e ficar o tempo que quiserem, pagando um preço módico pela entrada. Multidões de turistas e habitantes locais sentam-se às mesas dos cafés, enquanto comem e bebem, para ouvir o barulho dos motores, ver as máquinas brilhantes subindo aos céus ou deslizando através das nuvens, vindas sabe-se lá de onde. Voar é uma grande e fascinante aventura. Em 1928, os pilotos John Henry Mears e Charles Collyer fazem escala em Tempelhofer durante sua volta ao mundo com o monomotor Fairchild FC-2W. Pouco antes de Berlim, eles são obrigados a pousar no interior, para perguntar o caminho a um fazendeiro. Os dois ficam em Berlim por algumas horas, descansam no hotel Adlon, comem ovos, presunto e tomam cerveja no café da manhã, depois continuam o voo em direção a Nova York, de onde saíram há 23 dias, 15 horas, 21 minutos e 3 segundos. Recorde mundial.

O império petrificado, nacionalista, transformou-se, pelo menos por alguns anos, em uma república dinâmica e progressista. Com trinta e seis mulheres no Parlamento, a Alemanha tem mais parlamentares femininas que qualquer outro país. As mulheres podem exercer a profissão que desejarem, pelo menos em princípio. Trabalham como engenheiras civis, mecânicas e açougueiras. A Alemanha atrai estrangeiros à procura de um ideal sem luta de classes, com prédios históricos, ruas pavimentadas, cervejarias e comportamento mais liberal. Josefine Baker dança em Berlim com pouca roupa e uma saia de bananas. Max Reinhardt é uma estrela do teatro. A peça de teatro de maior sucesso é a *Ópera dos três vinténs*, de Bertolt Brecht e Kurt Weill. A Bauhaus define as tendências na arquitetura. A ciência floresce com a arte e a cultura.

O movimento da juventude cresce cada vez mais. Jovens frequentam as piscinas e praias, exibindo seus corpos bronzeados. Os excursionistas dos grupos *Wandervogel*, aos quais Werner Heisenberg também pertence, atravessam o país. Porém, olhando mais de perto, o movimento dos jovens não é tão inocente quanto parece. Muitas das organizações são braços de partidos políticos. Há os camisas-pardas. Há as bandeiras vermelhas.

Albert Einstein, então com quarenta e nove anos, não vai bem. Ele sente os limites de sua capacidade física. Durante uma breve visita à Suíça, em abril de 1928, desmaia quando tenta carregar sua mala em uma ladeira íngreme. Primeiro, há suspeita de infarto, então é diagnosticada uma dilatação patológica do coração. Einstein sente-se "em vias de bater as botas". De volta a Berlim, Elsa assume o comando, controla as visitas de amigos e colegas a Einstein.

Enquanto Einstein se recupera aos poucos, um artigo de Bohr é publicado em três línguas simultaneamente: "O postulado quântico e o desenvolvimento recente do atomismo". Trata-se de uma versão revisada da sua palestra em Como — a última de inúmeras revisões e, segundo o desejo de Bohr, a versão definitivamente válida da sua interpretação da mecânica quântica, incluindo as ferramentas conceituais da complementaridade. Bohr envia uma cópia a Schrödinger, que continua não aceitando os limites do princípio da incerteza. Se os conceitos de posição e impulso permitem apenas uma descrição imprecisa de um sistema quântico, responde Schrödinger em 5 de maio de 1928, então é preciso criar novos conceitos que não estejam sujeitos a essa limitação. Certamente, seria "muito difícil encontrar o novo padrão conceitual", uma vez que "a necessária redefinição" envolveria "as camadas mais profundas da nossa percepção", ou seja, "espaço, tempo e causalidade". Bohr reage com um agradecimento educado, mas deixa claro que não poderia "estar de acordo com a ênfase na necessidade de desenvolver 'novos' conceitos". O princípio da incerteza não seria uma limitação aleatória da aplicabilidade dos conceitos clássicos, mas uma consequência inevitável da complementaridade que resulta da análise do processo de observação. Schrödinger informa Einstein sobre sua correspondência com Bohr. E Einstein concorda. A ressalva de Schrödinger de que "os conceitos p e q devem ser abandonados" seria "absolutamente justificada, se tais conceitos não podem ter mais que um 'significado movediço'". Einstein está disposto a jogar fora até mesmo os tradicionais conceitos básicos da física que ele próprio reinventou, para não ter que aceitar a linha de pensamento de Copenhague: "A filosofia tranquilizante — ou religião? — de Heisenberg-Bohr é tão finamente elaborada que, por enquanto, oferece ao crente um travesseiro macio, do qual ele não se deixa levantar com facilidade. Então, vamos deixá-lo descansando".

Quatro meses depois do desmaio, ele ainda não se sente muito bem, mas já pode se movimentar e não precisa mais ficar de cama. Para se recuperar melhor, aluga uma casa no pacato vilarejo de Scharbeutz, no mar Báltico. Lá, lê Spinoza, seu filósofo predileto, e aproveita a calma longe da "existência idiota que se leva na cidade". É preciso quase um ano até que ele se sinta forte o suficiente para voltar ao escritório. Trabalha pelas manhãs, almoça em casa, descansa até as três horas, continua a trabalhar, "às vezes, noite adentro", diz Helen Dukas, sua secretária particular.

Nas férias da Páscoa de 1929, Wolfgang Pauli visita Einstein em Berlim. Ele é obrigado a ouvir que Einstein continua acreditando em uma realidade na qual os fenômenos se desenvolvem independentemente de qualquer observador, segundo um roteiro fixo das leis da natureza. Pauli considera essa posição "reacionária". Com sua intransigência, Einstein torna-se aos poucos um estranho para seus velhos amigos: "Muitos de nós consideramos isso uma tragédia", escreve Max Born, "tanto para ele, que tateia seu caminho solitariamente, quanto para nós, que sentimos falta de nosso líder e pioneiro".

Em 28 de junho de 1928, quando Albert Einstein recebe a medalha da Sociedade de Física Alemã das mãos do próprio Max Planck, ele declara: "Tenho a maior admiração pelas realizações da geração mais jovem de físicos, reunidos sob o nome da mecânica quântica. Porém, acredito que a limitação a leis estatísticas será apenas temporária". Einstein já está de partida para a última viagem intelectual de sua vida: sua busca solitária por uma teoria de campo que combine o eletromagnetismo e a gravitação. Sua esperança é salvar a causalidade e a realidade independente de observadores. Quem é aqui o reacionário? Bohr ou Einstein? Quando os dois se encontram novamente na sexta Conferência de Solvay, Einstein está curado, e armado para o próximo ataque à mecânica quântica.

Bruxelas, 1930
NOCAUTE NO SEGUNDO ROUND

Bruxelas, 1930. A sexta Conferência de Solvay começa em uma segunda-feira, 20 de outubro. Terá a duração de seis dias e leva o título "As propriedades magnéticas da matéria", e tem a mesma estrutura dos anos anteriores. Para suceder a Hendrik Lorentz, que faleceu nesse meio-tempo, Paul Langevin assume a presidência do comitê organizador e a coordenação da conferência.

O quadro de participantes não fica atrás do de 1927, com doze já premiados ou futuros vencedores do Prêmio Nobel. Entre os participantes estão novamente Paul Dirac, Werner Heisenberg e Hendrik Kramers. E, é claro, Niels Bohr e Albert Einstein. Dessa vez, Arnold Sommerfeld também comparece. O ringue está pronto para o segundo round da luta entre Bohr e Einstein pela interpretação da mecânica quântica e a essência da realidade.

Bohr e Einstein chegam a Bruxelas bem preparados, como dois mestres do xadrez em vias de disputar o campeonato mundial. Nos últimos três anos, Bohr repassou repetidamente os experimentos mentais com os quais Einstein tentou refutar a mecânica quântica na quinta Conferência de Solvay. Naquela ocasião, ele encontrou lacunas na argumentação de Einstein, mas não se deu por satisfeito com isso. Imaginou seus próprios experimentos mentais, com arranjos cada vez mais elaborados de telas, fendas, mecanismos de fechamento e relógios, tudo para saber se sua interpretação da mecânica quântica teria falhas, mas não encontrou nenhuma.

Mais uma vez, Albert Einstein ataca a mecânica quântica e Niels Bohr a defende. Ele acredita que está preparado para tudo. Mas então, depois de uma das sessões oficiais, Einstein invoca uma caixa cheia de luz. Uma caixa imaginada. Einstein elaborou um experimento mental diabólico.

"Imagine uma caixa", diz Einstein a Bohr, "que contenha algumas partículas de luz e um relógio. Em uma das paredes há um buraco com um fecho automático que está ligado a um relógio dentro da caixa. Pese a caixa. Ajuste o relógio de modo que o fecho se abra em um determinado momento e se feche de novo tão rápido que apenas uma única partícula possa sair da caixa". "Agora", explica Einstein, "sabemos exatamente o momento em que a partícula saiu da caixa". Bohr escuta impassível. Até aqui, tudo claro e indiscutível. O princípio da incerteza aplica-se apenas a pares complementares de grandezas, por exemplo, posição e impulso, ou energia e tempo. Consideradas isoladamente, cada grandeza pode ser determinada com precisão. Então, Einstein joga sua cartada decisiva: "Pese a caixa mais uma vez". Nesse momento, Bohr percebe que está em apuros.

Einstein se aproveitou da grande descoberta que fizera quando ainda era oficial para patentes em Berna: massa é energia e energia é massa. $E=mc^2$. A diferença de peso é uma medida para a energia da partícula que escapou. Com os instrumentos da década de 1930, uma diferença tão pequena não poderia ser comprovada, mas isso é um detalhe técnico secundário, o que importa é o princípio. Sabe-se, portanto, quando uma partícula escapou e também sua energia. Duas grandezas ao mesmo tempo. Uma contradição do princípio da incerteza. Será possível então driblar a mecânica quântica?

Bohr foi pego de surpresa. Não vê saída, não sabe o que dizer. Pauli e Heisenberg tentam acalmar em vão o decano da mecânica quântica: "Isso não pode estar certo, vai se resolver". A intenção é boa, mas não ajuda. Bohr discute a noite inteira com seus seguidores. Não é possível que isso esteja certo. Seria o fim da física, alerta ele. Pelo menos, da física como Bohr a compreende.

Nessa noite, Einstein volta ao hotel Metropole calado, com um ar ereto e majestoso, degustando um charuto, com o triunfo estampado em um leve sorriso no rosto. Atrás dele, Bohr, transtornado, discutindo, gesticulando de maneira acalorada, levando o casaco no braço. Ele parece "um cachorro maltratado", diz seu amigo e colega belga Leon Rosenfeld.

Aos olhos de Einstein, isso de modo algum significa o fim da física, mas sim a sua salvação. A salvação da realidade que existe independente de qualquer observador. É assim que Albert Einstein compreende a física.

Nessa noite, Bohr fica acordado por muito tempo. Enquanto todos dormem, ele reflete sobre os mínimos detalhes da caixa luminosa de Einstein, desmonta todas as suas peças à procura de um erro. Pensa e repensa a caixa com mais detalhes até do que o próprio Einstein. Bohr pendura a caixa imaginariamente em uma balança de mola com uma escala. Deixa o relógio dentro dela funcionando. Constrói o mecanismo do fecho no furo de saída, não esquece de nenhum parafuso, nenhuma porca. Às vezes, o poder de uma mente está na capacidade de ver os detalhes.

Na manhã seguinte, o Bohr que entra no salão do café da manhã do Metropole não é mais aquele cachorro maltratado da noite anterior, mas um homem orgulhoso, apesar da noite mal dormida. Ele lança imediatamente a descoberta que fez durante a noite. Einstein não percebeu um detalhe: ao ser pesada, a caixa sofre um movimento ínfimo no campo gravitacional da Terra. Isso gera uma pequena incerteza na sua massa e, portanto, na energia da partícula que escapou. Além disso, a velocidade com que um relógio funciona depende de sua posição no campo gravitacional. O próprio Einstein demonstrou isso há anos. Portanto, o tempo também é incerto. Considerando tudo, o resultado é exatamente a incerteza que corresponde ao princípio da incerteza.

Os cafés esfriam nas xícaras. Que reviravolta! Bohr transformou a suposta refutação de Einstein em uma brilhante comprovação do princípio da incerteza, aplicando de maneira genial justamente a teoria da relatividade de Einstein.

Agora é a vez de Einstein se calar sem resposta. Como acontecera três anos antes, Bohr aniquilou seu ataque. É verdade que Einstein ainda teria um argumento: como a mecânica quântica pode ser uma teoria conclusiva se precisa da teoria da relatividade para salvá-la? Mas Einstein não argumenta mais. Esse é o momento de se dar por vencido. Por enquanto. É oficialmente o último debate público entre Bohr e Einstein. Mas não o último ataque de Einstein à mecânica quântica. Ele muda sua estratégia e não tenta mais driblar o princípio da incerteza. No futuro, ele irá mirar no seu ponto fraco: o "efeito fantasmagórico a distância".

Em novembro de 1930, Albert Einstein apresenta uma palestra sobre sua caixa luminosa na Universidade de Leiden, onde é convidado frequente. Depois da palestra, um dos ouvintes diz que não vê um conflito com a mecânica quântica. "Eu sei", responde Einstein. Não existe uma contradição. Contudo, a teoria não está correta.

Einstein é teimoso. Mas não é mesquinho. Apesar de sua aversão à mecânica quântica, ele nomeia novamente Werner Heisenberg e Erwin Schrödinger para o Prêmio Nobel, em setembro de 1931. Na sua carta de nomeação, escreve: "Estou convencido de que essa doutrina contém uma parte da verdade definitiva". Uma parte da verdade. Não toda a verdade. Sua "voz interior" continua a lhe dizer que a mecânica quântica não é a palavra final que Bohr acredita ser.

Depois da Conferência de Solvay, Einstein passa alguns dias em Londres. Ele é o convidado de honra em um jantar beneficente organizado no hotel Savoy pelo Joint British Committee of the Societies Ort-Oze, em 28 de outubro, para judeus pobres da Europa Oriental. O barão Rothschild, presidente do comitê, é o anfitrião, e George Bernard Shaw o mestre de cerimônias. Quase mil convidados comparecem. Einstein não se sente à vontade entre os ricos e as beldades vestidas elegantemente, todos cheios de joias e medalhas, mas participa do "circo" em prol de uma boa causa, se enfia em uma casaca preta com gola branca e gravata e aperta as mãos das pessoas que aguardam na fila em frente a ele, o "santo judeu".

Shaw, com seus setenta e quatro anos, levanta-se e faz um "brinde à saúde do professor Einstein". Diz que há homens, como Napoleão, que criam impérios. Mas há um tipo de homem que vai além, cria universos. E o faz sem manchar suas mãos com o sangue de seres humanos. "Sou capaz de contá-los nos dedos de minhas duas mãos", diz Shaw: Pitágoras, Ptolomeu, Aristóteles, Copérnico, Kepler, Galileu, Newton, Einstein. Aplauso retumbante do público. "E ainda tenho dois dedos livres", ele continua. Todos riem. No rosto de Einstein, um sorriso agridoce. "Ptolomeu criou um universo que durou mais de 1.400 anos", continuou Shaw. "Newton criou um universo que se manteve por trezentos anos. Einstein criou um universo, mas ainda não posso dizer quanto tempo vai durar." Poucos no salão imaginam que Einstein, naquele momento, precisa lutar pelos alicerces do seu universo.

Depois de Shaw, Einstein se levanta e agradece "pelas palavras inesquecíveis ao meu mítico homônimo, que tanto dificulta minha vida" — e não gasta sua fala com a ciência. "Digo aos presentes", conclui ele, "que a existência e o destino de nosso povo dependem menos de fatores externos do que de permanecermos fiéis a nossas tradições morais, aquelas que nos permitiram sobreviver por milhares de anos, apesar das fortes tempestades que se abriram sobre nós". Seis semanas antes, em 14 de setembro de 1930, 6,4 milhões de alemães haviam votado no NSDAP, o partido nazista, nas eleições parlamentares — oito vezes mais do que nas eleições de maio de 1928, para o horror de muitos cidadãos moderados. Os nazistas provaram ser mais do que o próximo grupo marginal de extrema direita. Com cento e sete deputados, formam a segunda maior bancada no Parlamento. A grande coalisão chefiada pelo SPD se desfez, o chanceler Heinrich Brüning só consegue formar um governo de minoria e é obrigado a governar por decretos e portarias emergenciais. Para a primeira sessão do novo Parlamento, em 13 de outubro, os deputados do NSDAP comparecem trajando as camisas-pardas do partido. No mesmo dia, em Berlim, judeus são perseguidos nas ruas, xingados e espancados. As vitrines da loja de departamentos Kaufhaus Wertheim são quebradas. Correm boatos de que em breve haveria um golpe da direita. A República de Weimar se desequilibra.

Albert Einstein percebe que tudo isso, os votos a favor de Hitler e os ataques antissemitas, são apenas sintomas de algo mais profundo, do medo que toma conta das pessoas, do desespero e da insegurança causados pela miséria econômica e pelo desemprego. Entre as eleições de 1928 e 1930, houve a Grande Depressão, com a quebra da bolsa de Nova York.

A crise atinge com força toda a Europa, mas especialmente a Alemanha. Grande parte da recuperação econômica depois da Primeira Guerra Mundial havia sido financiada por créditos norte-americanos de curto prazo. Com o caos e os prejuízos crescentes, os bancos dos Estados Unidos exigem o pagamento imediato desses créditos. Praticamente nenhum capital externo entra mais no país. Em consequência, o número de desempregados aumenta de 1,3 milhão, em setembro de 1929, para três milhões em outubro de 1930.

Einstein vê na ascensão dos nazistas e na perseguição aos judeus, "por ora, apenas uma consequência da carência econômica momentânea e as doenças de infância da jovem república". Por ora. Mas então, ele é obrigado a assistir como a doença de infância se torna letal e extermina a república, em vez de imunizá-la. O que sobra da primeira democracia na Alemanha são apenas palavras vazias. "O poder do Estado emana do povo", diz o primeiro artigo da constituição. Na verdade, o país é governado por decretos. O Parlamento eleito democraticamente não tem poder.

A preocupação das pessoas que acompanham a vida política com atenção aumenta. "Vivemos em direção a tempos difíceis", escreve Sigmund Freud, em dezembro de 1930, a Arnold Zweig, "eu deveria superar isso com a frieza da idade, mas não posso deixar de sentir pena dos meus sete netos". Nos anos seguintes, Freud anota nos seus diários cada vez mais sinais da tendência de direita e ataques contra cidadãos judeus.

Muita gente não sabe o que pensar desse desenvolvimento. Muitos não gostam dos nazistas, mas os bolcheviques não seriam ainda piores?

Entre os físicos alemães, a reação à ascensão nazista varia. Alguns se posicionam contra ela. Outros fogem. Alguns fazem de conta que não veem, ou tentam se adaptar. Outros participam com entusiasmo. Philip Lenard e Johannes Stark, ambos detentores do Prêmio Nobel, não escondem seu antissemitismo. Acreditam que chegara a hora de desenvolver uma "física alemã" contrária à teoria da relatividade e à mecânica quântica, que consideram incompreensível, matemática, e que, de qualquer modo, lhes parece ser meio "judaica".

Albert Einstein custa a reconhecer que não existe lugar para ele nesse país. No início de dezembro, ele deixa a Alemanha para passar dois meses no Caltech, no sul da Califórnia, que se tornara um dos mais importantes centros de pesquisa avançada nos Estados Unidos nos anos anteriores. Ludwig Boltzmann, Hendrik Lorentz e Erwin Schrödinger já palestraram no Caltech. Quando o navio que levava Einstein atraca em Nova York, ele é convencido a participar de uma conferência de imprensa de quinze minutos com uma multidão de repórteres. "O que o senhor acha de Adolf Hitler?", pergunta um. "Ele vive do estômago vazio da Alemanha", responde Einstein. "Assim que a situação econômica melhorar, ele perderá sua importância."

Em dezembro de 1931, ele viaja para uma segunda estada na Caltech. As condições econômicas e a situação política ficaram ainda mais sombrias. Durante a travessia do Atlântico, Einstein anota no seu diário: "Hoje tomei a decisão de basicamente abandonar minha posição em Berlim. Serei uma ave migratória para o resto da vida!".

Na Califórnia, Einstein conhece, por acaso, o educador reformista Abraham Flexner, um descendente de imigrantes alemães. Naquele momento, Flexner está montando um novo centro de pesquisa em Princeton, Nova Jersey, o Instituto de Estudos Avançados. Dotado de uma doação de cinco milhões de dólares, feita pelos irmãos Louis e Caroline Bamberger, Flexner pretende criar uma "sociedade de estudiosos" que possa se dedicar exclusivamente à pesquisa, sem o compromisso de dar aulas. Um encontro pessoal com o mais famoso cientista do mundo é uma oportunidade que Flexner não pode perder. Ele logo começa a cortejar Einstein e em 1933 Albert Einstein se torna um dos primeiros professores no instituto. Ali ele passará o resto da sua vida.

Einstein negocia condições para passar cinco meses por ano em Princeton e o resto do tempo em Berlim. "Não estou me despedindo da Alemanha", ele sublinha em entrevista ao *The New York Times*, "Berlim continua sendo minha casa". O contrato fica definido para cinco anos e começa em 1933, depois de uma terceira estada no Caltech, que Einstein já havia confirmado. Por sorte, pois durante essa estada em Pasadena, em 30 de janeiro de 1933, Hitler é nomeado chanceler.

Em 10 de dezembro de 1932, o casal Einstein embarca em Bremerhaven a bordo do navio a vapor *Oakland*, com trinta peças na bagagem.

Na segurança da Califórnia, Einstein se comporta, inicialmente, com calma. Age como se fosse voltar para a Alemanha assim que o momento para isso chegasse e escreve à Academia de Ciências da Prússia para se informar sobre seu salário. No fundo, porém, ele já tinha tomado outra decisão. "Considerando Hitler, não me arrisco a colocar os pés em território alemão", escreve em 27 de fevereiro a Margarete Lebach, em Berlim. "Já cancelei minha palestra na Academia de Ciências da Prússia." Na mesma noite, o Parlamento em Berlim está em chamas. Começa a primeira onda do terror nazista contra políticos de esquerda, intelectuais e jornalistas.

Em 10 de março de 1933, na véspera de sua partida de Pasadena, como estava prevista, Albert Einstein publica uma declaração e dá uma entrevista na qual explica sua visão dos acontecimentos na Alemanha: "Enquanto houver uma possibilidade para mim, só ficarei em um país onde a liberdade política, a tolerância e a igualdade entre todos os cidadãos sejam garantidas por lei". E continua: "Para haver liberdade política, é preciso haver liberdade de expressão, oral e escrita, das convicções políticas, e para a tolerância, é preciso haver respeito por todas as convicções de um indivíduo. Essas condições não existem atualmente na Alemanha. Ali, aqueles que mais fizeram para cultivar o entendimento internacional são perseguidos, entre eles alguns artistas proeminentes". A jornalista que entrevista

Einstein vê como ele parece perder o chão enquanto caminha pelo campus do Caltech. Em 11 de março, Einstein e sua mulher partem de Pasadena e o destino de sua viagem ainda é incerto.

As palavras de Einstein causam alvoroço em todo o mundo. Em muitos lugares, não se sabe ao certo o que pensar de Hitler. Fora da Alemanha, alguns imaginam que pode ser, sim, que ele trate mal os judeus. Mas, pelo menos, ele ajuda os alemães a adquirir uma nova autoconfiança e protege a Europa livre dos bolcheviques. Será que o preço é mesmo tão alto quanto Einstein afirma? Os jornais alemães aproveitam a oportunidade para declarar sua lealdade ao Führer e ficam indignados com as declarações de Einstein. "Boa notícia de Einstein — Ele não volta mais", diz a manchete do *Berliner Lokal-Anzeiger*, e o *Völkische Beobachter* imprime panfletos ultrajantes contra ele.

Com seu posicionamento contra os nazistas, Albert Einstein coloca Max Planck, que tenta encontrar um caminho em meio à agitação política, em situação constrangedora. Em 19 de março de 1933, Planck escreve a Einstein sobre "sua profunda preocupação com todo tipo de boatos que se formaram a respeito de suas manifestações públicas e privadas de cunho político, nesses tempos turbulentos e difíceis. Não estou em condições de verificar seu significado. Vejo apenas uma coisa claramente: que essas notícias tornam extremamente difícil para todos que o estimam e admiram entrar em sua defesa". É uma variante do argumento usado com tanta frequência para desencorajar o combate ao nazismo: pense nas pessoas queridas que você está colocando em risco! Invertendo causa e efeito, Planck empurra para Einstein a responsabilidade pelo fato de que "a situação já difícil de seus companheiros de origem e de fé, com isso, de maneira alguma será aliviada, mas ficará ainda muito mais penosa".

Em 28 de março de 1933, a bordo do navio a vapor *Beigenland*, Einstein escreve em carta a seu filho Eduard, em Zurique: "Por enquanto, não irei mais à Alemanha, talvez nunca mais". Outra carta segue para a Academia de Ciências da Prússia. Devido "à situação reinante na Alemanha", Einstein demite-se do seu cargo — para alívio de Planck, que já receava que um processo de expulsão contra Einstein o obrigasse a sair de sua covarde posição reticente e escolher claramente um dos lados.

Logo depois de desembarcar em Antuérpia, ele pega um carro até Bruxelas e pede ao motorista que o deixe na representação diplomática alemã, onde entrega seu passaporte alemão e declara que renuncia à cidadania alemã. Ele passa o verão de 1933 na Bélgica e em Oxford. Nunca mais colocaria os pés em território alemão.

O NSDAP convoca um "boicote aos judeus" para 1º de abril. Tropas da SA colocam-se na frente de lojas judaicas; estudantes, assistentes e docentes judeus são impedidos de entrar nas universidades e obrigados a entregar suas carteiras da biblioteca. Em nome da Academia de Ciências, o secretário Ernst Heymann publica uma declaração que acusa Einstein de uma "atroz campanha difamatória" e afirma, em nome da academia: "Por esse motivo, não há razão para lamentar a demissão de Einstein". Dentre os outros membros da academia, apenas Max von Laue, o velho amigo de Einstein, contradiz essa declaração. A academia não precisa dos nazistas para ser censurada, ela censura a si mesma.

Em carta a Planck, Einstein escreve do litoral belga do mar do Norte, em 6 de abril de 1933, o que acha do comportamento de seus antigos colegas: "Em benefício da academia, prefiro supor que uma declaração de tal forma difamatória só foi feita sob pressão externa. Mas, mesmo nesse caso, isso dificilmente lhe trará mérito, e alguns dos melhores já se envergonharão disso hoje…".

Albert Einstein não sabe para onde ir. Recebe propostas de universidades do mundo inteiro, mas qual deve aceitar? Elsa e ele vão passar meio ano em uma mansão em Coq-sur-Mer, na costa belga do mar do Norte. Boatos sobre planos de um assassinato pelos alemães chegam à Bélgica. O *New York Times* relata que a SA teria feito buscas na casa de Einstein em Potsdam e apreendido uma faca de pão. O governo belga coloca dois seguranças no endereço do casal Einstein.

Em setembro de 1933, a preocupação com a segurança de Einstein na Bélgica é tamanha que ele se muda para a Inglaterra. Passa um mês tranquilo em uma pequena casa na costa de Norfolk.

Einstein fora persuadido a fazer um discurso em um evento beneficente para ajudar refugiados que passam necessidade. Ernest Rutherford conduz o evento que acontece no dia 3 de outubro de 1933, no Royal Albert Hall. Einstein, em um inglês com sotaque do seu dialeto suábio, lê seu discurso hesitante de um pedaço de papel, mas isso não impede o entusiasmo do público. Cerca de dez mil pessoas lotam o salão e o aplaudem freneticamente. A pedido dos organizadores, Einstein não menciona uma só vez a palavra "Germany", embora fale todo o tempo da situação na Alemanha e do perigo que ela representa para o mundo.

Quatro dias mais tarde, em 7 de outubro de 1933, Einstein parte para a América. Em Southampton, embarca no *Westmoreland*, onde sua mulher Elsa e sua secretária Helen Dukas já o esperam, vindas de Antuérpia. O plano é passar os próximos cinco meses no Instituto de Estudos Avançados, mas ele nunca mais voltará à Europa.

Na estação de quarentena, Einstein recebe uma carta de Abraham Flexner, o fundador e diretor do instituto. Flexner pede a ele "silêncio, discrição e nenhuma aparição em público". Sua segurança dependeria disso. "Não há dúvida de que existem nesse país bandos organizados de nazistas irresponsáveis", escreve Flexner. Não é preciso ter a inteligência de Einstein para perceber que Flexner, na verdade, estava preocupado com a reputação ainda em formação de seu instituto e a boa vontade dos patrocinadores. Nas semanas seguintes, Flexner adquire o hábito de interceptar o correio de Einstein e recusar em seu nome convites e compromissos, entre eles até mesmo um da Casa Branca. Einstein começa a se irritar com a focinheira imposta por Flexner. Fora justamente por causa de violações como essa que ele abandonara a Alemanha. Em cartas a amigos, Einstein coloca como endereço do remetente: "campo de concentração, Princeton".

Ele apresenta uma queixa sobre Flexner aos curadores do instituto, faz uma relação dos seus abusos e pede-lhes que "lhe deem segurança para trabalhar em paz e dignamente, de modo que seus passos não sejam constantemente controlados, o que ninguém íntegro pode aceitar. Entretanto, caso considerem isso impraticável, gostaria de negociar com os senhores uma maneira de dissolver minha ligação com o instituto com dignidade".

A ameaça surte efeito. Para o instituto, pior que um Einstein muito falante seria um Einstein furioso. Flexner é obrigado a deixá-lo em paz. Ele ganha sua liberdade de volta, mas perde qualquer influência na gestão do instituto. É a liberdade de um bobo da corte.

Zurique, 1931

OS SONHOS DE PAULI

Zurique, verão de 1931. Wolfgang Pauli entra pelo portão do jardim e anda em direção à magnífica casa junto ao lago. Há um contraste insólito entre o mundo externo e o seu interior. O casarão, com suas torres, gabletes e janelões, as árvores frutíferas e os arbustos cortados cuidadosamente, os barcos à vela no lago de Zurique: um cenário idílico como a ilustração de um livro. Dentro de Wolfgang Pauli: um tumulto sombrio. Ele, o físico superdotado, não consegue se acertar na vida. Por isso está aqui, por isso se dirige com uma esperança ansiosa à mansão junto ao lago. É aqui que mora o dr. Carl Gustav Jung, o importante psiquiatra, ex-aluno de Sigmund Freud e, naquele momento, seu maior adversário. Pauli tem sua primeira consulta com ele nesse dia.

Wolfgang Pauli é um dos maiores talentos da história da física. "Um gênio, comparável apenas ao próprio Einstein", diz Max Born sobre seu aluno, "cientificamente falando, talvez até maior que Einstein". Cientificamente falando — com isso Born quer dizer que, no aspecto humano, ele não tem nada de genial. Pauli vive em conflito com seus colegas, cria inimizades com seu humor amargo, não tem sorte com as mulheres e não traz sorte para elas. Além disso, também sofre com alcoolismo.

Apesar de tudo, seus colegas têm muita consideração por Pauli. Sua crítica é geralmente certeira e ele não perde tempo, vai direto ao ponto. "Talvez mais do que suas publicações, o que tenha maior peso são as inúmeras e insondáveis contribuições que trouxe para o desenvolvimento da física mais recente com discussões orais ou cartas", diz seu amigo Paul Ehrenfest. Nem Ehrenfest, nem mesmo seus melhores amigos, imaginam a tragédia por trás da fachada.

Wolfgang Pauli nasceu em 25 de abril de 1900 em Viena, uma cidade cuja vitalidade se mistura com a insegurança do *fin de siècle*. Seu pai, que também se chamava Wolfgang, migrara da medicina para as ciências naturais e alterara seu sobrenome de Pascheies para Pauli. Ele se convertera do judaísmo para o catolicismo, com receio de que o antissemitismo daquela sociedade pudesse prejudicar sua carreira acadêmica. Wolfgang Júnior cresceu sem conhecer a história judaica de sua família. Só depois de receber um indício de um colega estudante ele perguntou a seus pais e soube então da verdade. Seu pai sentia que tomara a decisão certa ao assimilar a família, quando foi nomeado em 1919 para o cargo de professor de química físico-biológica e chefe de instituto na Universidade de Viena. Depois da anexação da Áustria pela Alemanha do Terceiro Reich, em 1938, ele é considerado novamente judeu, segundo a Lei da Cidadania do Reich, e tem que se mudar para Zurique.

Pauli nasceu com a física no berço. Seu padrinho era Ernst Mach, o influente físico e filósofo vienense. A relação com Mach, que ele vê pela última vez aos catorze anos, foi "o acontecimento mais importante da minha vida intelectual", dirá Pauli. Em pouco tempo, ele será considerado um menino-prodígio, sobre o que ele certa vez comenta: "Sim, menino-prodígio — o prodígio esmorece e o menino fica...".

A mãe de Wolfgang Pauli, Bertha, é uma jornalista vienense, pacifista, socialista e ativista pelos direitos da mulher. Na casa dos Pauli, artistas, cientistas e médicos entram e saem todo o tempo. Bertha tem forte influência na maneira de pensar de Wolfgang, principalmente durante a Primeira Guerra Mundial. Quanto mais a guerra se prolonga, mais ele resiste a se tornar adulto.

Pauli é superdotado, mas não é um aluno modelo. A escola, para ele, é monótona. Nas aulas mais enfadonhas, ele lê escondido trabalhos de Albert Einstein sobre a teoria da relatividade. Contam que, em uma aula de física, o professor cometeu um erro no quadro, mas não conseguiu encontrá-lo, mesmo depois de muita procura. No seu desespero, ele falou, para grande diversão da turma: "Pauli, diga logo onde é que está o erro, você já sabe há muito tempo".

Aos dezoito anos, Pauli foge do "deserto espiritual" que conheceu em Viena. O Império Austro-Húngaro caminha para a decadência, a glória da sua capital se desvanece, os bons físicos deixam a universidade. Pauli se muda para Munique, para estudar com Arnold Sommerfeld, que acaba de recusar um cargo de professor em Viena. Sommerfeld está transformando Munique em "terreno fértil para a física teórica", onde os melhores professores atraem os maiores talentos. Ele já se esforça para isso desde 1906, mas seu instituto ainda é pequeno e facilmente administrável. Consiste em quatro salas: o escritório de Sommerfeld, um auditório, uma sala de aula e uma pequena biblioteca. No porão está instalado um laboratório, no qual foi confirmada a teoria de Max von Laue, em 1912, que afirma que os raios X são ondas eletromagnéticas de alta energia.

Sommerfeld é um teórico extraordinário e um professor ainda melhor. Sabe como dar aos alunos tarefas que demandem suas habilidades, mas não as extrapolem. Embora já tenha tido uma série de alunos talentosos, ele reconhece logo que, com Pauli, tem um talento fora de série diante dele.

Logo depois de concluir a escola secundária, em 1918, Pauli vai para Munique, para ser cultivado no "terreno fértil" de Sommerfeld. No terceiro semestre, Sommerfeld o encarrega de escrever um capítulo sobre a teoria da relatividade para sua *Enzyklopädie der mathematischen Wissenschaften*. O próprio Einstein não quer escrever o capítulo e Sommerfeld não tem tempo. Pauli já conhece bem a teoria da relatividade.

Cerca de um ano depois, o capítulo está pronto, com 237 páginas e 394 notas de rodapé. Pauli o escreveu paralelamente ao curso. Einstein fica encantado: "Quem estuda essa obra madura e abrangente mal pode acreditar que seu autor é um homem de vinte e um anos. É difícil saber o que merece mais admiração, a compreensão psicológica para o desenvolvimento da ideia, a segurança da dedução matemática, a visão física profunda, a capacidade de fazer uma apresentação sistemática clara, o conhecimento da literatura, a abrangência dos fatos, a segurança da crítica". Durante décadas o capítulo será considerado a obra de referência para a teoria da relatividade.

Em pouco tempo, Wolfgang Pauli fica conhecido e é temido por sua crítica afiada, precisa e sem concessões a ideias novas e especulativas. Seu bom amigo Paul Ehrenfest o chama de "o flagelo de Deus". Outros o chamam de "a consciência da física". Ele desqualifica o trabalho de um jovem físico dizendo que "não chega nem a ser ruim". Quando um colega tenta fazer com que ele vá mais devagar, dizendo "não posso pensar tão rápido quanto você", Pauli responde: "Não me importo que você pense mais devagar, mas me incomoda se você publicar mais rápido do que pensa". Observações como essa fazem com que Pauli ganhe a reputação de arrogante. Quem o conhece melhor sabe que trata-se de sujeito direto, mas que não machuca. "Pauli era uma pessoa extremamente honesta", diz seu colega Victor Weisskopf, "ele tinha uma espécie de honestidade infantil. Dizia sempre diretamente sua verdadeira opinião, sem inibição".

Entre os colegas corre uma piada sobre ele: "Pauli morreu e Deus lhe concede uma audiência, Pauli pergunta a Deus por que a constante de estrutura fina tem o valor de 1/137. Deus faz um aceno com a cabeça, vai até o quadro e começa a deduzir uma equação depois da outra em velocidade alucinante. Pauli assiste com grande satisfação no início, mas logo começa a sacudir a cabeça com energia e firmeza...".

Quando se concentra em um assunto, Pauli balança o corpo para a frente e para trás. Entre os seus contemporâneos, não há intuição física igual. Nesse aspecto, nem mesmo Einstein o supera.

Com seu próprio trabalho, Pauli é ainda mais duro na crítica. Às vezes, parece compreender a física e suas dificuldades até bem demais, o que inibe seu poder criativo. Falta a ele a inocência que os grandes descobridores, às vezes, precisam ter. Assim, deixa de fazer as descobertas que seria capaz com sua intuição e imaginação, e colegas menos talentosos, com menos dúvidas, as fazem.

Até mesmo perante Albert Einstein, Pauli não perde a autoconfiança e a insolência. "O que Einstein diz não é nada mal", declara o estudante Wolfgang Pauli a um auditório lotado — e ao próprio Einstein, que acabara de apresentar uma palestra em Munique como convidado.

Ele não poupa ninguém. Com uma exceção. A única pessoa com quem Pauli controla sua língua afiada é Sommerfeld, que ele sempre chama de "*Herr Geheimrat*", uma espécie de conselheiro real. Quando Sommerfeld falo algo, Pauli fica quieto e submisso: "Sim, *Herr Geheimrat*, não, *Herr Geheimrat*, isso talvez não seja bem assim como diz".

Na época de estudante, Pauli aproveita a vida noturna de Munique. Passa as noites nos cafés até fecharem, depois vai para o seu quarto e trabalha madrugada adentro. Geralmente perde as aulas da manhã e só aparece por volta do meio-dia. Mas ouve o suficiente para se deixar conquistar pelos mistérios da física quântica apresentados por Sommerfeld. "Não fui poupado do choque sentido por todo físico acostumado ao pensamento clássico quando é apresentado pela primeira vez ao postulado básico da teoria quântica de Bohr", conta ele mais tarde.

Para a tese de doutorado de Pauli, Sommerfeld define a tarefa de aplicar as regras do modelo atômico de Bohr-Sommerfeld a uma molécula de hidrogênio ionizada através da captura de um elétron de um dos dois átomos. Pauli entrega uma análise teórica impecável, mas que não corresponde aos resultados medidos em laboratórios. Não é culpa dele, os limites da capacidade preditiva da teoria de Bohr e Sommerfeld foram alcançados. Pauli recebe o título de doutor. Em outubro de 1921, ainda no ano do doutorado e da conclusão do artigo sobre a teoria da relatividade, ele parte para Gottingen, para ser assistente de Max Born. Aos trinta e oito anos, Born ensina também há apenas um semestre na pequena cidade universitária.

O "pequeno Pauli" impressiona Born profundamente. "Não poderia ter conseguido um assistente melhor", escreve ele a Albert Einstein pouco depois da chegada de Pauli. Juntos, trabalham na aplicação de métodos da mecânica celeste aos átomos e moléculas. O que os dois têm em comum é a falta de jeito para trabalhos com as mãos. No laboratório, Pauli é ainda mais desajeitado que Born.

Parece que o azar está sempre ao redor de Pauli. Entre seus colegas, especialmente entre os físicos experimentais, corre a expressão "efeito Pauli". Eles têm uma teoria entre si segundo a qual existe, entre os teóricos e os experimentadores, a "lei da conservação da genialidade". Um teórico genial é um experimentador deplorável, e vice-versa. Wolfgang Pauli é a confirmação da hipótese. Sua genialidade está totalmente concentrada na teoria. Onde Pauli aparece, alguma coisa se quebra, e isso logo se torna uma superstição. Pauli visita um observatório e logo em seguida o grande refrator fica seriamente danificado. Certa vez, em um laboratório em Gottingen, uma construção experimental complicada para investigar os átomos colapsa sem motivo aparente. Os experimentadores se perguntam como é possível, afinal, Pauli está longe dali naquele momento, na Suíça. O chefe do laboratório escreve uma carta, alarmando sobre o ocorrido, para o endereço de Pauli na Suíça. A resposta vem com selos do correio dinamarquês. Pauli escreve de Copenhague. Justamente no momento em que os instrumentos de medição falharam, seu trem havia parado na estação de Gottingen. Em Hamburgo, o mais destacado experimentador só falava com Pauli através da porta fechada do laboratório, com medo de que algo acontecesse com seus aparatos.

Born é obrigado a constatar que seu auxiliar superdotado faz as coisas do seu próprio jeito. O intelecto excepcional de Pauli continua sendo principalmente notívago. Ele não perde seu costume de trabalhar até tarde da noite e jamais acordar cedo. Quando precisa substituir seu chefe na aula das onze horas, Born tem que mandar sua criada para acordá-lo às dez e meia.

De qualquer forma, Pauli é "assistente" de Born apenas no título. Apesar de seus hábitos de vida irregulares e da crônica falta de pontualidade do "menino-prodígio", Born reconhece que aprende mais com ele do que é capaz de lhe ensinar. Pauli tem uma intuição física segura que sempre o leva pelo caminho certo, enquanto Born precisa buscá-lo com diligência matemática. O professor lamenta mais que o aluno quando seus caminhos se separam depois de apenas um semestre. Em abril de 1922, Pauli vai para Hamburgo, da província universitária para a metrópole ou, como ele diz, "da água mineral para o champanhe". Com seus amigos, o físico Otto Stern, o matemático Erich Hecke e o astrônomo Walter Baade, passa as noites no notório bairro de St. Pauli. Seu problema com o alcoolismo começa ali.

Dois meses depois, Pauli volta a Gottingen para participar do "festival Bohr", o ponto de partida para os anos mais emocionantes da mecânica quântica. Nessa ocasião, encontra Bohr pela primeira vez. E também Werner Heisenberg, a outra estrela em ascensão no universo da física quântica. O grande Bohr pergunta se Pauli gostaria de ir para Copenhague. E é claro que Pauli quer. Ele diz isso a Bohr do seu jeito: "Não acredito que os requisitos científicos que o senhor exigirá representem uma dificuldade para mim, mas aprender uma língua estrangeira como o dinamarquês vai muito além das minhas habilidades". No outono de 1922, Pauli chega a Copenhague e fica claro que as duas suposições estavam erradas. Com a língua, ele não tem problema. Mas com a ciência, sim.

Em Copenhague, Pauli se propõe a analisar o "efeito Zeeman anômalo": um fenômeno dos espectros atômicos que não pode ser explicado pelo modelo atômico de Bohr-Sommerfeld. Quando átomos são expostos a um campo magnético, suas linhas espectrais se dividem. De uma linha surgem duas, três ou mais. Sommerfeld aperfeiçoou o modelo de Bohr, de modo que possa explicar a duplicação e a triplicação das linhas. O campo magnético expande, distorce e torce as órbitas. Sommerfeld descreve esses efeitos com três "números quânticos". Mas as linhas se multiplicam ainda mais, elas se quadruplicam ou sextuplicam. Nesse ponto, a mistura de física clássica e teoria quântica de Bohr fracassa.

Pauli pretende remediar isso, mas não consegue. Volta e meia ele toma rumos que não levam a nada. "Por mais que eu tentasse, não dava certo!", ele se queixa com Sommerfeld. "Isso tem saído totalmente errado até agora!" Pouco a pouco, ele começa a entrar em um estado de desespero cada vez maior. Seu tempo em Copenhague está terminando. Andando sem destino pelas ruas da cidade, um colega o aborda: "Você parece muito triste". Pauli responde agitado: "Como alguém poderia parecer feliz pensando o tempo todo no efeito Zeeman anômalo?". Ele pressente que "não existe um modelo periódico condicional para o efeito Zeeman anômalo e é necessário criar algo fundamentalmente novo".

Sem resolver o problema, Pauli volta para Hamburgo. Pelo menos é promovido de assistente para docente particular. O enigma do efeito Zeeman anômalo não o deixa em paz. Copenhague não o deixa em paz. Ele pega o trem e a barca para atravessar o mar Báltico várias vezes. E continua sua busca. O que está faltando no modelo atômico de Bohr? Seu desespero aumenta e, com ele, seu problema com o alcoolismo. "Problema? Álcool sim, mas não existe um problema." Pauli observa que "beber vinho me faz muito bem. Depois da segunda garrafa de vinho ou espumante, fico com os modos de uma pessoa sociável (que jamais tenho quando estou sóbrio) e então posso até causar uma ótima impressão às pessoas, mais especificamente se forem do sexo oposto!". Ele começa a levar uma vida dupla. De dia, o professor universitário bem-comportado, à noite, o boêmio. Quando escurece, frequenta os bares e teatros de variedades em St. Pauli, onde os balcões grudam com a cerveja derramada e as paredes são escurecidas pela fumaça de cigarros, onde Josephine Baker, proibida de se apresentar em Munique, dança o seu *charleston*. Pauli esconde suas escapadas para St. Pauli dos seus colegas.

Ele se engana com sua opinião de que o álcool serviria para "lubrificar" seus modos. A bebida acaba com suas inibições e ele se torna agressivo, se envolve em brigas violentas. Certa vez, quando está comendo em um dos seus locais preferidos no bairro vermelho, começa uma briga e Pauli está bem no meio. Ele perde o controle, furioso, só volta a ter juízo quando alguém ameaça jogá-lo pela janela do segundo andar. Passado o caso, ele não entende o próprio comportamento. Pauli começa a ter casos com mulheres e só percebe tarde demais que são dependentes de drogas e só querem dele o dinheiro para comprá-las. Pouco a pouco, Pauli perde o controle.

No outono de 1924, sua vida durante o dia começa a ficar mais movimentada. Uma observação de Arnold Sommerfeld o leva ao caminho certo. Na quarta edição do seu livro didático *Atombau und Spektrallinien*, Sommerfeld menciona um trabalho do estudante inglês Edmund Stoner, de trinta e cinco anos, da *Philosophical Magazine*. Stoner, que pratica experimentos no laboratório Cavendish com Ernest Rutherford, afirma que os elétrons em grandes átomos estão distribuídos do modo que Bohr diz. Bohr se defende contra a objeção de Stoner. E Pauli fica instantaneamente eletrizado. Ele, que não é bem um exemplo de boa condição física, pula e deixa de lado o livro de Sommerfeld, corre para a biblioteca e pega a *Philosophical Magazine*. Finalmente entende o que acontece nas camadas de elétron. A solução está em um quarto número quântico. Os elétrons têm uma propriedade que até agora ninguém havia identificado, uma propriedade que Pauli chama de *zweideutig*, ou "ambígua". Ela só pode aceitar dois valores, 0 ou 1. Com isso, a quantidade de estados nos quais um elétron pode estar em um átomo multiplica-se por dois — e, de repente, tudo se encaixa. Os elétrons se distribuem como deve ser. As linhas espectrais se dividem como os experimentadores já observam há décadas.

A chave para a explicação de Wolfgang Pauli para os arranjos eletrônicos é o princípio que levará seu nome para sempre: "o princípio de exclusão de Pauli". Dois elétrons em um átomo nunca estão no mesmo estado. É um dos grandes preceitos da natureza. Com ele, Pauli consegue explicar como os elementos estão dispostos na tabela periódica e os elétrons nos átomos de gases nobres. Consegue explicar o porquê de a estrutura da matéria ser de determinada forma. Mas para o seu próprio princípio ele não tem explicação. É um princípio básico.

Por fim, Pauli alcançou o seu objetivo, ainda que fosse melhor dizer que o objetivo o alcançou, e não o contrário. Em seu artigo "Sobre a relação do término dos grupos de elétrons no átomo com a complexa estrutura dos espectros", na revista *Zeitschrift für Physik*, ele admite: "Não podemos apresentar uma fundamentação mais detalhada para essa regra, mas ela parece ser por natureza muito adequada".

Pauli provou do que é capaz e vai provar ainda mais. Participa da elaboração da mecânica matricial de Heisenberg, comprova a equivalência entre a mecânica matricial e a mecânica ondulatória, apoia Heisenberg na formulação do princípio da incerteza. Durante todo esse tempo, continua a ser o sujeito rebelde e indisciplinado que sempre foi. Ele não quer se submeter nem ao "misticismo numerológico de Munique" (Sommerfeld), nem ao "golpe reacionário de Copenhague" (Bohr).

Em 1930, Wolfgang Pauli tem a ousadia de prever a existência de uma partícula misteriosa até então desconhecida: sem carga elétrica, quase sem massa, capaz de escapar despercebida a quase todos os aparelhos de medição. Ele a chama de "nêutron", e mais tarde ela receberá o nome de "neutrino". É um avanço extraordinário, pois os físicos acreditavam, até então, que a matéria consistia exclusivamente de elétrons e prótons. A existência do neutrino será comprovada vinte e seis anos mais tarde.

Pauli está no auge de sua carreira científica e, ao mesmo tempo, no fundo do poço pessoal. Em 1927, sua mãe se suicida com veneno, quando toma conhecimento de um caso extraconjugal do marido. Pauli perde o equilíbrio, casa-se com a dançarina berlinense Käthe Deppner. Dois meses depois do casamento, escreve uma carta a um amigo: "Se minha mulher por acaso fugir, você (assim como todos os meus outros amigos) receberá um anúncio impresso". Poucos meses depois, o casal se divorcia, Käthe vai embora com um químico. "Se ela tivesse escolhido um toureiro, eu teria entendido", diz Pauli, "mas logo um simples químico..."

Pauli afoga sua desilusão na bebida e se afunda cada vez mais na crise. Engorda, o rosto fica inchado. Durante uma viagem pelos Estado Unidos, para palestras, ele se embebeda tanto, apesar da proibição, que cai de uma escada e quebra o ombro. Seu braço direito é colocado em uma tala e ele precisa da ajuda para escrever no quadro durante as palestras.

De volta a Zurique, onde é professor de física teórica na ETH desde 1928, Pauli continua a beber, começa também a fumar e vive de festa em festa, vai para a cama com diferentes mulheres e se mete em brigas com homens. A administração da ETH o chama para uma conversa. Se ele não melhorar o comportamento, perderá o emprego. De que adianta a alguém que é infeliz ser "um gênio ainda maior que Einstein"? Por trás da fachada do professor *bon vivant* e engraçado, há um enorme vazio e angústia. Os sonhos perturbadores que atormentam Pauli há tempos agora o acompanham também durante o dia: figuras geométricas que se misturam com motivos da física, como relógios e pêndulos, com símbolos misteriosos como a cobra que se enrola em si mesma, quimeras de animais e humanos, com figuras de mulheres nuas e envoltas em véus. A bebida não consegue mais apagar as imagens. Wolfgang Pauli chegou ao ponto-final.

Seu pai o aconselha a se consultar com o mundialmente famoso psicanalista Carl Gustav Jung, que mora perto de Zurique, quase na sua vizinhança. Pauli sente mais ódio que amor pelo pai, mas segue o conselho e marca uma consulta com Jung.

Para um encontro como esse, Pauli só vai se estiver bem-preparado. Lê antes a obra de Jung. Sublinha uma passagem do seu livro *Psychologische Typen* [Tipos psicológicos] três vezes: "Se a Persona for intelectual, a alma decerto é sentimental. Uma mulher muito feminina tem uma alma masculina, um homem muito masculino, uma alma feminina. A origem dessa oposição é que, por exemplo, o homem não é absolutamente masculino em todas as coisas, mas em geral tem também certos traços femininos". Pauli é, sem dúvida, intelectual e sua masculinidade também é inquestionável. É possível que suas dificuldades tenham origem em um lado feminino oculto?

Uma sensação desconhecida toma conta dele. Ele sente suas contradições internas, que tanto o atormentam, compreendidas. Mas ele sente também um *déjà vu*. A teoria da "integração dos opostos" de Jung, a tentativa de unir o que seria incompatível no ser humano, lembra Pauli da disputa dos físicos quânticos com a essência da matéria, da teoria da complementaridade de Niels Bohr. Seria a relação entre feminino e masculino algo como as ondas e as partículas?

Na descrição de Jung da personalidade introvertida, Pauli, que sabe encobrir sua insegurança tão bem com humor e sarcasmo, reconhece a si próprio como em um espelho: "Seu julgamento parece frio, inabalável, arbitrário e sem piedade; por mais clara que lhe seja a estrutura interna de seus pensamentos, tão incerto lhe é saber onde e como ela pertence ao mundo real; se simpatiza com pessoas que não o entendem, ele coleta provas para a incompreensível estupidez das pessoas; ou ele se desenvolve para ser um solteirão misantropo com um coração infantil; parece ser grosseiro, distante e orgulhoso; tem medo do sexo feminino".

Ao entrar na casa de Jung pela primeira vez, Wolfgang Pauli sobe as curvas da ampla escadaria para o primeiro andar, cheio de emoção e expectativa. O dr. Jung, com seus cabelos brancos aos cinquenta e seis anos, o cachimbo no canto da boca, recebe o novo paciente, de trinta e um anos, em sua biblioteca, que ele reserva para aqueles a quem deseja se dedicar especialmente. Nas estantes, há livros sobre alquimia, um dos temas preferidos de Jung. Pauli pode escolher entre duas poltronas, uma com vista para o lago de Zurique pelas grandes janelas, a outra voltada para os livros. Jung senta-se em um sofá. Ele sente a inquietude ansiosa irradiada por Pauli. Anos mais tarde, Jung descreve suas primeiras impressões de Pauli assim: "É um homem altamente instruído, de uma inteligência extraordinária que, claro, era a origem de seus problemas; era muito orientado apenas para o lado intelectual e científico. Tem uma mente notável e é conhecido por isso também. Ele não é uma pessoa comum. Pediu meu conselho porque estava completamente dilacerado devido a sua unilateralidade. Infelizmente, pessoas intelectuais assim não dão atenção a seus sentimentos e, desse modo, perdem o contato com o mundo das sensações e dos sentimentos. Vivem principalmente em um mundo de pensamentos. Assim, nas relações com outras pessoas, ele se perdera por completo. Por fim, começou a beber e a agir de maneira insensata e teve medo de si próprio, não conseguia entender o que lhe acontecia, perdia a cabeça e sempre se envolvia em dificuldades. Por isso decidiu me consultar".

Pauli começa a contar sobre os casos com mulheres, a bebida, a raiva, a solidão, os sonhos assustadoramente reais, o medo da loucura. Jung fica fascinado. Um caso como esse, um intelecto desse, um teste como esse para suas próprias teorias da psique só apareceria em sua poltrona uma única vez. Que forças são essas que consomem esse homem? Como ele pode ajudá-lo a encontrar novamente o equilíbrio? "E o que pensar do duro racionalista científico que produzia mandalas nos seus sonhos e fantasias acordadas?", escreve Jung mais tarde no seu livro *Psyche und Symbol*. "Ele precisou consultar um psiquiatra porque acreditava estar em vias de perder a razão, pois fora acossado de repente por sonhos e visões surpreendentes. Quando esse duro racionalista mencionado acima me consultou pela primeira vez, encontrava-se em tal estado de pânico que não só ele, mas eu também senti o vento do manicômio soprando!"

Nas imagens dos sonhos de Pauli, Jung vê os símbolos arcaicos que conhece da alquimia. Reconhece as profundas estruturas básicas do inconsciente, que ele chama de "arquétipos". Não é loucura, é um lado de Pauli que tenta sair das sombras. No medo das mulheres, na agressão contra homens mostra-se uma defesa contra esse lado sombrio. Como esse homem tão marcado pelo intelecto poderá aprender a lidar com as coisas que estão imensamente distantes da física moderna?

Mas a preocupação de Jung é que ele, o homem forte, possa inibir o homem fraco, Pauli, com seus comentários, e impedi-lo de sonhar e falar livremente. Ele acha melhor manter alguma distância. Jung decide que Pauli deve se tratar com uma terapeuta feminina. Dá a ele um pedaço de papel com o endereço de sua estagiária, Erna Rosenbaum, e se despede. Rosenbaum trabalha com ele há apenas nove meses. Uma principiante.

Apenas uma mulher pode ajudar Pauli a melhorar sua difícil relação com mulheres em geral e a aprender a lidar com seu próprio lado feminino e criativo, acredita Jung. Mas Pauli não gosta nada disso. Ele se sente inseguro e inibido na presença de mulheres. Exatamente por isso, acredita Jung. Pauli não tem escolha. Está decepcionado, mas não quer deixar de tentar e escreve uma carta descontente para Rosenbaum, na qual pede para marcar uma consulta.

Wolfgang Pauli vai desconfiado ao encontro com Erna Rosenbaum e ela se sente chocada após ele ir embora. "Que homem é esse que o senhor mandou para mim?", pergunta ela a Jung no dia seguinte. "O que está havendo com ele? Ele está meio louco?" "O que aconteceu?", pergunta Jung. Rosenbaum relata que Pauli teria lhe contado histórias acompanhadas "de sentimentos tão fortes que ele se contorcia no chão". "Ele está louco?", pergunta ela novamente. "Não, não", responde Jung, "ele é um filósofo alemão. Não está louco".

Junto com Erna Rosenbaum, Pauli começa a analisar seus sonhos. Nos cinco meses seguintes, ele anota para ela a descrição de mais de mil sonhos e visões. "Não a invejo por ter que ler tudo isso", ele confessa a ela. Ela resiste e consegue ajudar Pauli. É verdade que sua cabeça continuará cheia de sonhos e fantasias durante toda a sua vida, mas ele consegue se controlar, não cai mais em depressão, aprende a lidar com a solidão e a beber apenas moderadamente.

Durante todo esse tempo, Jung mantém distância, mas acompanha o progresso da terapia. De longe, observa a "produção de um novo centro da personalidade" em Pauli. Os relatos sobre seus sonhos servem de base para sua teoria dos "símbolos do processo de individuação". Pauli está de acordo com isso e Jung lhe garante anonimato. Nos seus ensaios, fala apenas de "um homem jovem, de instrução científica".

Depois de cinco meses, termina a terapia com Erna Rosenbaum, que se muda para Berlim, e Jung vê chegada a hora de tratar Pauli pessoalmente.

Ao longo das sessões, o médico e seu paciente tornam-se amigos. Os dois descobrem que têm interesses parecidos. Ambos são cientistas. Ambos acreditam que a física continua incompleta enquanto a ação da mente humana não for considerada. Discutem intensivamente questões da ciência, filosofia, religião e da *Geistesgeschichte*, a história do pensamento humano. Pauli não só comparece todas as semanas à biblioteca de Jung, mas também à mesa de jantar da família.

Jung está obcecado com seus arquétipos, esses símbolos primitivos e inconscientes que estão por trás de toda a nossa percepção do mundo. Ele é fascinado pela Cabala, a antiga e inacessível tradução do misticismo judeu.

Pauli, por sua vez, admira Johannes Kepler, que tentou em vão derivar a estrutura do sistema planetário da geometria pura. Admira também Robert Fludd, um contemporâneo menos conhecido de Kepler, membro da sociedade secreta dos rosa-cruzes, que acreditava que a chave para o entendimento do cosmos residia em formas geométricas simples. Pauli começa a pensar que seria necessário unir a física quântica com a psicologia analítica de Jung para compreender o mundo: o inconsciente, o consciente e o resto.

Ambos são também obcecados por números. Pauli investiga a constante de estrutura fina, aquela grandeza básica do universo, frequentemente designada pela letra alfa do alfabeto grego, que indica a força da energia eletromagnética. Seu professor, Arnold Sommerfeld, a definiu como $1/137$. Mas por que justamente 137? Quem ou o que ajustou "α" de tal forma que os átomos e moléculas não desmoronem?

Jung conhece esse número da Cabala. 137! Sim, 137 é a Cabala! No alfabeto hebraico, cada letra está ligada a um número e, quando se somam as letras da palavra "Cabala", o resultado é 137. Isso não pode ser uma coincidência, Jung e Pauli estão convencidos disso. Os dois continuam especulando. Jung desenvolve uma teoria da sincronicidade, dos eventos relacionados, mas não ligados causalmente. Relações sem causa e efeito: isso é justamente o que faz os físicos quânticos sofrerem. Consciência e matéria, ondas e partículas, números e a ordem cósmica, arquétipos e teorias da física, de algum modo tudo isso é a mesma coisa. O maldito "efeito Pauli" prova que nem tudo no mundo físico poder ser puramente explicado pela física. Jung e Pauli se aprofundam cada vez mais em um mundo fantástico. Eles escrevem juntos um livro com o título *A natureza da psique*. Cientificamente, ele não tem valor algum, mas, para Pauli, é uma terapia. Em carta ao seu amigo e assistente Raph Kronig, atribui sua cura ao fato de ter "conhecido as coisas psíquicas que antes não conhecia e que posso resumir usando o nome de atividade própria da alma". Pauli acredita em "processos de crescimento espontâneo" e "em algo objetivo-psíquico que não pode ser explicado a partir de causas materiais". Ele assina a carta com "seu velho e novo W. Pauli".

No final de outubro de 1934, Pauli interrompe a análise com Jung, mas os dois mantêm a amizade por correspondência. Pauli continua a sonhar e a fornecer material de pesquisa para Jung. Mas se equilibra. Casa-se novamente. Dessa vez, o casamento dá certo. Com sua mulher, Franca, ele leva uma vida social regular, sem filhos, até ser levado para o hospital da Cruz Vermelha em 5 de dezembro de 1958 com fortes dores de estômago. Pega uma senha para ser atendido. "É o 137!", ele exclama. "Não saio mais daqui com vida." Wolfgang Pauli morre dez dias depois.

Copenhague, 1932
DR. FAUSTO EM COPENHAGUE

Copenhague, primavera de 1932. Todos os anos, na Páscoa, os físicos quânticos se encontram a convite de Niels Bohr. Os colegas se reúnem, passam uma agradável semana juntos. Comem, tocam música, caminham, nadam e falam sobre seus temas preferidos.

Werner Heisenberg vem de Leipzig, Paul Dirac de Cambridge e Paul Ehrenfest de Leiden. Lise Meitner, a "Marie Curie alemã", relata sobre seus experimentos com elementos radioativos. Bohr pede que seus convidados se sintam à vontade para trazer seus estudantes talentosos. Werner Heisenberg convida seu doutorando de vinte anos de idade, Carl Friedrich von Weizsäcker, o filho de um diplomata, de finos modos, que logo se tornará seu melhor amigo. Weizsäcker abre os olhos de Heisenberg, politicamente ingênuo, para o mundo fora da física. Os dois vão esquiar juntos, como Heisenberg costumava fazer com seus mentores Sommerfeld e Bohr. "Só que a amizade com Carl Friedrich, que encara o mundo à sua volta com a seriedade que lhe é característica, me abre um pouco o acesso a essa área que me é tão estranha", escreve Heisenberg mais tarde à sua mãe.

Os encontros em Copenhague marcam o crescimento científico de Weizsäcker. Ele pode ter de perto a experiência de ver como Paul Dirac fala sobre o que deve acontecer com os antielétrons. Como Niels Bohr e Paul Ehrenfest entram nos detalhes da interpretação da mecânica quântica. Nesse ano, Wolfgang Pauli introduz o tema número um das conversas: sua hipótese sobre os neutrinos. O ano de 1932 será lembrado mais tarde como o ano milagroso da física experimental. James Chadwick, o aluno de Rutherford, descobre o nêutron no laboratório Cavendish, em Cambridge.

No Caltech, na Califórnia, Charles Anderson detecta em uma câmara de Wilson, na qual captura radiação cósmica, a antipartícula do elétron e a chama de pósitron. Na mesma época, começa em Berkeley, também na Califórnia, a pesquisa com aceleradores de partículas. A pesquisa na física torna-se cada vez mais algo feito em equipes com grandes equipamentos. Gênios solitários que trabalham com lápis e papel na mesa tornam-se figuras marginais. As duas abordagens de pesquisa, teoria e experimento, continuam fazendo parte da física, mas os experimentos afastam a teoria cada vez mais do centro. A pesquisa praticada por Carl Friedrich von Weizsäcker será diferente daquela que seus professores praticavam. As grandes descobertas não acontecem mais nas cabeças, não mais nos passeios pelas praias da Heligolândia ou nas férias de Natal em Arosa, não mais nos encontros em Copenhague. Elas são produzidas nas grandes instituições de pesquisa. A física passa a ser uma disciplina de atuação — com imensas consequências.

Nesse ano, Wolfgang Pauli não está presente em Copenhague. Está passando por um momento de crise pessoal. Albert Einstein nunca comparece aos encontros em Copenhague, apesar de sua amizade com Bohr. E os assuntos que ocupam os jovens físicos, física nuclear e coisas desse tipo, não o interessam. O ensino também não o atrai. Einstein não orienta doutorandos.

Em Copenhague não existe uma programação definida, mas sim uma tradição. Os jovens físicos preparam um esquete humorístico, em que brincam com os mais velhos, que muitas vezes não têm mais que trinta anos. No ano anterior, escreveram uma sátira de um filme de espionagem que muitos dos físicos viram juntos no cinema.

Dessa vez, os jovens físicos escolheram um assunto mais ambicioso. Em 22 de março de 1832, cem anos antes, morrera Johann Wolfgang von Goethe, portanto eles decidem encenar uma paródia do *Fausto* de Goethe. Em toda a Alemanha acontecem festividades em comemoração da efeméride. Aprender seus versos de cor faz parte do currículo de todas as escolas alemãs, o pai de Niels Bohr recitava o *Fausto* de memória. A escolha do tema é também uma homenagem a Werner Heisenberg, que idolatra Goethe como poeta e como cientista.

Max Delbrück, um talentoso estudante de vinte e cinco anos, escreve o roteiro. Ele pretendia ser astrônomo, até ir parar em Berlim, em 1926, e ouvir uma palestra de Heisenberg. Embora não tenha entendido nada, ficou fascinado com o que ouviu e, depois disso, estudou física atômica com Wolfgang Pauli, Max Born e Niels Bohr. Um ano antes, em uma festa em Roma, Delbrück flertou com Eve Curie, que acompanhava sua mãe Marie na sua viagem pela Europa. Ela o dispensou. Não foi fácil para Delbrück superar. Logo ele iria mudar de disciplina e se dedicar à biologia. Vai pesquisar os fundamentos físico-quânticos da vida e se tornar o grande pioneiro da biologia molecular, assim como Niels Bohr para a física quântica.

O roteiro foi ilustrado por Georgi Gamow, de vinte e oito anos, aluno de Bohr de Odessa, conhecido por seu humor afiado. Um ano antes, ele tivera a ideia com o filme de espionagem. Dessa vez, ele não está presente. O Estado soviético não emitiu um passaporte para ele. Stálin, que faz a Ucrânia, terra-natal de Gamow, passar por uma crise de fome e perseguições, quer evitar que cientistas soviéticos "se confraternizem com países capitalistas". Gamow aproveitará a próxima oportunidade para fugir para o Ocidente.

O esquete recebe de Delbrück o título de "Fausto em Copenhague". Ele dá aos papéis da peça de Goethe um sentido duplo: Paul Ehrenfest é Fausto. Wolfgang Pauli é Mefisto. Niels Bohr é Deus. O neutrino é Gretchen. A apresentação acontece no final do encontro da Páscoa, no auditório do instituto.

Leon Rosenfeld, de vinte e sete anos, o assistente de Bohr, faz o papel de Pauli, o Mefisto, o agitador que tenta levar Paul Ehrenfest, o Fausto, para o mau caminho. Rosenfeld tem a estatura de Pauli: pequeno, gordinho, careca.

Felix Bloch, de vinte e seis anos, o primeiro doutorando de Heisenberg, então pesquisador convidado em Copenhague e morador da mansarda onde Heisenberg desenvolvera o princípio da incerteza, faz o papel de Niels Bohr, ou seja, Deus. Bloch tem a constituição de Bohr: musculoso, bem treinado.

Ehrenfest não concorda com a suposição de Pauli sobre os neutrinos. Assim, Delbrück faz o seu Fausto declarar que a ideia de uma partícula que não tenha nem massa nem carga seria apenas loucura. Algo assim não pode existir. Fora de questão.

Ehrenfest também tem dúvidas com relação ao projeto de uma eletrodinâmica quântica na qual Pauli e Heisenberg vêm trabalhando há anos. Os dois lutam com o fato de que os valores para a massa e a carga do elétron explodem infinitamente, mas fracassam repetidamente ao tentar controlá-los. Para que esses truques matemáticos exagerados?, pergunta Ehrenfest a seus colegas. Essa nova moda de desenvolver hipóteses físicas a partir de considerações estéticas não lhe agrada. Beleza é coisa para alfaiates, diz ele, não para cientistas.

O *Fausto* de Goethe começa com um prólogo no qual os três arcanjos, Rafael, Miguel e Gabriel, louvam ao Senhor pela criação do mundo. Mefisto desdenha da louvação. Delbrück transforma os arcanjos em três astrofísicos maravilhados com a capacidade da física de explicar tão bem o mundo: a radiação do sol, o esplendor das duplas estrelas. Mefisto, dotado de chifres e o rabo do diabo, adentra a reunião e blasfema: "E toda a teoria é também uma grande bobagem". No palco, uma grande figura sentada e coberta por um lençol branco então levanta-se e revela Felix Bloch, fantasiado de forma inconfundível como Niels Bohr. Bohr, ou seja, Deus, pergunta a Pauli, quer dizer, Mefisto:

Não tens mais nada a me dizer
Vens sempre a mim para críticas fazer?
A física nunca te basta?

Mefisto responde:

Não, qual! Acho-a, como sempre, uma lástima.
Aflige-me também nos meus lamuriosos dias,
Devo atormentar os físicos como uma epidemia.

A questão são os neutrinos, motivo de discussão entre Pauli e Bohr. Pauli postulou o neutrino para rebater a ideia de Bohr de que as leis fundamentais de conservação de impulso e energia se aplicariam em alguns processos atômicos apenas na média estatística.

Deus descarta os supostos neutrinos de Mefisto com as temidas palavras de Bohr: "Isso é muito interessante!... Porém, porém". Mefisto se defende à la Pauli: "Não, cala-te! Para! Qual!", "Mas Pauli, Pauli, concordamos muito mais do que pensas!" Risadas no público. Todos conhecem isso das discussões entre Niels Bohr e Wolfgang Pauli. Bohr concede. Ao contrário do Deus de Goethe, ele é capaz de rir de si próprio.

Bloch, quer dizer, Deus, e Rosenfeld, como Mefisto, fazem uma aposta pela alma de Fausto, ou seja, Ehrenfest, o "mestre-escola". Na peça de Goethe, Mefisto oferece a Fausto uma poção. Fausto apaixona-se por Gretchen e a seduz.

Delbrück veste seu Mefisto como vendedor ambulante, com um melão sobre a cabeça. Ele tenta vender a Fausto a eletrodinâmica quântica "de Heisenberg-Pauli". "Não quero", brada Fausto. "E uma de Dirac", talvez? "Com infinita autoenergia!" "Não me interessa!", brada Fausto novamente. Mefisto ainda tem "algo mais selecionado" no sortimento: o neutrino. Fausto recusa:

Apesar de tudo, nunca, jamais me seduzirás.
Se de mim ouvires dizer sobre uma teoria:
Fica! És tão bela! Não te vás!
Podes sim me acorrentar pela heresia,
Padecerei satisfeito, isso verás!

O próprio neutrino entra em cena, como Gretchen cantando:

Minha carga se foi,
A estatística é fugaz,
Não a encontro mais
Nunca, nunca mais
Onde tu não me tens,
Nenhuma fórmula fica bem.
E o completo mundo
Parece-te infecundo.

Mas Ehrenfest resiste à tentação do neutrino e Gretchen sai de cena com um "Ehrenfest, tenho horror de ti!".

A peça vai ficando cada vez mais abstrusa. O porão de Auerbach vira um bar em Ann Arbor, nos Estados Unidos, onde Wolfgang Pauli, um ano antes, rolou as escadas, fraturando o ombro. Albert Einstein é cantado como "o rei", sua "nova teoria de campo" é ridicularizada como uma pulga. No palco é encenada uma "Noite de Walpurgis clássica" e uma "teórica quântica". Como redentor surge o nêutron, detectado dois meses antes. "O Neutro-Eterno nos leva!", canta o *chorus mysticus* ao final.

Nos anos que se seguem, os encontros de Páscoa e as peças improvisadas continuarão a acontecer alegremente em Copenhague. Até a Guerra Mundial acabar com eles de maneira abrupta.

Berlim, 1933
UNS FOGEM, OUTROS FICAM

Em 30 de janeiro de 1933, Adolf Hitler é nomeado chanceler. O futuro ministro da Propaganda, Joseph Goebbels, escreve no seu diário: "Todos nós temos lágrimas nos olhos. Cumprimentamos Hitler. Ele mereceu. O júbilo é grande. Embaixo, o tumulto do povo. Vamos ao trabalho. O Parlamento será dissolvido". Hitler, Goebbels e companhia não perdem tempo. Nas semanas seguintes, colocarão o país rapidamente sob o controle do nazismo. Suspendem os direitos fundamentais da liberdade de reunião e de expressão, aumentam o armamento das Forças Armadas, aprovam a Lei de Concessão de Plenos Poderes que anula a democracia parlamentarista. Muitos alemães temem uma ditadura. "Besteira", diz Wolfgang Pauli, "isso acontece na Rússia, mas não na Alemanha, impossível".

Para meio milhão de judeus que vivem na Alemanha, é o começo de uma era sombria. Seu êxodo começa lentamente. Até junho de 1933, vinte e cinco mil deles deixam o país. Em plena violência contra eles, iniciada pelos nazistas, nas eleições parlamentares de 5 de março de 1933, dezessete milhões de alemães votam pelo NSDAP.

Em 23 de março de 1933, o Parlamento delibera a "*Gesetz zur Behebung der Not von Volk und Reich*" (lei para sanar a carência do povo e da nação) com os votos do NSDAP (o partido nazista), do DNVP (Partido Popular Nacional Alemão), do *Zentrumspartei* (Partido do Centro) e de outros partidos moderados, a maioria exigida é alcançada. Apenas o bloco dos social-democratas, SPD, resiste à pressão para aprovar a lei. Seu presidente, Otto Wels, diz: "Podem nos tirar a liberdade e a vida, mas não a honra. Nenhuma lei de plenos poderes lhes dá o direito de aniquilar ideias que são eternas e indestrutíveis". Os deputados do partido comunista, KPD, foram excluídos da votação. Ou estavam na prisão ou tinham se refugiado na clandestinidade. Homens das tropas da SA ameaçavam deputados que pudessem votar contra a lei, tanto na entrada como dentro da assembleia.

Albert Einstein, que estava naquele momento em viagem para palestras nos Estados Unidos, declara que não voltará mais à Alemanha. "É preciso muita coragem hoje para dizer e fazer o que é óbvio, e são verdadeiramente poucos os que têm essa coragem. O senhor é um desses e cumprimento-o como alguém que considero muito próximo de mim em todos os sentidos", ele escreve ao físico vienense Hans Thirring. "Vemos com clareza assustadora que temos que lutar e que precisamos convencer aqueles que permaneceram de pé, que eles também não devem ficar parados." A brutalidade dos nazistas faz com que Einstein, o pacifista, repense suas convicções: "Eu detesto militares e qualquer tipo de violência. Mas estou absolutamente convencido de que esse recurso que tanto odeio representa hoje a única proteção efetiva".

Em 7 de abril de 1933, os nazistas promulgam a "lei para a restauração do funcionalismo público". Ela afeta dois milhões de servidores públicos e mira os opositores do nazismo, os socialistas, comunistas e judeus. O parágrafo terceiro dessa lei é um exemplo de um "parágrafo ariano": "Funcionários públicos que não tenham ascendência ariana serão afastados para a aposentadoria; tratando-se de funcionários públicos honorários, serão demitidos do seu cargo".

Quem tem um dos genitores ou avós judeus pode ser demitido ou aposentado compulsoriamente. Uma exceção que o presidente do Reich, Hindernburg, consegue obter com Hitler é o "privilégio de combatentes na linha de frente": funcionários públicos "não arianos" que lutaram no front de guerra pelo império alemão ou pelos seus aliados, ou cujos pais ou filhos foram mortos na guerra, podem permanecer em serviço. Todos os servidores públicos têm que apresentar um "certificado ariano" no prazo de duas semanas: suas certidões de nascimento, de batizado e de casamento, e a de seus pais e avós.

A constituição de 1871 tornara os judeus cidadãos com os mesmos direitos. Agora, são obrigados a sofrer novamente a discriminação legalizada pelo Estado. E os "parágrafos arianos" são apenas o começo.

As universidades também são instituições públicas e, portanto, também estão sujeitas à "lei para a restauração do funcionalismo público". O presidente da Sociedade Kaiser Wilhelm, Max Planck, não é nazista. Mas se presta a colaborar. Em telegrama a Hitler, escreve: "Os membros da Sociedade Kaiser Wilhelm para o Fomento da Ciência, reunidos na sua 22ª Assembleia Geral, têm a honra de enviar suas respeitosas saudações ao chanceler do Reich e prometem com esta, solenemente, que a ciência alemã também está pronta a colaborar com todas as suas forças para a reconstrução do novo Estado nacional, que se dispõe a ser seu protetor e patrono".

Mais de mil acadêmicos, entre eles trezentos e treze professores, são demitidos. Quase um quarto dos físicos nas universidades são obrigados a procurar o exílio, entre os teóricos, até a metade. Até 1936, mais de mil e seiscentos acadêmicos são expulsos, um terço deles das ciências naturais, incluindo vinte já premiados ou futuros vencedores do Prêmio Nobel: onze em física, quatro em química, cinco em medicina. Leopold Koppel, o banqueiro judeu e patrocinador da ciência alemã, é obrigado a abandonar o senado da Sociedade Kaiser Wilhelm, financiada por ele.

Max Planck não pode assistir a esse êxodo sem fazer nada. Solicita uma audiência com Hitler para mitigar os danos à ciência alemã. Ela lhe é concedida para 16 de maio de 1933, às onze horas. É preciso diferenciar, diz Planck, existem diferentes tipos de judeus, os "que têm valor para a humanidade" e os "sem valor". O Prêmio Nobel da Química, Fritz Haber, filho batizado de um casal de judeus, tornara possível o uso de gases tóxicos na Primeira Guerra Mundial, graças ao processo de obtenção de amônia que desenvolvera, e, portanto, havia servido à Alemanha. Hitler, porém, não se interessa por diferenças do tipo. "Judeu é judeu", brada ele, "todos os judeus vivem grudados". Mas seria uma "verdadeira automutilação", argumenta Planck, obrigar "judeus valiosos" a emigrar. Seu trabalho científico faria falta na Alemanha e traria benefícios para os países estrangeiros. Hitler tem um dos seus temidos ataques de fúria, bate com força no joelho, fala cada vez mais rápido, grita com o professor idoso, de setenta e cinco anos, e o ameaça com prisão no campo de concentração. Resta a Planck apenas ouvir em silêncio e, finalmente, se retirar. "Pobre cabeça de vento", grita Hitler atrás dele.

Max Planck sabe o que significa fazer sacrifícios. Depois da Primeira Guerra Mundial, ajudou a reconstruir o que restava da pesquisa científica alemã. Ele perdera seu filho na guerra. Mas um sacrifício sem sentido? Isso ele não entende. A conversa frustrada com Hitler mostra a ele uma coisa:

Adolf Hitler prefere sacrificar a ciência alemã do que dar a impressão de ser indulgente com os judeus.

Em abril de 1933, Pascual Jordan, aquele aluno gaguejante que um dia trabalhou na formulação da mecânica matricial, entra para o NSDAP. No início de maio, Johannes Stark é nomeado presidente do Instituto Nacional de Física (Physikalisch-Technischen Reichsanstalt — PTR). Stark é detentor de um Prêmio Nobel, um antissemita dogmático e briguento, e seguidor de Hitler desde a década de 1920. Quando Hitler foi preso em 1923, Stark e Lenard publicaram em um jornal um manifesto público a seu favor: "É precisamente o mesmo espírito de absoluta clareza, de honestidade perante o mundo exterior e, ao mesmo tempo, de coerência interior que já reconhecemos e admiramos nos grandes pesquisadores do passado, em Galileu, Kepler, Newton, Faraday, que admiramos e veneramos da mesma forma também em Hitler, Ludendorff, Pöhner e seus correligionários; reconhecemos neles nossos espíritos mais semelhantes".

Agora, dez anos depois, Stark tem sede de vingança. Na década de 1920, ele deixou sua cátedra em Wurtzburgo para tentar a vida como empresário, primeiro como fabricante de porcelana, depois com uma fábrica de tijolos. Quando quis voltar à vida acadêmica, ninguém tinha um cargo para ele. Agora, vê sua chance de dar o troco a todos que haviam desdenhado dele. Junto com seu colega, o nazista declarado Philipp Lenard, deseja estabelecer uma "física ariana". No PTR, distribui as verbas de pesquisa. Sua intenção é liderar a física alemã como o "Führer" lidera o povo.

Em 10 de maio de 1933 acontecem as queimas de livros em toda a Alemanha, organizadas pelo Hauptamt für Aufklärung und Werbung das organizações estudantis alemãs: em vinte e duas cidades, principalmente cidades universitárias como Bonn, Gottingen e Wurtzburgo, e sempre com o mesmo padrão. Homens da SA, membros do partido, marcham com tochas e acenando bandeiras com a suástica para uma praça pública e jogam em uma fogueira livros "judeus", "bolcheviques" ou "não alemães", separados por autor e em uma ordem determinada. Ao fazer isso, gritam "palavras de ordem da queima", definidas previamente pelo *Hauptamt*. Em Munique, os livros são queimados na Königsplatz. Em Berlim, a queima de livros alcança dimensões maiores: quarenta mil pessoas se reúnem na praça entre a universidade e a ópera para assistir ao espetáculo diabólico. Estudantes escoltam carros e caminhões, carregados com vinte mil livros saqueados nas bibliotecas e livrarias, ao longo de oito quilômetros. As fraternidades estudantis estão presentes com seus uniformes, bonés vermelhos e verdes, azuis e lilás, calças brancas e botas altas com esporas. Cantam canções estudantis e nazistas. Sobre o pavimento da praça foi colocada uma camada de areia, sobre ela uma enorme fogueira que os estudantes acendem com suas tochas ao passar marchando. Os nomes dos autores a serem eliminados são chamados enquanto seus livros desaparecem nas chamas. "Contra a sobrevalorização da vida instintiva sexual que agita a alma, pela nobreza da alma humana! Entrego às chamas a obra de Sigmund Freud." "Contra a traição literária dos soldados da Guerra Mundial, pela educação do povo no espírito da verdade! Entrego às chamas a obra de Erich Maria Remarque." "Contra a falta de princípios e a traição política, pela dedicação ao povo e ao Estado! Entrego às chamas a obra de Friedrich Wilhelm Foerster." As obras de Albert Einstein também acabam em chamas, assim como as de Karl Marx, Bertolt Brecht, Émile Zola, Marcel Proust e Franz Kafka. À meia-noite, Goebbels sobe ao palanque e declara: "O intelectualismo judeu está morto. A alma alemã pode se expressar novamente". Pessoas inteligentes como Max Planck não podem mais ignorar os sinais de alerta que veem e ouvem, mas continuam de braços cruzados. Adolf Hitler está no poder há exatamente cem dias.

Quando as notícias sobre os acontecimentos na Alemanha correm o mundo, cientistas e suas organizações começam a organizar apoio com dinheiro e empregos para seus colegas que fogem da perseguição nazista. São fundadas organizações beneficentes, financiadas por doações. Em Londres é criada, em abril de 1933, o Academic Assistance Council (AAC), presidido por Ernest Rutherford. O conselho ajuda cientistas, artistas e autores refugiados. Muitos deles escapam primeiro pela fronteira com a Suíça, para a Holanda ou França, e depois de curta estada seguem para a Inglaterra ou os Estados Unidos.

Apesar das leis raciais, que expulsam os excelentes cientistas do serviço público, apesar da fuga em massa e da deportação de pesquisadores, muitos bons físicos permanecem na Alemanha. Otto Hahn, o descobridor da fissão nuclear, resiste obstinado. Segundo Albert Einstein, ele é um "dos poucos que permaneceu íntegro e fez o melhor que pôde durante esses anos malignos". Hahn continua pesquisando, defende colegas judeus ameaçados, junto com sua mulher, e se corresponde com os que estão no exílio, entre eles sua colaboradora Lise Meitner. O amigo e colega de Hahn, Max von Laue, premiado com o Nobel em 1914, vai ainda mais longe e arrisca a própria vida, criticando e condenando repetidamente o regime de Hitler.

A física está estagnada, enquanto os físicos estão em alvoroço. Nesses dias, há coisas mais importantes que matrizes e o dualismo onda-partícula. Alguns desenvolvem sonares para submarinos, outros constroem máquinas de cálculo para decifrar códigos. Em Copenhague, Niels Bohr transforma seu instituto em um ponto de apoio para físicos sem destino. Em abril de 1934, leva James Franck, o colega de origem judaica de Max Born, de Gottingen para Copenhague, como professor convidado. Depois de um ano, Franck muda novamente para um cargo de professor de físico-química em Chicago.

Em dezembro de 1931, a Real Academia Dinamarquesa de Ciências nomeia Bohr para ser o próximo morador da Airesbolig, a "casa de honra", construída pelo fundador da cervejaria Carlsberg. Em outras palavras: ele agora é o cidadão mais importante da Dinamarca, não apenas o seu mais importante físico. Bohr usa sua influência no próprio país e no exterior para ajudar os demais. Em 1933, ele e seu irmão Harald colaboram para a fundação do "comitê dinamarquês para apoio de intelectuais refugiados".

Max Born também vem de família judaica. Até então, ele "nunca se sentiu particularmente como judeu", diz ele, mas agora "é muito forte, não só porque é assim que consideram a mim e aos meus, mas porque opressão e injustiça provocam em mim ira e resistência". Tendo servido como operador de rádio nas Forças Armadas durante a Primeira Guerra, teria o direito de ser caso de exceção ao "parágrafo ariano". Mas ele prefere renunciar a esse direito. Aceitá-lo significaria compactuar com os nazistas, acredita ele. Um dia, ao abrir o jornal local, descobre seu nome em uma lista de funcionários públicos que deverão ser suspensos do serviço, juntamente com o matemático Richard Courant e Emmy Noether. Na noite seguinte, começam os telefonemas com ameaças à família Born.

Born faz longas caminhadas pelas florestas, pensando. O que ele deve fazer? Para onde ele deve ir? Só há uma coisa clara: continuar como está não é uma opção. "Sinto um calafrio", ele escreve a Ehrenfest, "quando penso que, por um motivo qualquer, precisasse estar mais uma vez à frente dos estudantes que me expulsaram, ou viver entre 'colegas' que se conformaram tão facilmente com isso". A decisão amadurece aos poucos e, por fim, a família Born deixa Gottingen, a cidade na qual Max Born passou a maior parte de sua vida adulta, na qual ele criou um centro de física, na qual Hedi Born nasceu e na qual ela deu à luz seu filho Gustav. Em 15 de maio, eles embarcam no trem com pouca bagagem. "Tudo o que eu construíra em doze anos de trabalho duro em Gottingen estava destruído", escreve Born mais tarde. "Tinha a sensação de que era o fim do mundo."

Os Born viajam para o Tirol do Sul, no vale de Gardena, nas Dolomitas. Encontram abrigo com o fazendeiro e escultor em madeira Perathoner, em Wolkenstein. A primavera começa, o sol brilha sobre os picos escarpados das Dolomitas e a neve começa a derreter. Hermann Weyl faz uma visita em Wolkenstein, depois também sua amante Annie Schrödinger, que está nas vizinhanças com seu marido Erwin para se recuperar dos horrores de Berlim. Wolfgang Pauli chega com sua irmã Hertha, uma jornalista e atriz que perdeu seu trabalho em Berlim sob a influência dos nazistas. Dois estudantes de Born descobrem seu endereço e o acompanham. Born dá aulas sentado em um banco em frente de casa, ou na floresta. Sente orgulho de sua "pequena universidade na selva". Uma sensação fugaz de idílio paira no ar.

Mas há alguém que não aparece: Werner Heisenberg. Em carta, ele tenta convencer Born a voltar para a Alemanha. Ele estaria seguro na Alemanha, pois "a lei só afeta uma pequena minoria", escreve para Wolkenstein. Com certeza Adolf Hitler teria prometido isso a Max Planck.

Heisenberg diria mais tarde que "os anos dourados da física atômica" acabaram em 1933. O curto período em que fora possível pensar despreocupadamente sobre átomos, elétrons, ondas e matrizes já havia terminado e a perspectiva é sombria, também aos olhos de Heisenberg. Seus amigos percebem que o antigo brilho dos seus olhos se foi. Ele se volta cada vez mais para dentro de si.

Werner Heisenberg tenta se arranjar com a situação. Continua a ser servidor público no Terceiro Reich. Como todos os professores "arianos" que persistem, assim como Planck, ele tem que apresentar as certidões de casamento e nascimento de seus pais para controle, frequentar campos de doutrinação nazistas, fazer um juramento de lealdade a Hitler e começar suas aulas com um *Heil Hitler*. Heisenberg considera renunciar a sua cátedra em sinal de protesto e pede o conselho de Planck. Inútil, diz ele, isso apenas abriria a vaga para um físico ruim e nazista convicto. Planck e

Heisenberg continuam a ter esperança de que a revolução política possa acontecer sem que a ciência sofra e que as coisas se acalmem em algum momento.

Mas o estrago já foi feito. Em poucas semanas, os nazistas transformam a universidade de Gottingen, o lugar dos grandes feitos de Carl Friedrich Gauss, Georg Christoph Lichtenberg e David Hilbert, o berço da mecânica quântica, em uma escola superior de segunda categoria. Em 1934, quando o ministro do Reich para Ciências, Ensino e Educação Popular, Bernhard Rust, pergunta ao célebre matemático Hilbert se era verdade que seu instituto tinha sofrido "com a saída dos judeus e amigos dos judeus", ele responde: "O instituto — esse instituto já não existe mais".

O Instituto de Física da Universidade de Heidelberg é rebatizado em uma cerimônia, em 13 de dezembro de 1935, à qual o ministro Rus não pode comparecer devido a uma doença. Agora, chama-se Instituto Philipp Lenard, seu diretor, que escreveu um livro com o título *Física alemã em quatro volumes*. Lenard afirma que a ciência seria uma questão de raça, de sangue, como toda a obra humana. Os judeus teriam uma física própria, absolutamente diferente da física "alemã", "ariana" ou "nórdica". Em que consiste essa diferença e de onde ela vem é algo que Lenard não consegue explicar nos seus quatro volumes. Física "judaica" é aquilo que ele e seus adeptos decidem chamar assim. Johannes Stark, presidente do *Reichsanstalt* e um desses adeptos, discursa com ardor contra os seguidores de Albert Einstein e se queixa que Max Planck ainda continue a presidir a Sociedade Kaiser Wilhelm. A cerimônia termina com gritos de "Sieg-Heil" e a *Horst-Wessel-Lied*, o hino do NSDAP.

Max Born não é tão ingênuo quanto Heisenberg. Planeja ir com sua família para a Inglaterra, pois "os ingleses parecem estar recebendo os refugiados da forma mais generosa e digna possível". Born foi suspenso do trabalho, mas está livre. Ele é um dos poucos cientistas alemães cuja fama é grande o suficiente para ser reconhecido em todo o mundo.

A Universidade de Cambridge lhe oferece um contrato de três anos como docente, que Born aceita depois de se assegurar que o cargo fora criado especialmente para ele, pois não deseja tomar o lugar de nenhum cientista inglês. Começa uma época de insegurança para a família Born. Depois dos três anos em Cambridge, vão para Bangalor, na Índia, onde Max Born é convidado do Indian Institute of Science. Mas a diretoria do instituto considera sua pesquisa teórica praticamente inútil e não oferece uma posição definitiva. Depois de apenas seis meses, os Born são obrigados a se mudar de novo. Born já pensa em aceitar um cargo em Moscou quando, em 1936, recebe a oferta da cátedra de Filosofia da Natureza na Universidade de Edimburgo.

Os horrores da Segunda Guerra o fazem sofrer muito, embora, fisicamente, esteja em segurança. É preciso derrotar Adolf Hitler, disso ele tem certeza. Mas como? Para Born, está claro que isso só é possível com violência. Ao mesmo tempo, a guerra aérea dos Aliados, que destrói cidades inteiras, transformando-as em escombros e cinzas, o assusta: "A ideia de derrubar Hitler matando mulheres e crianças, e destruindo suas casas, me parecia absurda e abominável", escreveria mais tarde. Por volta do fim da guerra, Max Born sofre de uma depressão tão grave que já não consegue trabalhar. A guerra destrói tudo. O mundo se tornou incerto, não só para os físicos da teoria quântica. Os limites daquilo que por longo tempo era familiar, do que se acreditava ser seguro, começam a se desfazer.

Amsterdã, 1933
UM TRISTE FIM

Leiden, 1933. Paul Ehrenfest acompanha com medo e repulsa a ascensão de Hitler ao poder e a decadência da ciência alemã. Ele começa a perder seus amigos, um depois do outro. Hendrik Lorentz morre. Max Planck se afunda cada vez mais no dilema de representar a ciência de um país cujos atos ele reprova. Albert Einstein, com quem Ehrenfest passou alguns dos momentos mais felizes de sua vida, foge dos nazistas para o exterior. Para Ehrenfest, a pior de todas as perdas. Ele pressente que nunca mais verá Einstein.

A pesquisa e o ensino também não servem mais de conforto para Ehrenfest. Ele, que fora um dos mais respeitados teóricos do mundo na juventude. Ele, que Hendrik Lorentz designara como seu sucessor na cátedra de Leiden. Por muito tempo, ele não encontra mais forças para acompanhar os desenvolvimentos atuais na física atômica.

Nascido em 1880, em Viena, Paul Ehrenfest estudou com o grande Ludwig Boltzmann. Com sua mulher, Tatjana Ehrenfest-Afanassjewa, uma matemática russa, escreveu uma série de importantes trabalhos sobre a mecânica estatística, enquanto o casal viajava pela Europa: Viena, Gottingen, São Petersburgo, sempre à beira da pobreza. Até que Ehrenfest é nomeado para a cátedra de física, em Leiden, em 1912, por recomendação de Albert Einstein, que prefere ir para Zurique.

Ehrenfest transforma Leiden em um centro da física teórica. Seu bom amigo Einstein diz que ele "é o melhor professor da nossa disciplina que já conheci". Quando a agitação de Berlim é demais para ele, Einstein costuma escapar para Leiden, para a atmosfera aconchegante e afetuosa da casa dos Ehrenfest. Paul e Tatjana não fumam e não bebem, mas deixam que Einstein acenda seu cachimbo no quarto de hóspedes.

Com seu humor e bom coração, Ehrenfest é dos poucos que é bem-visto por todos. No festival Bohr, em 1922, ele conhece Wolfgang Pauli. Os dois escrevem um artigo na *Enzyklopädie der mathematischen Wissenschaften*, a enciclopédia matemática, e ambos têm o mesmo tipo de humor. "Senhor Pauli, seu artigo na enciclopédia me agrada mais do que o senhor próprio!", diz Ehrenfest. "Que engraçado, penso exatamente o contrário do senhor!", responde Pauli. É o começo de uma profunda amizade e de uma "guerra humorística" que os dois travarão oralmente e por carta. Ehrenfest escreve suas cartas ao "querido pavoroso Pauli" ou ao "São Pauli", dando uma indireta ao bairro boêmio de Hamburgo que Pauli tanto gosta de frequentar. Ele chama seu novo e jovem amigo de "*Geißel Gottes*", ou o "flagelo de Deus", o que deixa Pauli tão orgulhoso que passa a assinar suas cartas a Ehrenfest com "Saudações do GG". Ehrenfest assina suas cartas a Pauli com "Seu muito dedicado mestre-escola".

Mas apenas poucos pressentem algo que acontece com Paul Ehrenfest. Em uma carta a Niels Bohr, em 1931, ele escreve que se sente deixado para trás pelos jovens físicos que progrediam aceleradamente: "Perdi completamente o contato com a física teórica". Em 15 de agosto de 1932, ele reconhece em uma carta a sete "queridos amigos", entre eles Bohr e Einstein, que está "cansado da vida" e que decidiu "deixar vago o seu cargo em Leiden": "Meu interesse em compreender os avanços do conhecimento da física e o grande prazer de transmiti-los a outros foi a verdadeira espinha dorsal de minha vida. Por fim, desesperado depois de tentativas cada vez mais nervosas e esfarrapadas, desisti. Isso significa uma enfermidade incurável e destruidora no cerne da minha vida". Ele não envia a carta.

Ehrenfest está em busca de uma nova posição na física. No verão de 1932, publica um artigo na *Zeitschrift für Physik* com o título "Algumas questões exploratórias relativas à mecânica quântica". Por mais de um ano, ele "pelejou com a decisão até o sufoco", escreve a Pauli, até que "finalmente uma espécie de desespero o incitou a fazê-lo". Ele se sente impotente como "mestre-escola" dos seus alunos que estão convencidos de que ele "tem que saber tudo e compreender tudo". Portanto, põe no papel tudo o que aflige sua alma na mecânica quântica. Wolfgang Pauli responde como um verdadeiro amigo. Ele teria ficado feliz com as perguntas de Ehrenfest, escreve em longa carta, e tenta respondê-las o melhor que pode.

A mensagem de Pauli faz bem a Ehrenfest, mas o efeito logo passa. Ehrenfest sofre com a situação de seu filho Wassili, de dezesseis anos, que tem Síndrome de Down. O casamento com Tatjana fracassa. Em outubro de 1932, ela volta para a Rússia, passa assumir um cargo em uma pequena cidade da cordilheira do Cáucaso. Ehrenfest pensa em acompanhá-la, viaja para a Rússia no final do ano e conhece a condição de vida miserável das pessoas por lá. Ele não a acompanha.

Na Páscoa de 1933, escreve em uma carta ao seu ex-estudante Hendrik Casimir, agora assistente de Pauli, em Zurique: "Oh, Caasje, coloque seus ombros largos sob o carro da física em Leiden". Casimir e Pauli ficam intrigados. O que exatamente Ehrenfest quer dizer? Ele pretende definir seu sucessor em Leiden, assim como Hendrik Lorentz o fizera duas décadas antes.

Em maio de 1933, Ehrenfest viaja a Berlim e visita Max Planck, que mudara. "Enquanto Planck falava comigo, vi como esse homem sofre. Não encontrei nesses dias ninguém que desejasse tanto a redenção pela morte." Ehrenfest escreve isso a Einstein em 10 de maio de 1933. Escreve sobre si próprio.

Em 25 de setembro de 1933, Paul Ehrenfest visita seu filho de dezesseis anos, Wassili, em um hospital de Amsterdã. Ele atira primeiro em Wassili, pensando em evitar que seu filho fique sem cuidados depois de sua morte. Depois, atira em si próprio e morre. Wassili sobrevive, cego de um olho.

Em Norfolk, Albert Einstein fica sabendo do suicídio do seu amigo, mas não tem muito tempo para o luto. Fugindo de capangas nazistas, teme pela própria vida.

Oxford, 1935

O GATO QUE NÃO EXISTE

Oxford, 4 de novembro de 1933. Erwin e Annie Schrödinger chegam à cidade universitária inglesa. Os dois pretendem ficar por lá, encontrar paz longe dos nazistas que tornaram suas vidas em Berlim insuportável. Erwin Schrödinger obteve um cargo no Magdalen College, em Oxford. Ele e Annie alugam uma grande casa, na avenida Northmoor 24. Amigo de Schrödinger, o físico Arthur March, do Tirol do Sul, muda-se com sua mulher Hilde para uma casa menor, na avenida Victoria 86, a apenas vinte minutos de distância a pé. Schrödinger se esforçou para que March conseguisse um cargo como professor convidado em Oxford. Hilde March está grávida — porém, grávida de Schrödinger.

Schrödinger e as mulheres é um campo tão amplo e (quase) tão complicado quanto a mecânica quântica. Em Berlim, ele passara o verão de 1932 com Itha Junger, que um dia fora a alegre aluna de catorze anos que recebia dele aulas particulares e agora é uma bela mulher de vinte e um anos, que se tornou sua fiel amante há quatro anos. Quando o outono se aproxima, fica claro que ela estava grávida. Schrödinger tratou da situação à sua maneira. Terminou o caso amoroso para começar outro com Hilde March. Ele tinha nomeado Arthur March como seu assistente para ter Hilde por perto. Enquanto Annie Schrödinger estava com Hermann Weyl em Wolkenstein, visitando Max Born, Erwin Schrödinger fazia uma excursão de bicicleta com Hilde March.

Ao mesmo tempo, ele tinha vontade de ter um filho e nutria esperanças de que Itha lhe desse um menino. Não foi o que ela fez. Depois de fazer um aborto, ela saiu de Berlim e foi viver longe das cidades onde crescera e onde tinha se estabelecido com Schrödinger. Após a mágoa sofrida com a separação de Schrödinger, passou por uma série de abortos naturais e nunca mais teve filhos. Hilde March, por outro lado, está grávida desde a excursão de bicicleta.

Em setembro, em uma mercearia no lago de Garda, Schrödinger encontra Hansi Bauer, que ele conhecera em Viena ainda menina. Nesse meio-tempo, ela já tinha vinte e seis anos, estava passando a lua de mel e já era infeliz no casamento. Mais um caso de amor se inicia.

O casal Schrödinger acaba de chegar em Oxford quando Erwin fica sabendo que ele e Paul Dirac deverão receber o Prêmio Nobel de 1933. Uma nova e melhor fase da vida parece estar começando. A cerimônia em Estocolmo acontece em 10 de dezembro, data do aniversário da morte de Alfred Nobel. Em 8 de dezembro, Erwin e Annie Schrödinger chegam à estação central de Estocolmo. Dirac vem de Cambridge com sua mãe. Werner Heisenberg, que recebe com atraso o prêmio de 1932, chega com sua mãe de Leipzig. Schrödinger conclui seu discurso no banquete após a cerimônia dizendo: "Espero em breve poder voltar aqui mais uma vez — e não só uma vez, mas muitas. Provavelmente não será para festas em salões decorados com bandeiras, nem com tantas roupas formais na bagagem, mas com duas longas pranchas sobre os ombros e uma mochila nas costas". Paul Dirac faz um discurso confuso sobre as semelhanças entre a física atômica e os problemas econômicos da época. Werner Heisenberg não discursa, apenas agradece a hospitalidade. Schrödinger deposita seu prêmio de cem mil coroas preventivamente em um banco sueco. Nesse ano, o Prêmio Nobel da Paz não é concedido.

A chegada de Schrödinger a Oxford com seu séquito feminino causa estranheza. Ele, por sua vez, também estranha os costumes cultivados em Oxford. Os *colleges* seriam "universidades da homossexualidade", ele escreve a Max Born. As mulheres são seres estranhos nesse mundo formado apenas por jantares de professores masculinos, e Schrödinger vive com duas delas. Com Hilde March, grávida, ele passeia por Oxford, não faz segredo de sua relação com ela. Percebe os olhares dos passantes e nunca se sentirá realmente em casa em Oxford.

Hilde March terá sua filha e de Schrödinger, Ruth — a primeira das três filhas que Schrödinger teve com suas amantes. Os casais March e Schrödinger cuidam juntos da menina. Mas Hilde sofre com o estigma social de ser a "segunda mulher" de Schrödinger e mãe de sua filha. Em 1935, depois de dois anos, termina o contrato de Arthur March como professor em Oxford. Ele volta com Hilde e a pequena Ruth para Innsbruck, onde Hilde passa alguns meses em um sanatório, para se recuperar dos últimos anos extenuantes. O contrato de Schrödinger foi prorrogado por mais dois anos. Ele fica em Oxford.

Nesse meio-tempo, Hansi e seu marido Franz Bohm, ambos de origem judaica, fugiram dos nazistas para Londres. Uma feliz coincidência para Schrödinger: ele também tem um apartamento em Londres, adquirido para que Annie pudesse deixar seu marido sozinho com Hilde em Oxford. Erwin usa então o apartamento para se encontrar com Hansi a sós. Com ela, viaja para as férias de verão em 1935.

É surpreendente que Schrödinger ainda encontre tempo para a física. Por carta, ele se aprofunda em uma discussão com Einstein sobre os fundamentos da mecânica quântica. Ambos concordam: os fundamentos são fracos. Schrödinger e Einstein são os últimos grandes dissidentes da mecânica quântica. "Caro Schrödinger, você é de fato a única pessoa com quem eu realmente gosto de discutir", escreve Einstein de Princeton. "Acontece que todos os sujeitos não veem a teoria a partir dos fatos, mas apenas os fatos a partir da teoria."

Schrödinger não tem mais uma pátria, tanto do ponto de vista geográfico como científico. A mecânica quântica, cujo desenvolvimento recebeu dele uma contribuição decisiva, tornou-se estranha para ele. "Sempre que converso aqui com os jovens altamente talentosos", escreve ele de Berlim para Ehrenfest, "tenho repetidamente a sensação de que não entendem o que me parece absolutamente insuportável nessa selva exuberante de teorias surgidas nos últimos anos". Einstein entende. Juntos, eles expõem o que os incomoda na mecânica quântica.

Einstein tenta ilustrar "as mazelas que sentimos" com um exemplo em uma carta a Schrödinger: uma imaginária "pilha de pólvora que pode ser inflamada por forças internas, sendo que a média de vida seria da ordem de um ano". Ao longo desse ano, a "função X", ou seja, a função de onda da pilha de pólvora, descreve então "uma espécie de mistura de sistema ainda não explodido com sistema já explodido". Na opinião de Einstein, um absurdo. "Na verdade, o que existe é uma coisa intermediária entre explodido e não explodido."

Motivado por sua correspondência com Albert Einstein, Erwin Schrödinger escreve um longo artigo com o título "A atual situação da mecânica quântica", que é publicado em novembro-dezembro de 1935 na revista *Die Naturwissenschaften*. Nele, o autor resume sua percepção da teoria que ajudou a criar e põe no mundo um conceito que a partir de então passa a ser parte do cerne da mecânica quântica: o "entrelaçamento". E ele inventa um gato: "Podem ser construídos também casos bem divertidos. Um gato é trancado dentro de uma câmara de aço junto com a seguinte máquina infernal (que precisamos proteger contra a interferência direta do gato): em um tubo contador de Geiger há uma minúscula quantidade de substância radioativa, *tão* pequena que *talvez* ao longo de uma hora um dos seus átomos decaia, mas é também igualmente provável que nenhum decaia; se isso acontece, o tubo contador é acionado e, através de um relé, solta um martelo que estilhaça um frasco com ácido cianídrico. Se deixarmos todo esse sistema isolado durante uma hora, diremos então que o gato ainda vive *se* nenhum átomo decaiu nesse período. O primeiro decaimento nuclear o teria envenenado. A função IXI do sistema como um todo expressaria isso contendo em si mesma o gato vivo e o gato morto misturados ou borrados em partes iguais".

O que é típico nesses casos é que uma indeterminação originalmente limitada ao plano atômico se transforme em uma indeterminação macroscópica, a qual pode então ser *decidida* por meio da observação direta.

Ou seja: de acordo com a amplamente divulgada interpretação da mecânica quântica de Niels Bohr e Werner Heisenberg, o gato tanto está morto quanto vivo, ou ainda, nem morto, nem vivo.

Isso não existe, disso Einstein e Schrödinger têm certeza. Não existe um gato em estado "difuso" entre a vida e a morte. Não existe uma pilha de pólvora que explode e não explode ao mesmo tempo. A mecânica quântica não representa a realidade.

Mas Schrödinger não está tranquilo. Ele se preocupa com a renda na aposentadoria para Annie e ele. A pensão alemã não será suficiente para todos, eles não poderão viver do arranjo de Schrödinger. "Não é que eu não consiga ficar por muito tempo em lugar algum", escreve em maio de 1935 a Albert Einstein. "Até agora, gostei de todos os lugares em que estive, com exceção da Alemanha na…. Não é também que as pessoas aqui não fossem muito simpáticas e afáveis comigo. Mas, mesmo assim, o sentimento de não ter um cargo efetivo e viver da generosidade dos outros aumenta." Ele procura um emprego fixo. A questão é: onde? A Universidade de Princeton, que ele visitou em 1934, teria um emprego para ele, mas é muito longe. A Universidade de Madri gostaria de chamá-lo, mas então irrompe a guerra civil na Espanha.

Schrödinger recebe uma oferta para um cargo de professor em Edimburgo. Ele aceitaria, se Hansi fosse com ele, mas ela não quer. Então ele vai para Graz. Perto de Hilde e Ruth, mas também perto dos nazistas.

Em 1938, os nazistas anunciam a anexação da Áustria. A Universidade de Graz é fechada, o reitor e diversos docentes são demitidos. Muitos judeus são presos, alguns deixam todos os seus pertences para trás e salvam suas vidas fugindo para o exterior. Erwin Schrödinger pode ficar. Ele não tem ascendência judaica e tenta se arranjar com a situação. Mas os nazistas sabem que ele não é um deles. Sua partida rápida de Berlim há cinco anos não foi esquecida. Quando a universidade abre suas portas novamente, o novo reitor insiste que Schrödinger se declare publicamente a favor dos nazistas e Schrödinger atende seu pedido. Em 30 de março de 1938, pouco antes do referendo sobre a já efetuada "anexação", o jornal *Grazer Tagespost* publica sua declaração com o título *"Die Hand jedem Willigen. Bekenntnis zum Führer — Ein hervorragender Wissenschaftler meldet sich zum Dienst für Volk und Heimat"* ("A mão a todos os dispostos. Compromisso com o Führer — Um excelente cientista apresenta-se para servir ao povo e à pátria"):

> Em meio à alegria e à exaltação que permeia nosso país há hoje também aqueles que compartilham plenamente dessa alegria, mas não sem uma profunda vergonha por não terem reconhecido o caminho certo até o último momento. Com gratidão ouvimos a verdadeira expressão alemã da paz: a mão a todos os dispostos. Eles gostariam de aceitar a mão generosamente estendida, assegurando que ficarão muito felizes se puderem promover com todas as forças a palavra de seu povo agora unido, colaborando fielmente e obedecendo ao desejo do Führer. Na verdade, é natural que para um antigo austríaco que ama sua pátria nenhuma outra declaração seja possível; que, expressando grosseiramente, cada "não" nas urnas represente o suicídio do povo. Neste país, não deve haver mais — e esse é o desejo de todos nós — vencedores

e vencidos, como no passado, mas um único povo que use toda a sua força unificada para os objetivos comuns de todos os alemães.

Amigos bem-intencionados, que superestimam a importância da minha pessoa, consideram certo que eu apresente declaração de arrependimento publicamente: eu também pertenço àqueles que buscam apertar a mão da paz estendida, pois da minha escrivaninha não reconheci, até o último momento, o verdadeiro desejo e o verdadeiro destino da minha pátria. Apresento esse compromisso com prazer e alegria. Acredito que falo do coração de muitos e espero, com isso, estar servindo à minha pátria.

E. Schrödinger.

Schrödinger fornece aos nazistas uma excelente peça de propaganda, o que causa grande surpresa entre seus amigos no exterior. Mais tarde, ele se arrepende da declaração, pede desculpas a Einstein pelo "documento covarde" e justifica sua "falsidade" afirmando que apenas queria ser deixado em paz pelos nazistas.

Mas isso de nada adianta. Quando volta com Hilde das férias de verão nas Dolomitas, fica sabendo que sua vaga foi anunciada. Ele é demitido sem aviso prévio devido à "falta de credibilidade política". Em nota nos arquivos, a diretoria da universidade diz que ele é "profissionalmente excelente", mas "contraditório no comportamento" e "semitófilo".

Schrödinger vai embora. Ele e Annie fazem três malas rapidamente e pegam um trem para Roma, antes que seus passaportes sejam confiscados. As medalhas do Prêmio Nobel ficam para trás. Eles viajam sem destino pela Europa, passando por Genebra, França e em direção à Inglaterra. Em Oxford, Schrödinger fica sabendo que sua presença não é mais desejada, depois de sua declaração de simpatia a Hitler. Por fim, a Universidade de Gent, na Bélgica, o aceita como professor convidado e Hilde March vem com Ruth até ele. A Segunda Guerra Mundial começa. Poucos meses antes de as tropas alemãs ocuparem a Bélgica, o primeiro-ministro irlandês, Eamon de Valera, consegue para Schrödinger um cargo permanente no recém-fundado Instituto de Estudos Avançados em Dublin. Finalmente um lugar em que ele pode ficar com sua família, composta por duas mulheres e uma filha. Schrödinger nunca terá um gato.

Princeton, 1935

EINSTEIN AJUSTA O FOCO DO MUNDO NOVAMENTE

Princeton, 1935. A vida movimentada de Einstein se acalmou. Suas grandes descobertas ficaram para trás. Há dois anos ele é a estrela entre os cientistas do Instituto de Estudos Avançados em Princeton, que foi fundado principalmente para ele e será a última estação de sua carreira. "Princeton é um pedacinho de terra maravilhoso, mas também um ninho de corvos cerimonial terrivelmente engraçado, de semideuses em pernas de pau", ele escreve à rainha Elisabeth da Bélgica.

Mas a mecânica quântica, teoria tão pouco apreciada e por ele rejeitada, não o deixa em paz. Ele não consegue aceitar essa "bruxaria matemática" e continua acreditando piamente que o mundo existe independentemente da percepção humana, acessível ao conhecimento humano.

Einstein tenta repetidamente encontrar os pontos fracos da mecânica quântica, usando seu instrumento preferido, o experimento mental. Escreve longas cartas a Schrödinger, enche o quadro de fórmulas no seu escritório, na Fine Hall 209, imagina esquemas com fótons, telas, caixas, balanças, pilhas de pólvora e gatos. Ele tenta formar argumentos precisos com suas ideias, mas falta-lhe apoio. Seu assistente, Walther Mayer, conhecido como "o calculador de Einstein", resiste a continuar atacando a mecânica quântica junto com seu chefe.

Certo dia, no início de 1934, durante o tradicional chá da tarde, Einstein conversa com o físico Nathan Rosen, do Brooklyn. Rosen tem vinte e cinco anos, parece mais jovem, acaba de se casar com a mulher com quem tem um relacionamento desde a época da escola, e está ansioso para demonstrar que é um bom cientista. Uma discussão sobre a mecânica quântica se desenrola. Um outro funcionário do instituto se junta a eles, o russo Boris Podolsky, de trinta e sete anos, que já trabalhara com Paul Dirac.

Einstein conquista Podolsky e Rosen como aliados para o seu ataque à mecânica quântica. Os três logo ficam conhecidos pelas iniciais de seus sobrenomes, "EPR", e elaboram um dos experimentos mentais de Einstein que expõe uma das mais curiosas estranhezas da mecânica quântica: o "entrelaçamento", como Erwin Schrödinger o chama. Ele não se encaixa na tradicional percepção física do mundo. Dois objetos entrelaçados estão ligados um ao outro apesar da distância no espaço, como se pudessem se comunicar telepaticamente por milhares de quilômetros, ou até mesmo por anos-luz.

Imagine-se um par de fótons que sejam produzidos juntos e depois separados. Por exemplo, um átomo "estimulado" — um átomo que foi colocado em um estado energético mais alto — poderia irradiar sua energia excedente em dois fótons que voassem em direções diferentes, para as duas margens opostas do sistema solar e além delas. De acordo com a mecânica quântica, as partículas estão entrelaçadas uma a outra: suas características estão relacionadas, não importa a distância que as separa. Se uma é vermelha, a outra também é vermelha. Se uma é azul, a outra também.

"O que há de estranho nisso?", poderia se perguntar. Não parece mais misterioso que um par de meias em que uma foi mandada para Londres e a outra para Moscou. Suas características também estão relacionadas: quem vê que a meia em Londres é preta sabe imediatamente que a de Moscou também é preta.

Mas, ao contrário das meias, as características dos objetos quânticos só ficam claras quando alguém olha para eles. Os dois fótons encontram-se em um estado de sobreposição de "ambos vermelhos" e "ambos azuis". Somente no momento em que uma das partículas é observada ela adquire uma determinada cor e, ao mesmo tempo, como em um passe de mágica, a outra partícula, longe dali, adquire a mesma cor.

Isso é mesmo estranho: como é possível que as partículas adquiram a mesma cor? Na interpretação de Copenhague da mecânica quântica, Niels Bohr e Werner Heisenberg alegam que cada um dos fótons, até a medição, não é nem claramente vermelho, nem claramente azul. A cor que se observa é um acaso. Mas, se isso é verdade, como a cor por acaso em Londres pode ser a mesma de Moscou? Se jogamos uma moeda em Londres e uma outra em Moscou, o resultado em uma cidade não influencia o resultado na outra cidade.

Como isso é possível? Talvez um sinal muito, muito rápido transmita a cor de uma partícula para a outra assim que ela é definida. Einstein chama isso de "efeito fantasmagórico a distância", uma ideia que considera tão verossímil quanto histórias de assombração. Seria uma contradição do princípio básico da sua teoria da relatividade, segundo a qual nenhum efeito pode se propagar com mais velocidade que a luz: o princípio da localidade. Algo está errado em Copenhague.

Mas então resta apenas uma explicação para o comportamento coreográfico das partículas: a cor já estava definida todo o tempo, assim como no caso das meias. É nisso que Einstein acredita e ele consegue convencer também Podolsky e Rosen. A conclusão dos três físicos em Princeton é que a mecânica quântica é uma teoria incompleta. Falta a ela a causa mais profunda para que as duas partículas tenham a mesma cor. Ela não apresenta uma imagem precisa de uma realidade imprecisa, como Bohr e Heisenberg alegam, mas uma imagem imprecisa de uma realidade precisa.

Podolsky escreve o trabalho "devido à língua", como Einstein explica em carta a Schrödinger. O inglês de Einstein é muito fraco. Mas o inglês de Podolsky não é muito melhor. "*Can Quantum-Mechanical Description of Physical Reality Be Considered Complete?*" é o título do artigo: "É possível considerar a descrição mecânico-quântica da realidade como completa?". Os leitores percebem que falta um "*the*" depois de "*Can*". Em russo, a língua materna de Podolsky, o artigo não existe.

O trabalho contém quatro páginas e termina com as frases: "Apesar de termos mostrado, com isso, que a função de onda não oferece uma descrição completa da realidade física, deixamos aberta a pergunta se tal descrição existe ou não. Acreditamos, porém, que tal teoria é possível".

Não sobra tempo para correções. Podolsky entrega o manuscrito antes que Einstein o veja e corre para a Califórnia. No dia 4 de maio de 1935, onze dias antes de o artigo ser publicado na *Physical Review*, Einstein lê seu nome em uma manchete da edição de sábado do *New York Times*: "EINSTEIN ATACA A TEORIA QUÂNTICA — O cientista e dois colegas descobrem que, embora 'correta', ela não é 'completa'". Embaixo, um resumo do artigo em uma coluna, com citações de Boris Podolsky. O cientista mais famoso do mundo questiona uma teoria nova e premiada com seis Prêmios Nobel — sem dúvida material para um bom escândalo, mesmo que quase ninguém entenda do que realmente se trata.

Einstein fica furioso. Podolsky espalhou os resultados de suas pesquisas antes mesmo de serem publicadas. No dia 7 de maio, o *New York Times* publica uma declaração de Einstein na qual ele esclarece que Podolsky teria encaminhado os resultados "sem minha autorização. É meu costume, como sempre foi, discutir questões científicas somente em fórum apropriado e desaprovo a publicação antecipada de qualquer manifestação a respeito dessas questões na imprensa geral". Após o incidente, Einstein nunca mais falará com Podolsky.

O falatório com a imprensa não é o único motivo da ira de Albert Einstein contra Boris Podolsky. O russo tomou a liberdade de fazer uma arbitrariedade no artigo que Einstein jamais teria aprovado — se o tivesse lido antes.

Depois da argumentação sobre o fato de a mecânica quântica não estar completa, Podolsky vai além e tenta refutar o princípio da incerteza de Heisenberg com um argumento duvidoso. Com isso, vai longe demais e deixa as considerações apresentadas no artigo vulneráveis a ataques. Ele ofusca o objetivo do raciocínio de Einstein. À primeira vista, o *EPR-Paper* parece uma tentativa constrangedora de driblar o princípio da incerteza. Mas Einstein não se importa com o princípio da incerteza. Há muito tempo já desistiu de refutar a mecânica quântica, embora gostasse de o fazer. "Entretanto, não saiu tão bem quanto eu queria", escreve desapontado a Schrödinger, "mas o que mais importa acaba enterrado pela erudição, por assim dizer".

E justamente nesse artigo. É a última publicação de Albert Einstein de significado permanente e a mais citada entre todas. O *EPR-Paper* causa enorme comoção entre os colegas dos dois lados do Atlântico. "Agora temos que recomeçar tudo do zero porque Einstein mostrou que não funciona", lamenta-se Paul Dirac. Wolfgang Pauli acha o artigo uma "catástrofe" e insiste que Werner Heisenberg publique uma réplica no *Physical Review*, para "impedir, com a publicação, um certo risco de haver uma confusão na opinião pública — especificamente na América". Mas Heisenberg toma conhecimento de que Niels Bohr já está trabalhando em uma resposta e interrompe seu esboço. O próprio mestre deve pôr fim a essa heresia.

Em Copenhague, o *EPR-Paper* cai "como um raio vindo do céu", diz o colega de Bohr, Leon Rosenfeld. "Paramos tudo o que estávamos fazendo. Era preciso acabar com um mal-entendido desses imediatamente." Bohr e Rosenfeld batalham dia após dia, semana após semana para chegar a uma resposta convincente. Bohr tem dificuldade de entender os argumentos de Princeton. "O que eles podem querer dizer?", pergunta a Rosenfeld. "Você entende?" Com a ajuda de Rosenfeld, Bohr consegue formular uma resposta no espaço de seis semanas e enviá-la aos editores do *Physical Review* — uma rapidez fora do comum para ele.

Bohr desmonta o experimento mental EPR nos mínimos detalhes e do seu jeito. Não com fórmulas, mas com metáforas. "Não há dúvida", ele constata, as partículas muito distantes uma da outra não podem "interferir mecanicamente" entre si. Porém, ainda existe "a pergunta quanto a uma influência justamente sobre as condições que dizem respeito às possíveis formas de previsão referentes ao comportamento futuro do sistema". Bohr diferencia, portanto, "influenciar" ("*influence*") e "interferir mecanicamente" ("*mechanical disturbance*"). O que ele quer dizer? Que uma "influência" através de longas distâncias pode ter efeito imediato, mas uma "interferência" não? Talvez. Que a mecânica quântica refuta o princípio de localidade no qual se baseava a teoria da relatividade de Einstein? Talvez. Ninguém entende muito bem. Nem mesmo Bohr.

Mais tarde, ele vai admitir que tem dificuldade para entender seus próprios argumentos e que sua réplica é mais um exemplo perfeito da incompreensibilidade característica de Bohr, cheia de frases tortuosas e analogias obscuras. Contudo, embora se desculpe pela "deficiente capacidade de expressão" da sua resposta ao paradoxo EPR, ele nunca tentará resolver essa deficiência.

Apenas poucos físicos se aventuram pelo labirinto das palavras de Bohr. Muitos estão cansados das velhas disputas filosóficas. O simples fato de que Bohr tenha respondido já elimina suas dúvidas.

Só Schrödinger concorda com Einstein. Em 7 de junho, escreve de Oxford para Princeton: "Fiquei muito satisfeito que, no artigo agora publicado na *Phys. Rev.*, você tenha pegado de jeito a dogmática mecânica quântica, sobre a qual já discutimos tanto em Berlim, agora publicamente". Se pelo menos outros físicos também concordassem. O que Einstein receava, que o cerne da sua crítica à mecânica quântica se perdesse na apresentação de Podolsky, acaba por se confirmar. Ele recebe uma série de cartas de físicos que defendem a interpretação de Bohr da mecânica quântica e que acreditam ter encontrado erros no *EPR-Paper*. Mas há contradições entre eles onde esses erros se encontram. A maioria não percebe o dilema da mecânica quântica entre não localidade e incompletude.

Em carta a Einstein, Schrödinger expressa seu descontentamento com as reações "pouco inteligentes" ao *EPR-Paper*: "É como se alguém dissesse: em Chicago está um frio horroroso, e um outro respondesse: isso é engano, na Flórida está muito quente".

Um dos físicos que teve uma dessas reações que Schrödinger considera "pouco inteligente" foi Max Born. Ele ficou "muito decepcionado" com o trabalho de Einstein-Podolsky-Rosen, sobre o qual já ouvira coisas "sensacionais". Por outro lado, desagrada a Born também que Bohr seja "muitas vezes nebuloso e obscuro na sua maneira de se expressar".

Todo esse vaivém filosófico começa a cansar, tanto a ele como aos outros. Para que isso? A mecânica quântica funciona, sim. Muitos físicos da nova geração desejam fazer seus cálculos com ela, aplicá-la ao mundo, não ficar refletindo sobre ela. A filosofia deve ser deixada para os filósofos. Afinal, há coisas que precisam ser pesquisadas. Em menos de quatro anos depois do *EPR-Paper*, irrompe uma Guerra Mundial na qual seus cálculos vão desempenhar um papel crucial.

Garmisch, 1935

NEVE SUJA

Em 1936, a Alemanha sedia dois Jogos Olímpicos, no inverno, em Garmisch-Partenkirchen, e no verão, em Berlim. Os jogos de inverno são o ensaio geral para o verão. A Alemanha está sob observação internacional. Nos Estados Unidos, na Inglaterra, na França e na Holanda, forma-se um movimento de boicote contra a brutal política racial nazista. Os funcionários do esporte alemão sabem que, se Garmisch não der certo, Berlim não vai se realizar. Os nazistas querem aproveitar a chance de demonstrar ao mundo sua índole pacífica e sua superioridade. Impedem ataques antissemitas em Garmisch e retiram as placas de "judeus não são bem-vindos". A máquina da propaganda define a organização dos jogos até os mínimos detalhes, desde a cerimônia de abertura até o cardápio dos atletas. Muitos visitantes se deixam levar por toda a encenação, e acreditam nela — com uma bem-vinda sensação de alívio. Certo, é verdade que os nazistas podem exagerar, às vezes. Mas, vistos de perto, até que não são tão maus assim.

Na cerimônia de abertura, em 6 de fevereiro de 1936, o desfile dos atletas marcha sob uma forte nevasca, entrando no novo estádio olímpico de Garmisch-Partenkirchen lotado com sessenta mil pessoas. Quando a pira olímpica é acesa, pela primeira vez nos jogos de inverno, o feixe dos holofotes nas montanhas ilumina a cena. Fuzis da *Wehrmacht* dão uma salva de tiros. Houve-se o Hino Olímpico composto por Richard Strauss, e Adolf Hitler declara abertos os jogos.

Quando o time de hóquei no gelo começa a partida, Hitler sai do estádio. Um dos jogadores do time é Rudi Ball, que desde a introdução das Leis de Nuremberg cinco meses antes é considerado "meio judeu".

Um milhão de pessoas vão a Garmisch. A alemã Christl Cranz é aplaudida por trinta mil espectadores ao obter o melhor tempo nas duas corridas de *slalom* feminino, com seu estilo rítmico e tranquilo, e ganhar a medalha de ouro na combinação alpina, apesar de sua queda antes na modalidade *downhill*. Muitos dos visitantes dos jogos também praticam o esqui alpino, esporte da moda. Sobre as calçadas de Garmisch soa o tilintar dos fechos metálicos das botas de esqui, os esquiadores se espremem nos ônibus e trens, com suas mochilas e esquis de madeira.

O jornalista norte-americano e correspondente na Alemanha William Shirer desfruta da estada em Garmisch-Partenkirchen, para sua própria surpresa: "O cenário magnífico dos Alpes Bávaros, especialmente ao amanhecer e no pôr do sol, o inebriante ar das montanhas, as jovens atraentes com suas bochechas rosadas e suas roupas de esqui, os jogos emocionantes, especialmente o vertiginoso salto de esqui, o *bobsleigh*, as partidas de hóquei e Sonja Henie". A patinadora artística norueguesa, Sonia Henie, levanta o braço para o chanceler do Reich, formando a saudação de Hitler com tanto entusiasmo que os jornais noruegueses perguntam: "Sonja é nazista?". Henie ganha a medalha de ouro e flerta com os figurões nazistas. Depois dos jogos, Hitler a convida para um almoço na sua vasa de veraneio na montanha de Obersalzberg e lhe dá de presente uma fotografia sua com dedicatória.

Em março de 1936, três semanas depois dos Jogos Olímpicos, as tropas alemãs invadem a região desmilitarizada da Renânia. Com isso, Adolf Hitler viola os Tratados de Locarno, que haviam trazido a Alemanha de volta à comunidade das nações depois da Primeira Guerra Mundial e ajudaram a tirar os físicos alemães do isolamento.

O regime de Hitler domina a Alemanha com mãos de ferro, ninguém consegue escapar de sua influência. Nem mesmo Werner Heisenberg. Ele gostaria de ser o sucessor de seu professor Arnold Sommerfeld na cátedra de física em Munique. Sommerfeld aposentou-se na primavera de 1936 e deseja que Heisenberg ocupe o cargo. Mas Johannes Stark, o poderoso presidente do Physikalisch-Technischen Reichsanstalt e da Deutsche Forschungsgemeinschaft, as duas instituições máximas da ciência alemã, é contra. Ele diz que Heisenberg é o "espírito do espírito de Einstein" e lança uma campanha contra ele e contra a física teórica. Em 1936, ele escreve no periódico *Nationalsozialistischen Monatsheften*: "Depois das sensações e reclames da teoria da relatividade de Einstein, seguiu-se a teoria de matrizes de Heisenberg e a chamada mecânica ondulatória de Schrödinger, cada uma tão inescrutável e formalista quanto a outra".

Werner Heisenberg ganha a fama de não ter se posicionado suficientemente contra os judeus, de ser ele próprio um "judeu branco", "não alemão", e de praticar física teórica. Ele tenta se defender, fazendo com que alguns fora da Alemanha o considerem um apoiador voluntário do regime nazista e espectador silencioso da perseguição aos judeus. Max Born o chama mais tarde de "nazificado".

Em julho de 1937, Johannes Stark publica no jornal da SS *Das Schwarze Korps* um artigo com o título "*Weiße Juden in der Wissenschaft*" ["Judeus brancos na ciência"], voltado principalmente contra Werner Heisenberg. Stark chama Heisenberg de "representante do espírito de Einstein na nova Alemanha" e de "Ossietzky da física", e se queixa que, depois da "desativação" dos cientistas judeus, estes encontrariam agora "defensores e garantidores entre os arianos comparsas de judeus e crias de judeus".

Carl von Ossietzky, jornalista, escritor, pacifista e eloquente crítico dos nazistas, está na prisão desde a tomada do poder por Hitler. Em novembro de 1936, ele recebeu o Prêmio Nobel da Paz para o ano de 1935, mas a Gestapo não permite que ele viaje para a cerimônia em Oslo. Em maio de 1938, Ossietzky morre em consequência da tortura no campo de concentração e da tuberculose contraída ali.

Heisenberg vê sua carreira em risco. Receia ficar à margem das atividades científicas na Alemanha e faz de tudo para se livrar da comparação com Ossietzky e não ser considerado um "judeu branco". Para pedir proteção, ele procura Heinrich Himmler, o chefe da SS. As famílias Himmler e Heisenberg já se conhecem há muito tempo, o pai de Himmler e o avô de Heisenberg eram membros da mesma associação excursionista. Ao longo de um ano, Heisenberg aguarda uma resposta de Himmler e já começa a fazer planos para emigrar. Himmler exonera Heisenberg das acusações e reprova o "ataque" no *Schwarze Korps*. "Precisamente porque o senhor me foi recomendado pela minha família, mandei que seu caso fosse investigado com especial correção e especial rigorosidade", escreve Himmler a Heisenberg, e declara "que não aprovo o ataque no *Schwarze Korps* e proibi que outro ataque à sua pessoa aconteça". Embaixo, ele ainda coloca um "P.S. Considero certo, porém, que o senhor, no futuro, separe claramente o reconhecimento de resultados de pesquisa científica da opinião humana e política do pesquisador". Heisenberg segue a recomendação e distancia-se de Einstein: "Eu já seguira o conselho de Himmler por vontade própria, já que o posicionamento de Einstein perante o público nunca me foi simpático".

Mas nem Himmler consegue evitar completamente o dano. Assim, Heisenberg não recebe a cobiçada cadeira em Munique, mas sim o físico de segunda categoria Wilhelm Müller, membro do NSDAP, defensor da "física alemã" e, segundo Sommerfeld, o "pior sucessor que se poderia imaginar".

Seja como for, Werner Heisenberg tem que ficar em Leipzig. A situação política pesa sobre ele, física e mentalmente. Muitos dos seus colegas fugiram para o exílio, ele foge para a esfera privada. Em 28 de janeiro de 1937, organiza um concerto na residência da família de editores Bücking. Junto com os donos da casa e um violinista, tocam o trio para piano opus 1, n. 2 de Ludwig van Beethoven. No público está Elisabeth Schumacher, de vinte e dois anos, que acaba de chegar a Leipzig para um aprendizado como livreira depois de abandonar os estudos de história da arte em Freiburg. No segundo movimento, "*largo con espressione*", o coração de Elisabeth se derrete, e duas semanas mais tarde Werner Heisenberg escreve à sua mãe: "Ontem — presumindo seu consentimento — me comprometi em noivado". O casamento é em abril. Oito meses depois, Elisabeth dá à luz os gêmeos Wolfgang e Maria.

Um ano depois, Heisenberg descobre uma casa vazia em Urfeld, no lago Walchensee. Compra a propriedade por vinte e seis mil marcos de Wilhelmine Corinth, a filha do pintor Lovis Corinth, para servir de refúgio para sua família, caso estourasse a guerra. Não levaria mais de um ano até que isso acontecesse: a próxima Guerra Mundial. Werner Heisenberg recebe, em Berlim, sua convocação para o exército. Na Alemanha nazista, nada que seja privado está a salvo de ser confiscado pelo Estado.

Moscou, 1937
DO OUTRO LADO

Princeton, 1935. Paul Dirac está no auge de sua carreira. Seu escritório no Instituto de Estudos Avançados fica no mesmo corredor da sala de Albert Einstein, apenas duas portas depois. Dirac está dando os últimos retoques na segunda edição de sua obra-prima, *The Principles of Quantum Mechanics*, a "Bíblia da física moderna", como alguns colegas a chamam. O pai de Dirac, com quem ele tinha uma relação bastante difícil, morre em 1936. O físico não sofre com o luto. "Sinto-me muito mais livre agora", escreve ele a Margit Wigner, a irmã do físico húngaro Eugene Wigner. Margrit é aberta, comunicativa e fala muito, e gosta do tímido Dirac. Paul a chama de Manci. Os dois se casam em 1937 e Paul adota Gabriel e Judy, os filhos do primeiro casamento de Manci. "Você mudou minha vida de uma forma maravilhosa", diz Dirac a sua mulher depois do casamento. "Você fez com que eu me tornasse humano."

Mas existe algo que não deixa Dirac tranquilo. Pouco antes do Natal de 1934, ele recebe uma carta de Cambridge, de Anna Kapitsa, mulher do seu melhor amigo. É um pedido de ajuda. Piotr Kapitsa está impedido de sair da União Soviética há meses. "Escrevo a você como amigo de K. e da Rússia, e você entenderá a situação absurda", dirige-se Anna a Dirac, o que o deixa alarmado.

Piotr Kapitsa chegou na Inglaterra em 1929 vindo da Rússia, o país gigantesco, abalado por guerras e revoluções, para estudar física experimental. Ele parecia um "príncipe triste", como formulara um colega. Em 1919, perdera quatro de seus familiares mais próximos em apenas quatro meses. Seu filho morrera de escarlatina. Depois, sua filha, sua mulher e seu pai com a gripe espanhola. Kapitsa também foi contaminado, mas sobreviveu à doença. Durante a guerra, servira por dois anos como motorista dos médicos socorristas.

O viúvo Kapitsa vai a Cambridge e sabe exatamente o que quer: estudar com Ernest Rutherford no laboratório Cavendish. Rutherford recusa, mas Kapitsa não desiste e, por fim, Rutherford acaba por aceitá-lo. Kapitsa desenvolve um método para gerar campos magnéticos extremamente fortes, enviando pulsos de corrente alternada por bobinas especialmente construídas.

Ele admira e idolatra Rutherford. Este aceita a admiração, deixa Kapitsa se aproximar mais do que é o costume entre docentes e estudantes, e o que corresponde às regras sociais. Kapitsa torna-se o filho que Rutherford nunca teve.

Quando Rutherford não está por perto, Kapitsa o chama de "o crocodilo". Não poderia fazer um elogio maior, visto que o crocodilo é seu animal preferido. Ele coleciona poemas sobre crocodilos. Solda um crocodilo de metal na grade do radiador do seu carro. Físicos, ou talvez principalmente eles, também têm costumes esquisitos.

Quando Paul Dirac chega em Cambridge, em 1921, para trabalhar no laboratório Cavendish, o "príncipe triste" se transformara em uma das figuras mais conhecidas, queridas e animadas da cidade. O russo de estatura forte não domina totalmente nenhuma das línguas que fala, nem inglês ou francês, nem mesmo sua língua materna, o russo. Portanto, fala todas elas misturadas, fala "kapitsinês", e com vontade. As palavras jorram, ele conta histórias, explica truques com cartas do baralho. Kapitsa é o contrário do silencioso Dirac. Kapitsa adora conversar, Dirac prefere o silêncio. Kapitsa gosta de ir ao teatro, Dirac acha isso uma perda de tempo. Mas os dois compartilham do mesmo interesse pelo conhecimento, pelas leis fundamentais do mundo material. A coragem e a ousadia de Kapitsa impressionam Dirac. Os dois se tornam melhores amigos.

Piotr Kapitsa é um entusiasta do comunismo, tão entusiasta que Rutherford o proíbe, logo no primeiro dia no laboratório de Cavendish, de divulgar propaganda comunista. Kapitsa nunca entrou para o Partido Comunista, mas se engaja pela causa da revolução e viaja todos os anos para a União Soviética, para trabalhar no programa de industrialização de Josef Stálin. "Simpatizo totalmente com a reconstrução socialista por meio da classe trabalhadora e com o amplo internacionalismo do governo soviético sob a liderança do Partido Comunista", diz ele.

É uma empreitada perigosa poder voltar para Cambridge, e se torna mais perigosa a cada ano. Na década de 1920, o medo do comunismo se alastra na Inglaterra. A fama de Kapitsa de ser um *"bolshie"* se espalha. Acaba chamando a atenção do serviço secreto MI5, e um departamento especial da polícia o observa.

Em outubro de 1925, quando o economista John Maynard Keynes fica sabendo que Kapitsa já está de novo a caminho da União Soviética, para aconselhar os comissários populares sobre a eletrificação do país, ele alerta: "Receio que, mais cedo ou mais tarde, ele será detido". Que nada, diz Kapitsa. Ele acredita na promessa do aparato soviético de que poderá entrar e sair do país sempre que quiser.

Também em Cambridge, Piotr Kapitsa inicia uma revolução. A subserviência dos jovens físicos ante os professores não lhe agrada. Em outubro de 1922, funda o Kapitsa-Club, onde se discute a física abertamente e sem hierarquias. O clube se reúne todas as terças-feiras à noite em algum quarto do Trinity College — entrada apenas com convite. Quem tem coragem fala sobre sua pesquisa, sem manuscrito, com um pedaço de giz e um quadro sobre um cavalete. Interrupções para perguntas são permitidas. O fogo queima na lareira, as cadeiras são poucas. A maioria senta-se no chão. Às vezes, é feita uma votação se o palestrante tem razão ou não. Werner Heisenberg se apresenta no Kapitsa-Club em 1925, Erwin Schrödinger, em 1928.

Em setembro de 1934, quando Kapitsa está visitando sua mãe e família, seu passaporte é confiscado. Sua mulher, Anna, pode voltar para Cambridge com os filhos, Sergej, de seis anos, e o pequeno Andrej, de três, mas ele fica impedido de viajar, fechado em um quarto de hotel tristemente mobiliado em Moscou. Passam-se três meses. Anna se desespera. Ficar detido na União Soviética, pela qual ele já fez tanto, é "um choque terrível" para o seu marido, ela escreve a Dirac, "provavelmente o pior de sua vida". Ela tem receio que a coisa chegue à imprensa, que "as pessoas comentem" e que isso acabe com as chances de rever seu marido. Ela implora a Dirac, que recebeu o Prêmio Nobel no mesmo ano, que ele interceda por Piotr junto ao embaixador russo em Washington. "Penso que esse é o único caminho para fazer algo."

Dirac dá início a uma campanha para a liberação de Kapitsa. Ele se aconselha com Albert Einstein e Abraham Flexner, o diretor do Instituto de Estudos Avançados, e insiste para que Ernest Rutherford, "o crocodilo", interceda por Kapitsa. Rutherford ativa então todos os seus contatos diplomáticos, mas em vão. "Sinto-me como uma virgem que foi estuprada quando acreditava que estava se entregando por amor", queixa-se Kapitsa em uma carta da União Soviética. Com frases como essa, ele se arrisca a ser deportado para um campo de trabalhos forçados. A censura soviética lê sua carta, o serviço secreto britânico também.

Em Cambridge, Paul Dirac faz as vezes de pai para Sergej e Andrej. Ele faz passeios com os filhos de Kapitsa no seu carro velho, organiza para eles fogos de artifício em comemoração ao *Gunpowder Plot* (Conspiração da Pólvora), a tentativa dos católicos britânicos em 1605 de explodir o Parlamento com todo o governo e a família real dentro, usando pólvora preta. Durante meses interrompe seu trabalho por eles. E quando nada mais ajuda, ele parte para a União Soviética juntamente com Manci, no verão de 1937, contrariando os conselhos de seus amigos. Eles acabaram de se casar.

Para muitos cidadãos da União Soviética, o ano de 1937 é o pior dos horrores: o auge do "Grande Expurgo", prisões, tortura e assassinatos, a campanha caótica e brutal de Stálin para oprimir a todos. No final de 1937, cerca de quatro milhões de pessoas morreram em consequência do Grande Expurgo. Nem Dirac nem Kapitsa têm conhecimento da dimensão desses horrores. O socialismo continua a ser seu ideal político.

Em julho de 1937, apenas dias antes de Josef Stálin legalizar a tortura de supostos inimigos do povo, os Dirac chegam à *dacha* dos Kapitsa em Bolshevo, no nordeste de Moscou. O calor é sufocante.

Paul e Manci ficam três semanas. Piotr e Paul cortam árvores no ar fresco da manhã e colhem morangos. Na sombra da varanda, Paul conta histórias sobre o "crocodilo" Rutherford. Manci luta com as condições rudimentares da *dacha*, onde não há nem sequer papel higiênico. Nenhum deles imagina que nas florestas das vizinhanças pessoas são torturadas, mortas e enterradas. Os Dirac têm que voltar.

Piotr Kapitsa tem que ficar em Moscou. Em um instituto construído pelo Estado especialmente para ele, continua com os experimentos que teve que deixar para trás em Cambridge. Pouco depois da visita dos Dirac,

Piotr descobre o hélio "superfluido", que perde toda a resistência ao atrito a temperaturas muito baixas, escorre subindo as paredes, contra a força da gravidade. Só é possível explicar esse comportamento raro com a mecânica quântica. Kapitsa é o pai da física de baixas temperaturas.

Dirac e Kapitsa não imaginam que se passarão vinte e nove anos até que se reencontrem: em 1966, em uma época muito diferente, durante a era atômica e a Guerra Fria.

Berlim, 1938

NÚCLEOS QUE EXPLODEM

Berlim, 1907. Aos vinte e oito anos, o químico Otto Hahn é caso atípico no Instituto de Química da universidade. Seu tema é a radioatividade. "Isso por acaso é química?", perguntam os colegas mais antigos. "Ou seria alquimia?" Hahn é especialista na produção de novos elementos no laboratório. Mas isso não é o que o impostor e alquimista Cagliostro já tentara fazer muito antes, ainda no século XVIII? Agora, Hahn está sentado na sala de Emil Fischer, diretor do instituto e detentor do Prêmio Nobel, pedindo algo inimaginável. Ele quer que Lise Meitner venha trabalhar com ele no laboratório. Uma mulher e física. Fischer não aceita mulheres estudantes nas suas aulas, menos ainda pesquisadoras no seu instituto, que, quando muito, só permite a entrada das empregadas da limpeza. "De jeito nenhum, não vou transformar isto aqui em um recanto feminino!", replica Fischer.

Mas Hahn insiste e consegue obter a permissão de Fischer para trabalhar com Meitner, sob condições rigorosas. O laboratório de Hahn e Meitner fica instalado em uma oficina de madeira no porão do instituto. A sra. Meitner não deve ser vista no instituto sem ser chamada. O laboratório tem uma entrada separada que Meitner deve usar. Não existe um banheiro feminino, Meitner precisa ir até um restaurante nas vizinhanças. Às vezes, ela se esconde embaixo de um banco para poder ouvir uma aula. Ela trabalha como "convidada sem remuneração", não recebe salário e continua dependendo do dinheiro que seus pais lhe enviam de Viena. Lise Meitner se alimenta de pão e café.

Convive com injustiças como essas já há três décadas. Nasceu em Viena, em 1878, uma época em que meninas não tinham direito a uma educação de nível avançado. Mulheres jovens deviam ter filhos. Nos raros casos em que trabalhavam, eram, no máximo, professoras. Lise, que já se interessava por ciências naturais desde a escola, não tem permissão para frequentar uma escola de nível superior. Depois de oito anos na escola para meninas, ela começa uma formação para ser professora de francês, prepara-se sozinha para fazer o *Matura*, o exame de habilitação para o ensino superior na Áustria, e é aprovada aos vinte e dois anos. Por sorte, a Universidade de Viena começou recentemente a aceitar mulheres estudantes. Lise Meitner acelera suas atividades. Inscreve-se nos cursos de matemática, filosofia e física, estuda com Ludwig Boltzmann, faz seu doutorado depois de apenas oito semestres, sendo a segunda mulher na Universidade de Viena. Aos vinte e oito anos, parte para Berlim, a capital da física, onde permanecerá por trinta anos. Ela quer aprender ainda mais, quer estudar com Max Planck. Mas, em Berlim, não é permitido às mulheres estudar. Lise Meitner se arrisca e consegue uma audiência com o conselheiro Planck, declara que veio para Berlim porque deseja ter "uma verdadeira compreensão da física". Surpreso, Planck pergunta à mulher delicada, que parece tímida à primeira vista: "Mas a senhora já tem um doutorado, o que mais pode querer?". Planck tem uma mentalidade tradicional, já se declarou contra as "amazonas femininas" na ciência. Mas não se recusa ao diálogo, pois reconhece que Lise Meitner parece ser uma exceção. Ela está autorizada a se inscrever nas suas aulas.

Lise Meitner não protesta contra a discriminação. Em vez disso, responde aos preconceitos contra mulheres, enraizados na mentalidade dos homens, com ações. No primeiro ano de seus experimentos juntos, Hahn e Meitner produzem uma série de novos isótopos: novos átomos de elementos conhecidos com outra massa. A notícia do talento de Meitner logo se espalha. Em 1909, ela apresenta uma palestra sobre radiação beta em um congresso em Viena, um ano depois se encontra com Marie Curie, vencedora do Prêmio Nobel, em Bruxelas. Mais tarde, se lembrará dos anos no porão do instituto como a época mais feliz de sua vida. "Éramos jovens, alegres e despreocupados, talvez despreocupados demais politicamente."

Depois de alguns anos, Max Planck a nomeia para ser a primeira assistente universitária feminina da Prússia. Para Lise Meitner, o cargo é "como um passaporte" para entrar na comunidade científica, tão inacessível para mulheres, e "uma grande ajuda para superar os preconceitos vigentes contra mulheres acadêmicas". Albert Einstein a chama de "Marie Curie alemã".

Meitner assina seus trabalhos na revista *Naturwissenschaftlichen Rundschau* apenas com o sobrenome, o que faz muitos leitores acreditarem que se trata da publicação de um homem. A redação da Brockhaus escreve ao suposto "senhor Meitner", para sondá-lo para um artigo para a enciclopédia. Quando Lise Meitner se apresenta como mulher, a redação perde o interesse pela sua contribuição.

Lise Meitner teria talvez definhado como "convidada sem remuneração" no grupo de pesquisa de Otto Hahn, se não fosse a oferta de um cargo como docente na Universidade de Praga. Só então os prussianos percebem o valor de Meitner. Aos trinta e cinco anos, ela é contratada para um cargo fixo no Instituto Kaiser Wilhelm de Química, em 1913, alegra-se com as "maravilhas da ciência" e pode, finalmente, pagar o seu próprio café.

Então, irrompe a Primeira Guerra Mundial, e há coisas mais importantes que a ciência. Lise Meitner se apresenta como voluntária para ser enfermeira de raios X no front oriental da Áustria. Em 1916, retorna profundamente abalada pelos horrores da guerra e consegue permissão para continuar as pesquisas com Otto Hahn no seu velho laboratório — caso Otto Hahn estivesse em Berlim. Hahn está servindo no "regimento de gás", onde desenvolve um gás tóxico na "Unidade especial para guerra química", comandada por Fritz Haber. Hahn treina soldados para os ataques com gás, viaja entre os fronts no leste, oeste e sul, e os institutos de pesquisa em Berlim e Leverkusen. Só tem tempo para se encontrar com Lise Meitner no laboratório durante suas raras licenças. Assim, deve-se principalmente a Meitner que, pouco antes do fim da guerra, em 1917, os dois consigam produzir o novo elemento, o protactínio: estável e radioativo, o elemento recebe o número 91 na tabela periódica.

Sob alguns aspectos, o fim do domínio da dinastia dos Hohenzollern e o início da república, em 9 de novembro de 1918, significa uma libertação para as mulheres, também para Lise Meitner. A partir de 1920, passa a ser permitido que elas façam sua habilitação, o grau acadêmico máximo para professores nas universidades. Meitner recebe permissão de ensino imediatamente, graças ao trabalho feito até então, treze anos depois de Otto Hahn, que tem a sua idade. Sua aula inaugural é sobre "a importância da radioatividade para processos cósmicos". Um repórter troca isso para "processos cosméticos". Esse tipo de situação ridícula provocada pela indiferença dos representantes masculinos só a faz rir. Ultrapassando um concorrente masculino depois do outro, ela logo dirige seu próprio departamento no Instituto Kaiser Wilhelm, pesquisa o decaimento beta e a radiação gama, viaja para congressos no mundo inteiro, muda-se para seu próprio apartamento no casarão de diretores do Instituto Kaiser Wilhelm, em Dahlem. Em 1926, Meitner recebe uma cadeira extraordinária como professora de física nuclear e torna-se a primeira mulher professora de física na Alemanha.

Hahn e Meitner formam uma dupla estranha: puramente científica. Os dois trabalham juntos intensamente durante trinta anos, motivando e apoiando um ao outro. Nunca têm suas refeições juntos, a não ser em ocasiões oficiais, nunca fazem passeios juntos nem visitas à casa de um ou do outro. Até bem tarde, na década de 1920, os dois se tratam formalmente, com o distante "*Sie*", a forma de tratamento alemã que corresponde ao "senhor" e "senhora". Hahn se casa em 1913.

Meitner nunca se casa.

Casamento e filhos não lhe fazem falta. "Simplesmente não tive tempo para isso", diz ela. Seus funcionários são sua família. Feminismo? Não precisa disso. Anos mais tarde, reconhecerá "como essa minha opinião estava enganada e o quanto cada mulher que atua na área intelectual deve às mulheres que lutam por direitos iguais".

A ciência é a sua vida e não poderia correr melhor. Até 1933, o ano da tomada de poder dos nazistas. Muitos colegas de origem judaica saem do país. Lise Meitner foi batizada na Igreja Luterana, recebeu uma educação liberal, mas consta do seu registro de nascimento a origem judaica. Pela definição dos nazistas, isso a torna "não ariana". Meitner está com cinquenta e cinco anos e recusa-se a deixar para trás a obra de sua vida em Berlim. Rejeita ofertas do exterior, resiste em Berlim e se arrependerá disso mais tarde: "Hoje sei", diz depois da guerra, "que não só foi uma decisão estúpida, mas também uma enorme injustiça, pois, afinal, ao permanecer, eu apoiei, na verdade, o hitlerismo".

Por sorte, a nacionalidade austríaca de Meitner a protege contra discriminações ainda piores. Ela continua a pesquisar e convence Hahn a trabalhar com ela novamente. Seu objetivo é produzir átomos que sejam ainda mais pesados que o mais pesado elemento conhecido do urânio: elementos transurânios. O que eles visam é fechar a lacuna que se abre na tabela periódica depois do urânio.

Para isso, Meitner e Hahn disparam nêutrons, recentemente descobertos no laboratório de Cavendish, em Cambridge, em átomos de urânio, na esperança de que os nêutrons penetrem os núcleos. Em 1935, Lise Meitner, Otto Hahn e o jovem químico Fritz Strassmann iniciam experimentos cuja força literalmente explosiva ninguém é capaz de imaginar. Experimentos que mudariam os rumos da história do mundo.

Antes, porém, a história do mundo mudava os rumos dos experimentos. Com a "anexação" da Áustria ao Reich alemão, o passaporte austríaco de Lise Meitner perde a validade. Como "judia do Reich alemão", ela corre o risco de ser perseguida sem qualquer proteção de um dia para o outro. Não pode mais trabalhar e de modo algum viajar para o exterior. O químico Kurt Hess, membro do NSDAP e adversário de Lise Meitner, a denuncia por "ameaça ao instituto". Meitner tenta conseguir que o Ministério do Interior emita para ela documentos alemães válidos. Em vão. "Judeus de destaque" não podem mais sair do país, declara o ministério.

Lise Meitner está presa na armadilha.

Só lhe resta a fuga. No dia 13 de julho de 1938, faz as malas rapidamente e junta em apenas uma hora e meia as poucas coisas mais importantes. Amigos conseguem levá-la clandestinamente para a Holanda, de onde parte para a Dinamarca e segue até Estocolmo, onde o Instituto Nobel lhe oferece um cargo temporário de pesquisadora e ela fica em segurança.

Lise Meitner está longe do laboratório de pesquisa atômica no Instituto Kaiser Wilhelm, mas não afastada dos avanços dos experimentos. Às escondidas, Hahn e Strassmann a mantêm informada sobre o andamento. Ela continua a ser, segundo Strassmann, a "líder intelectual na nossa equipe".

No outono de 1938 fica provado que Lise Meitner fez bem em fugir da Alemanha enquanto foi possível. Com a Noite dos Cristais, a noite de 9 de novembro de 1938, começa na Alemanha o maior genocídio da Europa. Por todo o país, lojas e sinagogas judaicas são destruídas e saqueadas pelos nazistas. Vitrines são quebradas com pedras, móveis triturados com machados. Mais de cem judeus são assassinados, milhares presos e arrastados para campos de concentração, inúmeras pessoas são maltratadas, agredidas e humilhadas. Os bombeiros ficam ao largo para garantir que as chamas dos negócios judeus não se alastrem para outros prédios. Os nazistas organizam a ação, que chamam de Noite dos Cristais por causa das vitrines quebradas, a partir de Berlim. Adolf Hitler não quer que seu nome esteja ligado aos ataques e deixa que Hermann Göring e Joseph Goebbels façam o "trabalho".

Hahn e Strassmann se esforçam dia após dia no laboratório, mas não conseguem avançar. Há meses tentam produzir elementos mais pesados que o urânio, mas suas análises químicas indicam, por estranho que pareça, que átomos muito mais leves devem estar presentes. Parecem ser átomos de rádio. Isso não faz sentido. De onde vêm esses átomos? Sem encontrar respostas, Otto Hahn viaja, em novembro, para encontrar Niels Bohr em Copenhague, o mestre dos átomos. Lise Meitner e seu sobrinho, o físico Otto Frisch, também viajam de Estocolmo. Tantas mentes inteligentes, e nenhuma consegue explicar as medições.

Quando Hahn e Strassmann retomam o trabalho em Berlim, a coisa fica ainda mais estranha. Descobrem que não é nenhum rádio. É bário, cujo peso atômico de pouco mais de 137 é apenas a metade do peso do urânio, 238. Os átomos de urânio teriam se partido sob o bombardeio de nêutrons? Falta a Hahn a capacidade de imaginação física para pensar ou exprimir essa suposição. Ele é um excelente experimentador, mas não uma exceção ao princípio de conservação da genialidade, segundo o qual experimentadores geniais são péssimos teóricos, e vice-versa.

Em 19 de dezembro de 1938, Otto Hahn escreve uma carta a Lise Meitner em Estocolmo, na qual expressa todo o seu desespero e ideias confusas: "São onze da noite agora; às onze e meia, Strassmann pretende voltar, para que eu possa, enfim, ir para casa. Existe algo com relação ao 'isótopo de rádio' que é tão incomum que, por enquanto, só dizemos a você. Poderia ser mais uma coincidência extremamente peculiar... mas estamos chegando cada vez mais à terrível conclusão: nossos isótopos de rádio não se comportam como rádio, mas como bário".

O que aconteceu com o urânio? "Nós sabemos que ele, na verdade, não pode se partir em Ba", escreve Hahn a Meitner. "Talvez você possa sugerir alguma explicação fantástica para isso?" Ela não pode, pelo menos não tão rápido, precisa de tempo para calcular. "Parece-me muito difícil pressupor uma explosão de tal dimensão", responde Meitner, em 21 de dezembro de 1938, "mas já tivemos tantas surpresas na física nuclear que não se pode dizer que mais nada seja impossível".

No mesmo dia, Hahn dirige-se a Meitner, insiste, suas cartas se cruzam: "Não podemos manter nossos resultados em segredo, mesmo que sejam absurdos, do ponto de vista da física. Como você vê, estará fazendo um bom trabalho se encontrar uma saída".

Durante um passeio de inverno, Lise Meitner e Otto Frisch discutem as misteriosas medições de Berlim. Na floresta sueca coberta de neve, os dois se sentam sobre um tronco de árvore e anotam suas ideias em um pedaço de papel. Esboçam um novo modelo do núcleo atômico. Com o impacto de um nêutron, um núcleo pesado pode balançar como uma gota de água. Se ele se deformar o suficiente, a repulsão elétrica de longo alcance supera a força nuclear de curto alcance que o mantém unido. O núcleo se parte em uma explosão. Com a fórmula de Einstein, $E=mc^2$, Meitner e Frisch estimam a energia da explosão. Ela é gigantesca.

Frisch vai a Copenhague e apresenta a teoria a Bohr, que bate com a mão na testa: "Mas que idiotas todos nós fomos! Poderíamos ter previsto isso". Entretanto, Bohr prevê agora algo que lhe dá calafrios: a destruição que essa energia gerada pelo núcleo atômico poderá causar. E essa destruição acontecerá mais rápido do que todos os físicos possam imaginar. E trará sombras sobre os anos brilhantes da física até então.

Oceano Atlântico, 1939

A TERRÍVEL NOTÍCIA

Em janeiro de 1939, Niels Bohr e seu assistente Leon Rosenfeld partem em um navio a vapor pelo Atlântico, a caminho de Nova York, para visitar Albert Einstein em Princeton. Trazem uma notícia terrível: Otto Hahn conseguiu a fissão nuclear. Junto com Fritz Strassmann, ele conseguiu "explodir" núcleos de urânio bombardeando-os com nêutrons.

Apenas quatro dias antes de o navio partir com Bohr e Rosenfeld a bordo, Otto Frisch trouxera a notícia para Copenhague e Bohr reconhecera imediatamente sua violenta importância. Justamente na Alemanha nazista, fora dado o passo decisivo para a construção de uma bomba atômica.

Na verdade, Bohr pretendia continuar com as discussões sobre a física quântica, que já mantém com Einstein nos últimos dez anos, mas o grande mestre da mecânica quântica não se interessa mais por isso. Durante a travessia, seus pensamentos se afastam cada vez mais da mecânica quântica e giram em torno da física nuclear.

Bohr passa o semestre da primavera em Princeton. Todos os dias, de janeiro a abril de 1939, reflete e discute sobre a fissão nuclear, anota fórmulas nos quadros e as apaga novamente. Suas discussões se dão principalmente com o americano John Wheeler, que estudou com ele em Copenhague e agora ensina na Universidade de Princeton. Einstein fica de fora. Não se interessa pelos detalhes da fissão nuclear e não acredita na sua utilidade.

Juntamente com Wheeler, Bohr começa a reproduzir a fissão de núcleos de urânio. Como base, usam o trabalho de Lise Meitner e seu sobrinho Otto Frisch, que foram obrigados a fugir para a Suécia e ali desenvolveram a teoria da fissão nuclear. É possível iniciar uma cascata de fissões nucleares na qual a energia da fissão de um núcleo gere a fissão de outros núcleos, liberando ainda mais energia: uma reação em cadeia? A bomba seria possível?

Niels Bohr e John Wheeler analisam repetidamente as possibilidades de iniciar uma reação em cadeia e, por fim, colocam dois colegas da Hungria a par do assunto: Leo Szilárd e Eugene Wigner. Os encontros são absolutamente confidenciais. O que eles fazem já não é mais mera ciência.

Em 15 de março de 1939, Bohr, Wheeler, Szilárd e Wigner têm um longo encontro em um escritório vazio, ao lado da sala de Wigner, no Fine Hall de Princeton. Até poucas semanas atrás, Albert Einstein ainda estava por lá na sua busca solitária por uma teoria do campo unificado, antes de se mudar para o novo prédio do Instituto de Estudos Avançados. Alguns dias antes, durante um passeio do Princeton Club até o Fine Hall, Bohr se deu conta de algo decisivo: a fissão nuclear medida por Otto Hahn acontece apenas com o raro isótopo urânio 235, não com o urânio 238, que é bem mais frequente.

É um paradoxo: é preciso aumentar um núcleo de urânio para que ele possa ser fissionado. Mas ele também não pode ser grande demais. Nêutrons adicionais podem fazê-lo explodir ou estabilizá-lo. Bohr e Wheeler calculam que os dois isótopos, urânio 235 e urânio 238, têm propriedades muito diferentes. Quando um nêutron se choca com o núcleo do isótopo 235, o núcleo se parte em dois núcleos mais leves, uma enorme quantidade de energia é liberada e alguns nêutrons se espalham, que por sua vez poderão provocar a fissão de outros núcleos. Uma quantidade suficientemente grande de urânio 235, a "massa crítica", gera uma cascata de nêutrons que inicia uma reação em cadeia. Com uma bola de urânio do tamanho de uma bola de handebol seria possível destruir uma cidade inteira. Ou abastecê-la por muitos dias com energia elétrica, se a reação em cadeia puder ser controlada.

Com o urânio 238 é diferente. Os três nêutrons adicionais estabilizam o núcleo. Ele não se deixa mais dividir tão facilmente com nêutrons. Não é leve o suficiente para uma reação em cadeia. Mais de 99% do urânio natural explorado nas minas consiste em U-238. "Então separamos o U-235", diz Szilárd, "e construímos bombas atômicas com ele".

"Seria possível", responde Bohr. "Mas só daria certo se os Estados Unidos se transformassem em uma enorme fábrica." O urânio contém apenas 0,7% de urânio 235. Para extraí-lo, seria preciso um grande esforço técnico, em fábricas com centenas de centrífugas enfileiradas.

Mas qual é a alternativa? Se nós não o fizermos, segundo os estrategistas de guerra norte-americanos, os nazistas o farão. No outono de 1938, o exército alemão ocupa a região da Boêmia. Os nazistas agora têm acesso às minas de urânio no vale de Joachimsthal, onde os Curie tinham obtido a pechblenda para suas pesquisas trinta anos antes. Motivo de preocupação e para se apressar. Na Alemanha, pesquisadores atômicos proeminentes já tinham fundado na primavera de 1939 a "Associação do Urânio", com o intuito de desenvolver uma "máquina de urânio". Os físicos e o serviço secreto nos Estados Unidos temem que os nazistas estejam muito mais adiantados na pesquisa e no uso da fissão nuclear.

No verão de 1939, Werner Heisenberg chega aos Estados Unidos para uma série de palestras. Em Michigan, visita Enrico Fermi, o físico de Roma que é casado com uma mulher judia e fugiu das leis racistas dos fascistas para os Estados Unidos, e Samuel Goudsmit, o físico holandês que descobriu o spin de elétrons quando ainda era um tímido estudante. Depois de emigrar, Goudsmit mudou a grafia do seu sobrenome para Goudschmidt, para manter a pronúncia. "Por que não fica nos Estados Unidos?", pergunta Fermi a Heisenberg. "Aqui você estaria do lado da decência e da civilização." Heisenberg responde que "teria a sensação de ser um traidor" e diz uma frase que Goudsmit não esquece: "A Alemanha precisa de mim". "E se Hitler obrigá-lo a construir a bomba atômica?", pergunta Fermi. A guerra será decidida antes que a bomba esteja pronta, acredita Heisenberg.

Certa tarde de domingo, Werner Heisenberg está sentado com John Wheeler durante um piquenique e diz que terá de retornar em breve, para "treinamentos de tiro com metralhadoras nos Alpes da Baviera". No vapor *Europa* quase vazio, Heisenberg atravessa o Atlântico de volta e poucas semanas mais tarde é convocado para o serviço militar e, para sua surpresa, não com os *Gebirgsjägern*, as tropas de infantaria nas montanhas, mas com o *Heereswaffenamt*, a central de armas do exército.

Depois que a guerra começa, o regime de Hitler toma conta da Associação do Urânio. A central de armas do exército desenvolve um "Plano de trabalho preparatório para iniciar testes para a utilização da fissão nuclear". Carl Friedrich von Weizsäcker muda-se para Berlim para participar do projeto. Werner Heisenberg desenvolve um reator de urânio no qual a água pesada funciona como "substância de frenagem" dos nêutrons projetados durante a fissão nuclear. Apenas nêutrons lentos podem provocar a fissão de outros núcleos atômicos.

Em um relatório para a Associação do Urânio, Heisenberg escreve: "O enriquecimento do urânio 235 é também o único método para fabricar explosivos que ultrapassam em várias ordens de grandeza o poder de explosão dos mais potentes explosivos até hoje". Sua ideia de uma bomba que faça "Nova York incinerar" completamente impressiona o *Heereswaffenamt*.

Albert Einstein, já com sessenta anos, procura tranquilidade e retira-se para sua casa de veraneio em Long Island durante o verão: seu desejo é tocar violino, velejar pelo Atlântico, ler à sombra das castanheiras. Mas o horror não o deixa em paz, nem ali. Leo Szilárd vem visitá-lo duas vezes. Os dois se conhecem de Berlim, ali desenvolveram juntos, na década de 1920, uma "geladeira automática popular". Agora, Szilárd insiste que Einstein faça alguma coisa contra a ameaça atômica da Alemanha. Quem sabe ele possa escrever uma carta ao governo belga? Os maiores depósitos de urânio do mundo estão na colônia do Congo belga. Talvez fosse possível ainda evitar que caiam nas mãos dos alemães? Não, Einstein e Szilárd reconhecem que não. Poucos meses depois, o exército alemão ocupa a Bélgica e começa a transportar para Berlim milhares de toneladas de minério de urânio das minas do Congo.

Einstein e Szilárd decidem escrever para o presidente norte-americano, Franklin Delano Roosevelt. Einstein dita a carta em alemão, Szilárd a escreve e revisa. O "pacifista convicto", como o próprio Einstein se descreve, insta Roosevelt a desenvolver uma bomba atômica. Alerta o presidente informando que a recém-descoberta da fissão nuclear poderia levar a "um novo tipo de armas extremamente efetivas" e propõe um plano para acelerar a pesquisa da fissão nuclear para fins militares. No Instituto Kaiser Wilhelm, em Berlim, essa pesquisa já estaria em andamento, escreve Einstein, e cita o nome de Carl Friedrich von Weizsäcker, "o filho do secretário de Estado no Ministério das Relações Exteriores".

Einstein assina a carta em Peconic, Ling Island, em 2 de agosto de 1939: "Yours very truly, Albert Einstein". Anos mais tarde, ele dirá que essa carta foi "o grande erro da minha vida". "Se eu soubesse que os alemães não conseguiriam desenvolver uma bomba atômica, teria ficado longe de tudo aquilo."

Roosevelt, porém, não tem tempo para cartas de cientistas atômicos. A situação do mundo é tenebrosa. Hitler invadiu a Polônia. Grã-Bretanha e França declararam guerra à Alemanha. A carta só chega às mãos de Roosevelt em 11 de outubro de 1939. "É preciso agir", conclui Roosevelt, para que "os nazistas não nos explodam". Ainda no mesmo dia, ele dá início ao Projeto Manhattan para o desenvolvimento de uma bomba atômica. O projeto começa lentamente e só ganha mais velocidade depois que Einstein escreve mais duas cartas a Roosevelt, com sugestões para a organização do projeto e mais advertências sobre os construtores da bomba alemã. O Projeto Manhattan não transforma apenas os Estados Unidos em uma fábrica de urânio. Ele exige a união de forças de três Estados: Grã-Bretanha, Canadá e Estados Unidos.

Muitos dos melhores físicos do mundo participarão do Projeto Manhattan, entre eles alguns que fugiram da Alemanha ou de algum país ligado a ela. Otto Frisch, que nesse meio-tempo vive na Inglaterra, calcula que cinquenta quilos de U-235 já possam produzir a força explosiva de quinze mil toneladas de TNT.

Niels Bohr volta para Copenhague e deixa os Estados Unidos em maio de 1939. Em 1º de setembro do mesmo ano, tropas alemãs transpõem a fronteira da Polônia. No mesmo dia, a *Physical Review* publica o artigo de Bohr e Wheeler: "*The Mechanism of Nuclear Fission*". Nenhuma palavra nele sobre uma reação em cadeia.

No dia 9 de abril do ano seguinte, o exército alemão invade a Dinamarca. Duas horas mais tarde, o governo dinamarquês se rende. Adolf Hitler pretende estabelecer um "protetorado modelo" na Dinamarca, para demonstrar ao mundo suas intenções pacíficas. Niels Bohr, que já oferecera abrigo a tantos físicos no passado, será em breve também um refugiado.

Copenhague, 1941

ESTRANHAMENTO

Copenhague, noite de 16 de setembro de 1941. Dois homens caminham pela cidade. Os dois já passearam juntos muitas vezes, aqui em Copenhague, e, pela primeira vez, vinte e dois anos antes, em Gottingen: Niels Bohr, de cinquenta e cinco anos, e Werner Heisenberg, de trinta e nove. Naquela época, Heisenberg tornou-se uma espécie de filho adotivo de Bohr, depois foram colegas e, juntos, lançaram a mecânica quântica. O primeiro passeio em Gottingen parece ter sido há uma eternidade. Agora, no Faelledparken, Heisenberg descobriu o princípio da incerteza, durante um passeio noturno. Ambos envelheceram, seus passos são mais lentos. Os dois se encontram em lados diferentes de uma guerra. Pai e filho tornaram-se estranhos.

Heisenberg veio de Berlim com a desculpa de dar uma palestra sobre radiação cósmica. Ficará a semana inteira em Copenhague, mas precisa falar com Bohr imediatamente, dirige-se apressado para a casa dos Bohr, cumprimenta Margrethe e os filhos. Depois sai com Bohr para o parque. Ali não podem ser ouvidos. Heisenberg vai direto ao assunto: a bomba. Tem tanta esperança nessa conversa que não percebe o rumo que ela toma. A antiga familiaridade não existe mais. Entre Bohr e Heisenberg há algo que não estava presente no passado, nem mesmo de forma subliminar: desconfiança.

Bohr hesita. Heisenberg não fala mais como antes. Bohr ouve o jargão nazista no que diz. A profecia de Heisenberg de que a física teria um papel extraordinário em uma Europa dominada por Hitler o deixa alarmado. O que Heisenberg quer? Por que veio para a cidade ocupada de Copenhague?

Ele é um amigo ou inimigo? É um espião da Gestapo? Tem a intenção de sondar Bohr? Ou de protegê-lo?

A mãe de Bohr era de uma família de judeus, portanto, pelas categorias nazistas, ele é um "meio-judeu". Além disso, está engajado com a resistência contra a ocupação nazista do seu país e teve contato com os físicos do projeto americano para a bomba atômica. O serviço secreto alemão o observa. Já esteve várias vezes em vias de ser preso. Faz apenas uma semana que a polícia prendeu trezentos comunistas dinamarqueses no campo de Horserod, na ilha Seeland.

Heisenberg também não está feliz. Há pouco tempo ficou sabendo que seu aluno preferido, Hans Euler, do Tirol do Sul, foi dado como "desaparecido no front oriental" depois da queda do seu avião. Euler, um comunista adversário dos nazistas, recusou-se a participar do projeto do urânio, Heisenberg o incentivava e o protegia. Durante uma crise pessoal, Euler se apresentou como voluntário para servir como meteorologista e navegador do esquadrão de reconhecimento meteorológico da força aérea — como se "estivesse buscando um motivo para morrer", escreveu seu colega Carl Friedrich von Weizsäcker. Pouco depois do ataque à União Soviética, em 23 de julho de 1941, o motor da sua aeronave foi atingido. Após um pouso de emergência no mar de Azov, pescadores prenderam a tripulação. O que aconteceu com Euler depois disso, Heisenberg não sabe. Tentou em vão descobrir o destino do seu aluno.

Na Europa, ninguém mais se sente seguro. Ninguém sabe como essa guerra acabará. Os alemães estão no controle, venceram a França e dominam a maior parte do continente. O exército avança a todo vapor em direção a Moscou e Heisenberg fala da ofensiva como se já fosse vitoriosa. Mas o pior ainda espera pelas tropas alemãs.

Werner Heisenberg é o principal cientista do projeto do urânio. Está construindo um "queimador de urânio" que deverá fornecer energia para a indústria bélica e que, em formato miniaturizado, poderia alimentar os tanques e os submarinos alemães. Juntamente com Weizsäcker, descobriram mais um elemento além do urânio 235. Weizsäcker acaba de registrar uma patente para um "processo para geração explosiva de energia e nêutrons, por exemplo, em uma bomba", e Heisenberg está convencido de que o caminho para a invenção da bomba atômica se abre à sua frente.

Embora esteja acostumado a falar abertamente com Bohr, agora é obrigado a manter sigilo absoluto. Por isso, fala misturando as palavras, faz insinuações exageradas sobre reatores e bombas. É difícil para Heisenberg avaliar o quanto Bohr sabe. Ele entende que precisa ter cuidado, pois tem inimigos poderosos no aparato nazista. Uma frase descuidada pode lhe custar caro.

Niels Bohr não está construindo nenhuma bomba. Desde o ano que se passou, não soube mais nada sobre o projeto atômico norte-americano. A insinuação de Heisenberg de que a guerra poderia ser decidida com a bomba atômica o atinge como um raio. Heisenberg entrega a Bohr um pedaço de papel no qual desenhou um esquema do reator.

Qual a intenção de Heisenberg? Ameaçá-lo? Alertá-lo? O que está por trás das suas insinuações, seria uma oferta de um acordo para todos os físicos, dos dois lados do Atlântico, trabalharem juntos pela paz e não construírem uma bomba atômica? Talvez ele tenha se expressado com cuidado excessivo, receando pela própria vida. Talvez Bohr o tenha entendido mal e se assustado com a certeza de Heisenberg sobre a possibilidade de construir uma bomba atômica. E o que Heisenberg tem em mente ao lhe perguntar se seria certo pesquisar o problema do urânio em tempos de guerra se ele próprio já o faz há muito tempo?

A conversa é um fracasso. São coisas demais separando os dois, desconfiança demais, mal-entendidos demais. Em pouco tempo, os dois voltam para o apartamento da família Bohr, Heisenberg consternado, Bohr extremamente agitado. Já passa da meia-noite quando Bohr acompanha Heisenberg até o bonde que o leva de volta ao hotel.

Bohr não comparece à palestra que Heisenberg apresenta poucos dias depois no Instituto Cultural Alemão — uma instituição da propaganda nazista. Na noite da véspera de sua viagem de volta, Werner Heisenberg visita os Bohr novamente. Ambos evitam perguntas delicadas, tentam permanecer amigos. Heisenberg toca a sonata n. 11 de Mozart ao piano. A alegria "Alla Turca" logo desvanece, é hora da despedida.

Bohr ainda escreve algumas cartas para Heisenberg, mas não envia nenhuma delas. Depois de voltar de Copenhague, Heisenberg escreve a um amigo: "Talvez um dia nós, humanos, venhamos a reconhecer que temos mesmo o poder de destruir completamente a Terra, que podemos muito bem provocar algo como o Juízo Final por nossa própria culpa". Quando

Werner Heisenberg volta a Copenhague em janeiro de 1944, para supervisionar o Instituto Niels Bohr, este já está nos Estados Unidos e colabora para a construção da bomba atômica. Depois da guerra, os dois trocam apenas cumprimentos educados nos aniversários. Nunca chegarão a se entender de novo.

Berlim, 1942
NENHUMA BOMBA PARA HITLER

Berlim, primavera de 1942. A certeza alemã da vitória começa a vacilar. A *Blitzkrieg*, a guerra-relâmpago na Rússia, fracassou. Depois do ataque japonês a Pearl Harbor, a Alemanha passou a enfrentar também os Estados Unidos e a guerra tornou-se, de fato, uma guerra mundial. As matérias-primas são escassas na Alemanha. Adolf Hitler põe toda a economia a serviço da guerra. Para a pesquisa do urânio, esse "resquício da pseudociência judaica", ele não tem muito interesse. Deposita sua esperança nos foguetes que o engenheiro Wernher von Braun lança do centro de testes do exército em Peenemünde até o limite do espaço.

Os pesquisadores de urânio alemães precisam de matéria-prima: minério de urânio da Boêmia e do Congo belga, água pesada da Noruega, aço da região do Ruhr, alumínio de Lusácia. Receiam ficar para trás na concorrência com a indústria bélica. Erich Schumann, diretor do departamento de pesquisa do comando maior do exército, informa que sua pesquisa, "considerando a atual situação da compra de materiais e matéria-prima de defesa, só pode ser sustentada se houver certeza de que uma aplicação será alcançada em um futuro próximo".

Schumann convoca uma conferência na qual os pesquisadores devem explicar aos figurões nazistas o progresso e as perspectivas de seu projeto. "A isolação de U-235 em estado puro resultaria em um explosivo de efeito inimaginável", promete Werner Heisenberg.

O marechal de campo Erhard Milch pergunta o tamanho que uma bomba precisaria ter para destruir uma cidade como Londres. Heisenberg junta as mãos formando uma concha. "O tamanho de um abacaxi", responde ele. Todos reagem incrédulos. Albert Speer, ministro de Armamentos, quer saber quanto tempo até terem a bomba atômica. Em princípio, responde Heisenberg, imediatamente, mas na prática ainda será preciso alguns anos, no mínimo, dois, talvez três ou quatro. Os estrategistas da guerra, contudo, não querem esperar tanto. Albert Speer decide que "a bomba atômica não seria mais relevante para o provável desenrolar da guerra". Schumann reclama da "porcaria atômica" dos físicos.

A partir de então, a pesquisa do urânio passa a ser um projeto civil na Alemanha. Heisenberg e seus colegas podem continuar investigando seus reatores de urânio e Albert Speer autoriza o patrocínio com alguns milhões de *Reichsmark*, mas seu interesse na bomba atômica esfriou. Werner Heisenberg é nomeado diretor do Instituto Kaiser Wilhelm de Física em Berlim e, com isso, torna-se o cientista mais importante do programa atômico alemão. Justamente Heisenberg, o teórico que sempre evitou os laboratórios. Ele agradece a Heinrich Himmler "pela recuperação de minha honra" e, a partir de então, não dedica mais toda a sua inteligência à pesquisa do urânio. Desenvolve uma teoria das interações entre partículas elementares que, assim como a sua mecânica quântica, deve funcionar apenas com grandezas observáveis: a "teoria da matriz S".

Seja o que for que Heisenberg tem em mente, é um jogo perigoso praticar a pesquisa com o dinheiro sujo dos nazistas. Mais tarde, seu antigo estudante, Rudolf Peierls, cita Shakespeare: "Quem janta com o diabo precisa de uma longa colher". E acrescenta: "Talvez Heisenberg tenha constatado que nenhuma colher poderia ser longa o suficiente".

A máquina de urânio de Heisenberg está instalada em um prédio vizinho ao Instituto Kaiser Wilhelm, no qual cartazes com o aviso "Cuidado, vírus" servem de alerta para visitantes indesejados. A instalação consiste de placas de urânio que repousam em água pesada. Os pesquisadores bombardeiam esse arranjo com nêutrons e realizam medições para saber se saem mais nêutrons do que o que eles projetam. E dá certo, conseguem obter energia. Mas não o suficiente para elevar a reação acima do limite da criticidade: para uma reação em cadeia que se sustente. Os pesquisadores lidam com substâncias radioativas sem qualquer proteção. Durante um experimento, uma chama viva queima a mão de um técnico que estava colocando pó de urânio no recipiente do reator. Em outro experimento, o reator explode, Heisenberg consegue escapar por pouco pela porta e é preciso chamar os bombeiros. Heisenberg muda a montagem do experimento. O fluxo de nêutrons aumenta, mas a criticidade continua fora de alcance para os pesquisadores de urânio alemães, mesmo para Kurt Diebner, físico e rival de Heisenberg. Foi por causa dele que Diebner foi obrigado a deixar o Instituto Kaiser Wilhelm. Agora, está construindo seu próprio reator na estação de testes atômicos e químico-físicos em Gottow, ao sul de Berlim. Os dois não se suportam, são concorrentes e, em vez de cooperar, disputam entre si o urânio e a água pesada que são tão escassos. Diebner é um experimentador mais astucioso. Desenvolve a ideia de cortar o urânio em cubos para aumentar a superfície de contato com a água pesada e, com isso, consegue obter uma porcentagem um pouco maior de nêutrons. Contrariado, Heisenberg muda também para cubos.

O que Werner Heisenberg não imagina é que Enrico Fermi produziu uma reação em cadeia controlada no seu laboratório em Chicago, no dia 2 de dezembro de 1942. O primeiro reator atômico do mundo já está funcionando. O Chicago Pile-1 é construído de forma rudimentar, semelhante à máquina de Heisenberg: uma pilha de placas de urânio desprotegidas em um porão embaixo da arquibancada de um estádio de futebol. Ao lado do reator fica um recipiente com uma solução de sulfato de cádmio para colocá-lo dentro, no caso de a reação em cadeia fugir do controle. Fermi freia os nêutrons com grafite puro, em vez da rara e cara água pesada. Nesse truque Heisenberg não pensou. Ele também considerou o grafite como substância de frenagem, mas o descartou.

Enrico Fermi, nascido em Roma, estudou física teórica com Max Born e Paul Ehrenfest e dedicou-se depois à física experimental. Ele é uma das raras pessoas para quem o princípio de conservação da genialidade não se aplica, pois é ao mesmo tempo um teórico genial e um experimentador de alto nível. Ele compreende a teoria dos núcleos atômicos que explodem e tem a intenção de torná-la útil para a guerra. Sua sugestão é envenenar os alimentos dos alemães com o produto radioativo da fissão, estrôncio 90. A bomba atômica ainda está longe.

Estocolmo, 1943

A FUGA

Durante três anos, Adolf Hitler controlou seu desejo de exercer a violência e poupou os dinamarqueses das leis antissemitas e racistas. Ele sustenta a ficção de que não pretende nazificar a Dinamarca. Depois da derrota em Stalingrado e do começo dos bombardeios em massa das forças aliadas às cidades alemãs, o regime nazista não tem mais escrúpulos na luta pela "vitória final". O ministro da Propaganda, Joseph Goebbels, grita palavras de ordem pela "guerra total": "Agora, que o povo se levante e que a tempestade comece!".

Em outubro de 1943, durante a festa do ano-novo judaico, a Rosh Hashaná, a SS se alastra pelas ruas da Copenhague. Sua ordem é prender os judeus. Mas quase nenhum deles está na cidade. Georg Duckwitz, um diplomata alemão em Copenhague, alertou os judeus dinamarqueses sobre a prevista deportação para os campos de concentração, fazendo com que a maioria deles se escondesse antes. Entre eles está também Niels Bohr, que cruza o estreito de Öresund com sua família em um barco de pescadores até a Suécia neutra pouco antes de a SS bater à porta do seu instituto, invadi-lo e saqueá-lo. Em Estocolmo, Bohr pede ajuda ao rei Gustavo V para seus compatriotas perseguidos e, ainda na noite do mesmo dia, a rádio sueca transmite a oferta de recebimento dos refugiados no país. Os judeus dinamarqueses usam tudo o que tenha rodas, ambulâncias e carros de coleta de lixo, para ir até o litoral, escondem-se no caminho em igrejas e hospitais, atravessam o Öresund e Kattegat em centenas de barcos de pescadores, canoas e barcos a remo. Mais de 7.700 judeus conseguem escapar dos nazistas dessa maneira.

Mas, mesmo em Estocolmo, com a cidade repleta de agentes nazistas, Bohr não está em segurança — pelo menos, não em segurança suficiente, aos olhos dos Aliados. O físico britânico Frederick Lindemann, conselheiro chefe de ciências do primeiro-ministro Winston Churchill, organiza para Bohr um voo para a Escócia. Antes de partir, ainda providencia que as medalhas de ouro do Prêmio Nobel, guardadas no seu instituto em Copenhague, sejam dissolvidas em água régia, uma mistura de ácido nítrico e ácido clorídrico, para não caírem nas mãos dos alemães. Depois da guerra, o ouro é recuperado da solução e as medalhas são cunhadas de novo.

Niels Bohr é levado por um caça norueguês do tipo Mosquito que é capaz de voar tão rápido e alto que as armas antiaéreas alemãs praticamente não podem atingi-lo. Ele tem que se sentar no compartimento das bombas, equipado com uma máscara de oxigênio e um fone de ouvido para que possa falar com o piloto. O fone, porém, é pequeno demais para a imponente cabeça de Bohr; ele não ouve o comando para ligar a alimentação de oxigênio e desmaia. O piloto pressente que algo está errado, voa mais baixo sobre o mar do Norte e, assim, salva a vida de Bohr. Na Inglaterra, ele é interrogado, depois colocado em um avião confortável que o leva para os Estados Unidos, munido de documentos falsos com o nome de "Nicholas Baker". Edward Teller apresenta a ele os laboratórios do Projeto Manhattan em Los Alamos, no deserto do Novo México. Bohr fica impressionado: "O senhor se lembra, eu disse que não seria possível sem transformar o país inteiro em uma fábrica. Foi exatamente o que foi feito". O medo de que os alemães pudessem ser mais rápidos acelera o projeto, no qual 125 mil pessoas trabalham. Uma delas é Niels Bohr, que trouxe consigo o desenho do reator que Heisenberg havia lhe dado dois anos antes em Copenhague. Inútil do ponto de vista bélico, acredita Robert Oppenheimer, o coordenador científico do Projeto Manhattan. Oppenheimer anota que Heisenberg não teria vindo, na época, para revelar o que sabia, mas para ouvir se Bohr tinha conhecimento de algo que ele próprio não sabia.

Em Berlim, Heisenberg é aceito na sociedade das quartas-feiras, um círculo seleto de intelectuais que se entendem como "sociedade livre para a discussão científica": cientistas, filósofos, escritores, juristas, diplomatas, médicos, sempre apenas dezesseis pessoas, exclusivamente homens. Os encontros acontecem sempre às quartas-feiras, em intervalos de quinze dias, na casa de um deles, que então apresenta uma palestra sobre sua área de especialização. Em seguida, há uma discussão. Em junho de 1943, Heisenberg palestra sobre a "mudança do conceito de realidade nas ciências naturais e exatas e as consequências que podem ser deduzidas dessa mudança". Em tempos passados, os homens descreviam o mundo como se eles próprios não estivessem ali, diz Heisenberg. Na era moderna, da mecânica quântica, o mundo só pode ser compreendido como um mundo observado pelos homens e, portanto, por eles influenciado. O ser humano transita entre esses dois mundos, continua Heisenberg. Ele não pode evitar e pensa em si mesmo em segredo: condenado a mudar o mundo em que vive.

Em novembro de 1943, o Comando de Bombardeios da força aérea britânica anuncia a "Batalha de Berlim". Aviões bombardeiros dos Aliados passam a fazer ataques aéreos à capital alemã dia e noite, os bombardeiros Lancaster da Força Aérea Real à noite, os Flying Fortresses da Força Aérea dos Estados Unidos de dia. O ataque na noite de 23 de novembro de 1943 deixa em chamas a igreja memorial Kaiser--Wilhelm-Gedächtniskirche, símbolo do orgulho nacional alemão. O telhado desaba, a ponta da torre principal se parte. Uma bomba destrói a casa da família Planck em Grünewald. Max e Marga Planck mudam-se para a casa de amigos no campo. Em Paris, o capitão Ernst Jünger anota no seu diário que os alemães teriam perdido o direito de se queixar.

Em 12 de julho de 1944, um dia claro de verão, Werner Heisenberg fala mais uma vez para a sociedade das quartas-feiras: "Sobre as estrelas". Heisenberg discorre sobre sua própria pesquisa, mais uma vez de forma cifrada: sobre o fogo atômico nas estrelas, em vez daquele que ele próprio vem tentando acender a alguns blocos de distância, no Instituto Kaiser Wilhelm. Durante a tarde, ele colhera framboesas no jardim do instituto que gostaria de oferecer a seus convidados. "O clima é de abatimento", anota um participante. É a sessão de número 1.055 da sociedade das quartas-feiras e a penúltima. No dia 20 de julho de 1944, o oficial do exército Claus Schenk Graf von Stauffenberg tenta matar Adolf Hitler com uma bomba. Quatro membros da sociedade das quartas-feiras são acusados de participação no atentado, presos e executados. Ao ser preso em Bendlerblock, o ex-chefe do Estado-Maior, Ludwig Beck, que ouviu a palestra de Heisenberg "Sobre as estrelas" oito dias antes, pede que lhe deixem a pistola "para uso particular". "Por favor, faça isso, mas então imediatamente!", responde o general

Frierich Fromm, que simpatizava com os conspiradores antes do atentado, mas agora tenta se colocar ao lado do regime — em vão. Ele será condenado pelo tribunal do povo por "covardia frente ao inimigo" e executado a tiros. A Gestapo dissolve a sociedade das quartas-feiras.

Quando o Exército Vermelho avança para Berlim, o projeto do urânio é deslocado da capital destruída pelos bombardeios e distribuído em zonas mais seguras. O laboratório de Kurt Diebner vai para o vilarejo de Stadtilm, na Turíngia. Uma ultracentrifugadora para enriquecimento de urânio físsil é instalada em Freiburg. O Instituto Kaiser Wilhelm de Física, com Werner Heisenberg e Max von Laue, é colocado no prédio de uma fábrica têxtil em Hechingen, nas montanhas de Alpes Suábios. O Instituto Kaiser Wilhelm de Química, com Otto Hahn, muda-se para perto, em Tailfingen. O coração do projeto do urânio, o reator de pesquisa, composto de 664 cubos de urânio do tamanho de um dedo, dentro de uma caldeira de alumínio revestida de grafite, cheia de água pesada, é transportado para a adega de pedra do restaurante Schwanenwirt, no vilarejo de Haigerloch, onde antes eram guardadas batatas e cerveja. Heisenberg percorre os quinze quilômetros de Hechingen até lá de bicicleta, indo e voltando. Colhe cogumelos na floresta, alegra-se com as árvores frutíferas florescendo, dá um concerto de piano para os habitantes de Hechingen, "consegue se esquecer do passado e do futuro por alguns dias". Elisabeth Heisenberg, que enquanto isso aguarda com seus seis filhos na casa de madeira à margem do lago Walchensee, inveja seu marido no idílio da região suábia.

Heisenberg, porém, sabe o quanto esse idílio é passageiro. A guerra está perdida para a Alemanha. Em dezembro de 1944, ele parte para sua última viagem ao exterior, antes da derrocada do império nazista. Na ETH de Zurique, apresenta uma palestra não sobre a pesquisa nuclear, mas sobre sua teoria da matriz S, que alguns de seus colegas consideram um despropósito, semelhante à teoria do campo unificado que Einstein procura. Wolfgang Pauli, que agora ensina em Princeton, a chama de "estrutura conceitual vazia".

Durante o jantar, Gregor Wentzel, colega de Werner Heisenberg, o incita a reconhecer a derrota alemã. "Seria ótimo se tivéssemos ganhado a guerra", diz Heisenberg. Essa observação chega aos ouvidos da Gestapo. A SS abre uma investigação contra Heisenberg e ele escapa por pouco da prisão.

Mas uma vez, volta para seu porão nos Alpes. Enquanto o Reich se desintegra, ele tenta fazer seu reator funcionar. Uma de suas cartas a Zurique chega às mãos do serviço secreto norte-americano. O carimbo dos correios revela aos espiões que Heisenberg está trabalhando em Hechingen.

Princeton, 1943
EINSTEIN FICA MAIS BRANDO

Albert Einstein se acomodou com a "ilha do destino" em Princeton. Em seus passeios, outro "pequeno semideus em pernas de pau" o acompanha: Kurt Gödel, o matemático e lógico austríaco, chegou ao instituto em 1940. Depois da "anexação da Áustria", Gödel passou pela aventura perigosa de uma fuga pela Sibéria e pelo Japão até os Estados Unidos. Uma vez por semana, Kurt Gödel, Wolfgang Pauli e Bertrand Russel se encontram para uma tarde na casa de Einstein, para discutir filosofia. Pauli está no Instituto de Estudos Avançados desde 1940, pois Zurique não lhe parecia segura. Russel não tem um cargo em Princeton, está apenas como visitante, dá uma ou outra palestra, trabalha como escritor. Esses encontros com Einstein na rua Mercer 112 reúnem provavelmente o círculo mais seleto de velhos senhores da história da ciência.

Até com a mecânica quântica Einstein já se acostumou. Não que estivesse convencido dela. Jamais estará, mas desistiu de querer refutá-la. Em uma carta a Max Born, que agora vive em Edimburgo, Einstein escreve: "Você acredita em um Deus que joga dados e eu em um completo sistema de leis em um mundo de algo objetivamente existente. Espero que alguém venha a encontrar um caminho mais realista do que o que me foi dado. O grande sucesso inicial da teoria quântica não pode me fazer acreditar no fundamento do jogo de dados se também bem sei que os colegas mais jovens interpretam isso como consequência da calcificação".

De vez em quando, Niels Bohr visita Einstein no instituto, e os velhos senhores discutem sobre a mecânica quântica — como antigamente, mas também diferente. Não é mais a luta que travavam antes, trata-se muito mais de um ritual que passaram a apreciar, um consolo para Einstein em uma fase solitária. Ele está sozinho na procura por uma teoria além da teoria da relatividade e da mecânica quântica. Seu círculo de amigos reduziu-se a Gödel e poucos outros. Seus dois casamentos fracassaram. Com um de seus filhos, ele brigou, o outro sofre de uma doença psiquiátrica, sua filha já desapareceu há muito tempo. Quando Albert Einstein morre, em abril de 1955, seu quadro no escritório do instituto está cheio de fórmulas que não levam a nada.

Inglaterra, 1945
O IMPACTO DA EXPLOSÃO

Em março de 1945, as tropas aliadas atravessam o Reno. Com elas vêm os agentes da missão Alsos, do serviço secreto norte-americano, que espionam o projeto de energia atômica alemão desde 1943. Sua tarefa é deter os cientistas de urânio alemães e interrogá-los. É preciso correr. Os soviéticos e franceses também estão atrás dos físicos alemães.

A palavra "alsos" vem do grego e significa "bosque", em inglês "grove". O brigadeiro-general Leslie Groves, chefe militar do Projeto Manhattan, enviou a missão. Ao ouvir o nome que foi dado ao projeto, fica irritado com a referência ao seu próprio nome. Afinal, nomes em código servem para acobertar a identidade verdadeira. Mas Groves deixa como está, pois alterá-lo chamaria ainda mais a atenção.

Os agentes Alsos fazem buscas em um laboratório atrás do outro, detêm provas, confiscam arquivos, prendem cientistas.

Em 16 de março de 1945, ainda nas últimas semanas da guerra, a cidade natal de Heisenberg, Wurtzburgo, é bombardeada pela Força Aérea Real. Em questão de minutos, os bombardeiros do tipo Lancaster e Mosquito deixam a cidade em cinzas, criando uma tempestade de fogo sobre a cidade com suas bombas explosivas e incendiárias. Muitas pessoas correm dos porões e tentam fugir atravessando o Meno. Os bombeiros ajudam, apagando com água as vias de fuga, mas a água se evapora e milhares morrem.

No porão de pedra de Haigerloch, Werner Heisenberg senta-se ao lado de sua máquina de urânio e calcula. Seu contador de nêutrons indica uma medição mais alta do que nunca. Ele coloca um bloco de cádmio ao lado do reator para jogá-lo na caldeira, caso a reação em cadeia saia de controle. Se pelo menos tivesse mais urânio, um pouco mais de água pesada e uma caldeira maior — ele está tão perto. Mas a fábrica de urânio da *Auergesellschaft* e a usina de água pesada da IG Farben foram bombardeadas. Em abril, as últimas tropas alemãs que restavam na região dos Alpes Suábios recuam.

Em uma tarde de abril, Heisenberg ouve os motores dos tanques franceses que se aproximam e decide fugir. Antes, ainda garante que os últimos estoques de alimentos sejam levados para o porão da fábrica têxtil, depois se despede de seus funcionários. Na madrugada de 20 de abril de 1945, às três horas, ele monta em sua bicicleta, não há outro meio de transporte. São duzentos e sessenta quilômetros até sua casa em Urfeld. Heisenberg emitiu para si próprio um passe para a viagem. Por via das dúvidas, leva também um pacote de cigarros Pall Mall. Pedala por três noites, durante o dia, se esconde dos aviões dos Aliados que voam baixo e dos soldados saqueando tudo o que encontram no caminho, observa o bombardeio de Memmingen, passa pela cidade de Weilheim em chamas. Passa fome e frio nesses dias gelados de primavera, vê crianças em uniformes militares grandes demais para elas. Em um dos postos de controle, um soldado tenta detê-lo, sem dar atenção ao passe de viagem que o próprio Heisenberg emitiu. Heisenberg puxa o pacote de cigarros da bolsa e consegue passar.

Em 23 de abril, uma hora depois da entrada das tropas francesas em território alemão, os agentes da Alsos localizam o grupo de pesquisa de Heisenberg. Mas não encontram nenhum sinal do próprio Werner Heisenberg, "alvo número um" da missão. No porão de pedra, encontram os parcos restos do reator que nunca funcionou. Os cubos de urânio foram enterrados em um campo agrícola, a documentação da pesquisa foi colocada no fundo de uma fossa, dentro de um recipiente soldado. O comandante da missão Alsos, coronel Boris Pash, manda explodir a caldeira de alumínio. Então era essa a aterradora máquina de urânio que fez o Projeto Manhattan se apressar tanto? Chega a ser ridículo.

Heisenberg finalmente está em Urfeld. Exausto, magro e esfarrapado. Abraça Elisabeth e as crianças, começa a fazer um estoque de alimentos e madeira para o aquecimento, e a proteger as janelas da casa com sacos de areia contra tiros. Ainda há soldados dispersos da SS por perto, fugindo da 7ª Divisão do exército norte-americano e deixando um rastro de destruição. No dia 1º de maio de 1945, Werner e Elisabeth Heisenberg pegam sua última garrafa de vinho no porão e fazem um brinde à morte de Hitler. O nazismo, com o qual Werner Heisenberg nunca conseguira ter uma relação muito clara, acabou.

Agora, a clareza encontra Heisenberg. O coronel Pash põe os pés na varanda da casa de madeira em 4 de maio de 1945, encontra seu "*target number one*" ali sentado pacificamente, olhando para o lago. Pash tem fama de ser atrevido. Antes mesmo de a infantaria da 7ª Divisão tomar Urfeld, ele vem com dois dos seus soldados para buscar Heisenberg pessoalmente. Um batalhão inteiro de soldados alemães se rende a ele.

Heisenberg pede que Pash e seus soldados entrem, apresenta Elisabeth e seus filhos. Pergunta a um dos guardas se está gostando da região. O americano olha para as montanhas com os picos cobertos de neve em torno do lago Walchensee, que brilha à luz do sol da primavera: é um dos lugares mais bonitos que já viu nessa terra, diz ele. Heisenberg fica aliviado. Seu destino já não está mais em suas mãos. Dois dias depois, o exército alemão se rende.

Werner Heisenberg passará os próximos nove meses sem ver sua família, com a qual acaba de se reunir novamente. Pash o leva em um Jeep para Heidelberg, a base da missão Alsos. Quando Heisenberg é levado para a sala do interrogatório, encontra ali um velho conhecido, vestido com o uniforme do exército norte-americano: Samuel Goudsmit, o físico holandês que Heisenberg encontrou pela última vez em Michigan, seis anos antes, durante sua viagem apresentando palestras. Em janeiro de 1943, o pai e a mãe cega de Goudsmit, ambos judeus, tinham sido retirados de sua casa em Haia pelos invasores alemães e transportados para Auschwitz em um vagão de gado. Goudsmit procurara Heisenberg para pedir sua ajuda, mas este só respondeu um mês mais tarde com uma carta na qual elogiava a hospitalidade de Goudsmit com os cientistas alemães e declarava sua preocupação com a segurança dos pais dele. Era tudo. No mesmo ano, Goudsmit assumiu a coordenação científica da missão Alsos. É ele o caçador de Heisenberg.

O destino de Heisenberg agora está nas mãos de Goudsmit. Ele interroga Heisenberg, que continua acreditando se tratar de uma conversa amigável e que, como antigamente, ele é o dono da verdade. Heisenberg estende a mão para cumprimentar o "querido Goudsmit", mas este rejeita. "Durante as conversas", relata Goudsmit sobre os interrogatórios, Heisenberg manteve uma "postura muito resistente, pois acreditava que seu trabalho com o problema do urânio estava mais adiantado que o nosso e que esse era o motivo de nosso interesse por ele". "É claro que não corrigimos essa visão equivocada", concluiu.

Por fim, Heisenberg é levado para Paris e detido no castelo abandonado de Le Grand Chesnay, com outros nove pesquisadores da Associação do Urânio. Ali encontra novamente seu aluno, Carl Friedrich von Weizsäcker, além dos velhos colegas Max von Laue e Walther Gerlach, Kurt Diebner, que ele tanto detesta, e o silencioso Otto Hahn. Os norte-americanos chamam o local, com razão, de "*dustbin*", "lata de lixo". As portas estão caindo das dobradiças, o papel de parede está se soltando e não há móveis, a não ser as camas de ferro para dormir.

O que fazer com essa concentração de intelecto reunida aqui? As potências aliadas vitoriosas não têm certeza. Um general sugere executar os pesquisadores alemães. Mas são valiosos demais para isso. Por fim, são levados para a Inglaterra, através da Bélgica, para uma fazenda no condado de Huntingdonshire, em um prédio de tijolos chamado "Farm Hall", tomado pelo serviço de inteligência estrangeira britânico, o MI6. Heisenberg conhece a região, fica a uma hora e meia de Cambridge, de bicicleta.

Na província inglesa, os pesquisadores alemães desfrutam de mais conforto do que a maioria das pessoas nesses dias após a guerra: Farm Hall está equipada com aparelhos de ginástica, quadros e giz, uma mesa de bilhar e um rádio. A comida é farta. "Eu me pergunto se há escutas instaladas aqui?", pensa Diebner intrigado. "Escutas instaladas?", desdenha Heisenberg. "Não, eles não são tão espertos. Não acredito que conheçam os verdadeiros métodos da Gestapo. Nesse aspecto, eles são um pouco antiquados." Os outros detentos acreditam nele. Eles falam livremente sobre física, política e os acontecimentos desses dias. Mas os serviços secretos dos Aliados não são tão antiquados assim. O rádio que deram aos detentos e os jornais que chegam com mensageiros foram autorizados justamente para alimentar essas conversas. As paredes têm escutas escondidas. O MI6 ouve cada palavra que Heisenberg e companhia falam e estenografa tudo.

Os físicos discutem e se perguntam por que são mantidos por tanto tempo nessa prisão de luxo. Quando perguntam aos guardas, ouvem a resposta que ficariam detidos "segundo a vontade de sua majestade" — um termo do direito penal inglês que designa uma pena de prisão por tempo indeterminado.

Passam-se os dias e os físicos alemães matam o tempo. Asseguram uns aos outros que seriam as figuras mais proeminentes da física nuclear no mundo e têm certeza de que o projeto norte-americano da bomba nunca poderia ter sucesso, já que eles próprios fracassaram. É claro, acreditam, que a física alemã é superior.

Os físicos bolam planos de fuga. Talvez fosse possível informar a imprensa sobre sua situação difícil? Talvez pudessem escapar para falar com os colegas de disciplina em Cambridge, que decerto aguardam ansiosamente pela oportunidade de participar do seu conhecimento da física nuclear? Eles acreditam até mesmo que os "três gigantes", Harry Truman, Winston Churchill e Josef Stálin, que se reúnem em Potsdam, não teriam nada melhor a fazer do que se consultar sobre o destino deles. Alguns estão confiantes de que sua cooperação com os nazistas não vai lhes trazer nenhum problema; afinal, eles são os melhores físicos do mundo e a física está acima de qualquer política, não é verdade? Irão para a Argentina e começar uma nova vida, isso sim.

Na manhã do dia 6 de agosto de 1945, o sol brilha em Hiroshima. Às oito horas, muitos dos duzentos e cinquenta mil habitantes da cidade estão tomando o café da manhã, lendo jornal ou a caminho do trabalho ou da escola. Um clarão de tom rosa ilumina o céu. Morrem imediatamente oitenta mil pessoas. Dois minutos depois, o piloto do avião norte-americano que lançou a bomba sobre a cidade observa de uma altura de dez quilômetros a cena abaixo: "Onde antes havia uma cidade, com prédios e tudo, o que podíamos reconhecer da nossa altura, agora não era mais que escombros negros incinerados". Dezenas de milhares morrem mais tarde em consequência dos efeitos da explosão.

Na noite desse 6 de agosto de 1945, os dez físicos alemães estão jogando rúgbi no gramado de Farm Hall. Correm atrás da bola de couro, tropeçam e riem, esse esporte britânico é novo para eles, vê-se que não estão acostumados. Logo chegará a hora do jantar.

Pouco antes das seis horas, o major Thomas Rittner, oficial do serviço secreto responsável pela supervisão dos detentos alemães, chama Otto Hahn para um canto e lhe diz que os norte-americanos haviam lançado uma bomba poderosíssima sobre uma cidade japonesa. Hahn, que já tinha colaborado para o uso de cloro como arma na Primeira Guerra Mundial, fica "completamente abalado com a notícia", anota Rittner. Hahn reconhece o quanto é pérfido o argumento de que a bomba atômica encurtaria a guerra — o argumento com o qual ele próprio justificou sua participação no desenvolvimento de armas químicas na guerra mundial passada. "Ele sentiu-se pessoalmente responsável pela morte de centenas de milhares de pessoas, já que tinha sido sua a descoberta que, originalmente, tornara a bomba possível", escreve Rittner no seu protocolo.

Rittner precisa servir vários copos de gim para acalmar Hahn antes que possam transmitir a notícia aos outros na sala de jantar. À mesa, o espanto é grande. "Não acredito em uma só palavra disso", diz Heisenberg. "Não acredito que tenha alguma coisa a ver com urânio." Hahn desdenha: "Se os americanos têm uma bomba de urânio, todos vocês são de segunda categoria. Pobre velho Heisenberg". Depois do jantar, eles ouvem as notícias da BBC. Não há mais como negar. Os Estados Unidos detonaram uma bomba atômica. Gerlach perde o controle, grita, se tranca em seu quarto até o dia seguinte, pensa em se suicidar, como um general vencido.

Werner Heisenberg fica com seu orgulho científico profundamente abalado. Nos dias que se seguem, calcula febrilmente, tenta reproduzir os cálculos de como os norte-americanos teriam conseguido aquilo que ele, o grande Heisenberg, não conseguira. É obrigado a admitir que nunca compreendera como uma bomba atômica deveria ser construída. Apenas acreditava que compreendia. Não consegue nem mesmo calcular a massa crítica de urânio.

Em Farm Hall, os físicos alemães fazem aquilo que sempre fizeram na Alemanha: brigam, reclamam, provocam uns aos outros. Demonstram aos microfones dos membros da missão Alsos por que o programa da bomba atômica dos nazistas não era comparável ao Projeto Manhattan: era um caos. Não havia um plano. Sem saber, Werner Heisenberg e Carl Friedrich estão também fornecendo para o protocolo como tentam reescrever a história de suas atividades na guerra. Querem fazer o mundo acreditar que teriam evitado propositadamente que uma arma tão terrível caísse nas mãos de Hitler e que teriam se restringido ao desenvolvimento de um reator atômico, enquanto os norte-americanos construíram e usaram, sem escrúpulos, a bomba. Assim, transformam seu fracasso técnico em integridade moral. "Não conseguimos construir a bomba atômica porque todos os físicos, por questão de princípios, não queriam que desse certo", diz Weizsäcker. "Se tivéssemos desejado que a Alemanha ganhasse a guerra, poderíamos ter conseguido." "Não acredito", replica Otto Hahn, "mas sou grato por não termos conseguido".

No dia 14 de agosto de 1945, Werner Heisenberg apresenta-se diante dos outros detentos para dar uma palestra. Ele calculou que o raio crítico da bomba fica entre 6,2 e 13,7 centímetros. A superfície da esfera brilha na explosão duas mil vezes mais que o Sol. "Seria interessante saber se objetos podem ser derrubados já pela pressão da radiação visível", conclui Heisenberg. Ele está novamente no terreno da ciência, onde se sente seguro. Muito mais tarde, nas suas memórias, admite: "Tive que aprender a lidar com o fato de que os progressos na física atômica que acompanhei ao longo de vinte e cinco anos tinham provocado a morte de muito mais que centenas de milhares de pessoas".

EPÍLOGO

Não é possível observar o mundo sem alterá-lo. Foi essa percepção que levou Werner Heisenberg à mecânica quântica, e foi também seu dilema. Seu desejo era investigar o mundo, não tinha a intenção de mudá-lo. Apesar disso, ele o transformou, tinha que transformá-lo com essa teoria monumental nas mãos, pois vivia em uma época na qual a indiferença era impossível, na era do domínio nazista na Alemanha. Com outros físicos e físicas não foi diferente. Nem mesmo Albert Einstein, o pacifista confesso, conseguiu se esquivar da história do mundo, e também deu início à construção da bomba atômica, do que se arrependeu mais tarde. Esse é o lado sombrio da história que conduz das pontas rasgadas dos dedos de Marie Curie até a bomba atômica de Hiroshima.

O lado brilhante dessa história é o de todas essas pessoas extraordinárias, incrivelmente inteligentes e sedentas de saber, e da interação de suas mentes. A mecânica quântica foi uma teoria tão fora do comum que nenhum deles teria sido capaz de descobri-la sozinho, foi preciso que trabalhassem juntos, que concorressem, que fossem amigos e adversários para poder dar vida a ela. Este livro vive das cartas, anotações, documentos científicos, diários e memórias que eles escreveram ao longo desse processo.

Histórias verdadeiras não têm fim. Um livro termina em certo ponto. As físicas e os físicos deste livro continuaram atuando depois de 1945. Mas nenhum deles conseguiu um avanço que fosse comparável à mecânica quântica ou à teoria da relatividade. Einstein buscava uma fórmula para o mundo. Heisenberg também. Não acharam nenhuma. Mas suas teorias, formuladas por eles há cem anos, continuam válidas até hoje, estão nos chips dos nossos computadores e aparelhos médicos, e as disputas que travavam na época sobre a interpretação de suas teorias ainda são travadas hoje. As objeções que Einstein levantou contra a mecânica quântica são levantadas ainda hoje por físicas e físicos céticos. A história ainda não acabou.

LEITURA SELECIONADA

Estes livros foram usados como fonte de informação e são recomendados para aprofundamento:

Paris, 1903
Barbara Goldsmith. *Marie Curie. Die erste Frau der Wissenschaft.* Piper Verlag, 2019.

Berlim, 1900
John L. Heilbron. *Max Planck. Ein Leben für die Wissenschaft 1858-1947.* S. Hirzel Verlag, 2006.
Dieter Hoffmann. *Max Planck. Die Entstehung der modernen Physik.* Verlag C. H. Beck, 2008.

Berna, 1905
Albrecht Fölsing. *Albert Einstein. Eine Biographie.* Suhrkamp Verlag, 1993.
Jürgen Neffe. *Einstein. Eine Biographie.* Rowohlt Verlag, 2005.
Paul Arthur Schilpp (org.). *Albert Einstein. Philosopher-Scientist.* Open Court, 1949.

Cambridge, 1911
Finn Aaserud; J. L. Heilbron. *Love, Literature, and the Quantum Atom. Niels Bohr's 1913 Trilogy Revisited.* Oxford University Press, 2013.
Jim Ottaviani; Leland Purvis. *Suspended in Language. Niels Bohr's life, discoveries, and the century he shaped.* G.T. Labs, 2009.

Munique, 1913
Florian Hies. *1913. Der Sommer des Jahrhunderts.* S. Fischer Verlag, 2012.

Munique, 1914
Abraham Pais. *Niels Bohr's Times, in Physics, Philosophy and Polity.* Clarendon Press, 1991.

Berlim, 1920
Albert Einstein; Max Born. *Briefwechsel 1916-1955.* Nymphenburger Verlagshandlung, 1969.
Manjit Kumar. *Quantum. Einstein, Bohr and the Great Debate About the Nature of Reality.* Icon Books, 2008.

Copenhague, 1924
David Lindley. *Uncertainty. Einstein, Heisenberg, Bohr, and the Struggle for the Soul of Science.* Anchor Books, 2008.

Heligolândia, 1925
Wolfgang Pauli. *Wissenschaftlicher Briefwechsel mit Bohr, Einstein, Heisenberg u.a. Band E 1919-1929.* Springer-Verlag, 1979.

Arosa, 1925
Walter J. Moore. *Erwin Schrödinger. Eine Biographie.* Theiss Verlag, 2015.

Berlim, 1926
Werner Heisenberg. *Der Teil und das Ganze. Gespräche im Umkreis der Atomphysik.* Piper Verlag, 1969.
Paul Halpern. *Einstein's Dice & Schrodinger's Cat. How Two Great Minds Battled Quantum Randomness to Create a Unified Theory of Physics.* Basic Books, 2015.

Göttingen, 1926
Nancy T. Greenspan. *Max Born. Baumeister der Quantenwelt.* Spektrum Akademischer Verlag, 2006.

Conferência de Solvay, 1927
Louisa Gilder. *The Age of Entanglement. When Quantum Physics Was Reborn.* Alfred A. Knopf, 2008.
Carsten Held. *Die Bohr-Einstein-Debatte. Quantenmechanik und physikalische Wirklichkeit.* Schöningh, 1998.
Erhard Scheibe. *Die Philosophie der Physiker.* Verlag C. H. Beck, 2006.

Berlim, 1930
Juha Boyd. *Travellers in the Third Reich. The Rise of Fascism through the Eyes of Everyday People.* Elliot and Thompson, 2017.

Conferência de Solvay, 1930
Sigmund Freud; Arnold Zweig. *Briefwechsel.* S. Fischer Verlag, 1968.
Abraham Pais. *"Raffiniert ist der Herrgott..." Albert Einstein. Eine wissenschaftliche Biographie.* Spektrum Akademischer Verlag, 2000.

Zurique, 1931
Arthur I. Miller. *137. C. G. Jung, Wolfgang Pauli und die Suche nach der kosmischen Zahl.* Deutsche Verlags-Anstalt, 2009.

Copenhague, 1932
Gino Segre. *Faust in Copenhagen. The Struggle for the Soul of Physics and the Birth of the Nuclear Age.* Jonathan Cape, 2007.

Oxford, 1935
John Gribbin. *Erwin Schrödinger and the Quantum Revolution.* Bantam Press, 2012.

Princeton, 1935
Adam Becker. *What Is Real? The Unfinished Quest for the Meaning of Quantum Physics.* Basic Books, 2018.
Rosine De Dijn. *Albert Einstein & Elisabeth von Berlin. Eine Freundschaft in bewegter Zeit.* Verlag Friedrich Pustet, 2016.
Arthur Fine. *The Shaky Game. Einstein, Realism and the Quantum Theory.* The University of Chicago Press, 1996,

Garmisch, 1936
Ernst Peter Fischer. *Werner Heisenberg — ein Wanderer zwischen zwei Welten.* Springer Verlag, 2015.
Werner Heisenberg; Elisabeth Heisenberg: *"Meine liebe Li!" Der Briefwechsel 1937-1946.* Residenz Verlag, 2011

Moscou, 1937
Graham Farmelo. *Der seltsamste Mensch. Das verborgene Leben des Quantengenies Paul Dirac.* Springer Verlag, 2016.

Berlim, 1938
David Rennert; Tanja Traxler. *Lise Meitner. Pionierin des Atomzeitalters.* Residenz Verlag, 2018.

Oceano Atlântico, 1939
Richard von Schirach. *Die Nacht der Physiker. Heisenberg, Hahn, Weizsäcker und die deutsche Bombe.* Rowohlt Taschenbuch Verlag, 2014.

Copenhague, 1941
David C. Cassidy. *Beyond Uncertainty. Heisenberg, Quantum Physics and the Bomb.* Bellevue Literary Press, 2009.
Ernst Peter Fischer. *Niels Bohr. Physiker und Philosoph des Atomzeitalters.* Siedler Verlag, 2012.

Estocolmo, 1943
Joachim Fest. *Staatsstreich. Der lange Weg zum 20. Juli.* Siedler Verlag, 1994.

Princeton, 1943
Jim Holt. *When Einstein Walked with Gödel. Excursions to the Edge of Thought.* Farrar, Straus and Giroux, 2018.

Farm Hall, 1945
Martijn van Calmthout. *Sam Goudsmit and the Hunt for Hitler's Atom Bomb.* Prometheus Books, 2018.

ÍNDICE REMISSIVO

A

Afonso XIII, rei da Espanha (1886-1941) 72
Ahrenshoop 69
Alberto I, rei da Bélgica (1875-1934) 207, 209
Alemanha, República Federal da (RFA, desde 1949)
    Reich alemão (1871-1933) 24, 57, 59, 67, 69, 72-73, 76, 79, 80, 83, 89-90, 97, 99, 101, 105-106, 113, 124, 134, 162, 165, 169, 173, 201, 225, 254, 259
    Reich alemão (Terceiro Reich, nazismo 1933-1945) 240, 265, 285-287, 299, 303, 305-307, 313, 320, 330-331, 333
Anderson, Carl David "Charles" (1905-1991) 254
Antuérpia 236-237
Argentina 329
Aristóteles (384 a.C.-322 a.C.) 88, 232
Arosa 139, 142-143, 176, 178
Ásia 63
Áustria 13, 53, 56, 140, 203, 240, 277, 296-297, 299, 323

B

Baade, Walter (1893-1960) 244
Baker, Josephine (1906-1975) 173, 226, 245
Ball, Rudi (1911-1975) 285
Balmer, Johann Jakob (1825-1898) 129
Bamberg 174
Bamberger Fuld, Caroline (1864-1944) 235
Bamberger, Louis (1855-1944) 235
Bangalor 266
    Indian Institute of Sciences 266
Bauer-Bohm, Hansi 274-275, 277
Baviera 22, 73, 79-80
Beck, Ludwig (1880-1944) 319
Becquerel, Henri (1852-1908) 15

Beethoven, Ludwig van (1770-1827) 21, 65, 288
Bélgica 65, 73, 209, 237, 278, 306, 328
  Congo belga 306, 313
  Coq-sur-Mer 237
Berchtesgaden Obersalzberg 286
Bergson, Henri (1859-1941) 208
Berkeley, Califórnia 254
Berlim 21, 24, 39, 57, 61-64, 69-73, 79, 83-86, 88, 101, 112, 124, 149-150, 161-162, 166, 173, 187, 197, 222, 225-227, 233, 259, 262, 265, 269, 273, 283, 285, 295-301, 305-306, 313-315, 318, 320
  Academia de Ciências da Prússia 42, 62, 98-99, 235-236
  Haberlandstrasse 5 (endereço de Einstein) 84, 150
  Igreja Memorial *Kaiser-Wilhelm-Gedaechtniskirche* 319
  Instituto Kaiser Wilhelm de Física (diretor-fundador Albert Einstein) *ver também* Hechingen 314, 320
  Instituto Kaiser Wilhelm de Química *ver também* Tailfingen 62, 297-299, 320
  Kaufhaus Wertheim 233
  Sociedade de fomento à ciência *Kaiser-Wilhelm-zur Foerderung der Wissenschaften e. V.* (KWG) 62, 223
  Wangenheimstrasse 21 (endereço de Planck) 162
Berna 31-36, 62-63, 230
  Kramgasse 31 (endereço de Mileva e Albert Einstein) 31
Bernstein, Elsa (pseud. Ernst Rosmer, 1866-1949) 67
Bloch, Felix (1905-1983) 255-257
Boêmia 305, 313
Bohm, Franz 275
Bohr, Christian (1855-1911) 45
Bohr, Harald (1887-1951) 57, 264
Bohr, Niels (1885-1962) 45, 47-50, 53, 55, 57, 60, 83, 85, 89, 96, 98, 102, 105, 107, 109, 112-113, 121, 124, 132, 156, 168, 171, 180-181, 187, 192, 193-195, 203-204, 209-211, 218, 221, 223, 229, 248, 253, 255-256, 264, 270, 276, 280, 300, 303-304, 307, 309, 311, 317-318, 323
Boltzmann, Ludwig (1844-1906) 25, 28, 32, 94, 140, 169, 234, 269
Bonn 262
Born, Gustav (filho de Max Born, 1921-2018) 265
Born, Gustav (pai de Max Born, 1851-1900) 166
Born, Hedwig Hedi (em solteira, Ehrenberg, 1891-1972) 265
Born, Max (1882-1970) 49, 55, 70, 86, 88, 97, 104-106, 112-113, 124, 126-127, 129, 131-132, 143, 149, 165-168, 170-171, 181, 183, 187, 195, 201, 203, 206, 209, 255, 264-267, 273, 284, 315, 323
Bragg, William Lawrence (1890-1971) 210
Brasil

Sobral 75
Braunizer, Ruth (em solteira, March, 1934-2018) 274, 277-278
Brecht, Bertolt (1898-1956) 226, 263
Bremerhaven 235
Breslávia 166
Bride, Harold (1890-1956) 52
Brüning, Heinrich (1885-1970) 233
Bruno, Giordano (1548-1600) 106
Bruxelas 117, 206-207, 209-212, 214, 216-217, 223, 229, 236, 296
    Hotel Metropole 117
Bücking, Hugo (1851-1932) 288
Byers, Eben (1880-1932) 37

C

Cagliostro, Alessandro (1743-1795) 295
Califórnia 176, 234-235, 254, 281
Caltech (California Institute of Technology) 234-236, 254
Cambridge 43-44, 46, 48, 58, 126-127, 131, 134, 166, 181, 186, 291
    Laboratório Cavendish 44, 246, 253, 299
Canadá 63, 203, 307
Carlos I, imperador da Áustria (1887-1922) 56
Casimir, Hendrik (1909-2000) 60, 271
Chadwick, James (1891-1974) 57, 253
Chicago 112, 165, 264, 284, 315
Churchill, sir Winston (1874-1965) 318, 329
Clausius, Rudolf (1822-1888) 25
Collyer, Charles B. D. (1896-1928) 225
Colombo 99
Como 204, 206, 217
    Istituto Carducci 204
Compiègne 72
Compton, Arthur Holly (1892-1962) 102-103, 107, 109-112, 168, 179, 203, 210
Conan Doyle, sir Arthur (1859-1930) 73
Copenhague 45, 59, 60, 84, 86, 88, 90-91, 96-97, 107, 109-113, 128, 132, 136, 139, 145, 158, 165, 171, 180-183, 187-188, 191, 193, 201, 204-205, 212, 217-218, 220, 243-245, 247, 253-255, 258, 264, 281, 283, 300, 303, 309, 311-312, 317-318
    Blegdamsvej 17 (Instituto de Niels Bohr) 59, 223
Copérnico, Nicolau (1473-1543) 76, 232
Corinth, Lovis (1858-1925) 288
Corinth, Wilhelmine (1909-2001) 288
Coster, Dirk (1889-1950) 91
Cranz, Christl (1914-2004) 286
Curie, Eugène (1827-1910) 18
Curie Labouisse, Ève (1904-2007) 255
Curie, Marie (nascida Maria Salomea Skłodowska, 1867-1934)

13, 16-17, 19, 46, 57, 88, 117, 119, 209, 217, 253, 296, 333
Curie, Pierre (1859-1906) 15, 37
Cuxhaven 124

D

Darwin, Charles Galton (neto do naturalista Charles Robert Darwin, 1887-1962) 47
Davisson, Clinton (1881-1958) 121
Dawes, Charles (1865-1951) 174
De Broglie, Louis Victor Pierre Raymond, príncipe (1892-1987) 115, 117-121, 141, 166, 203, 209, 212-213, 216, 220-221, 223
De Broglie, Maurice, príncipe (1877-1960) 116-118
De Broglie, Pauline, a condessa de Pange (1888-1972) 116-118
Delbrück, Max (1906-1981) 254-257
Deppner, Käthe 247
Dickens, Charles (1812-1870) 45
Diebner, Kurt (1905-1964) 315, 320, 328
Dieppe 116
Dinamarca 22, 43, 56-57, 60, 89, 124, 203, 264, 299, 307, 317
Dirac, Felix 133
Dirac, Paul (1902-1984) 131-134, 159, 181-186, 195, 209, 211, 223, 229, 253, 274, 280, 282, 289-292
Dłuska, Bronisława (Bronia) (1885-1939) 13-15
Drexler, Anton (1884-1942) 68

Dublin 278
  Instituto de Estudos Avançados 278
Duckwitz, Georg Ferdinand (1904-1973) 317
Dukas, Helen (1896-1982) 227, 238
Dyson, Freeman J. (1923-2020) 184

E

Ebert, Friedrich, presidente do Reich da República de Weimar (1871-1925) 70
Eckart, Carl Henry (1902-1973) 176
Eddington, Arthur Stanley (1882-1944) 75, 79
Edimburgo 277, 323
Edison, Thomas Alva (1847-1931) 27
Ehrenfest-Afanassjewa, Tatjana (1876-1964) 269
Ehrenfest, Paul (1880-1933) 88, 90, 129, 135-136, 146, 181, 209, 214, 239, 241, 253, 255, 269-271, 315
Ehrenfest, Wassili (1918-1933) 271
Einstein, Albert (1879-1955) 31, 41, 49, 56, 61, 67, 69-70, 83, 85, 88, 97-98, 106-107, 110, 115, 117, 119, 129, 136, 140, 141, 143, 146, 149-150, 166, 172, 184, 187, 197, 199-200, 204, 206-211, 213, 221-223, 226-227, 229-231, 233-237, 240, 242-243, 254, 257, 260, 263, 266, 269, 271, 276, 282, 289, 292, 296, 303-304, 306, 323-324, 333

Einstein, Eduard (1910-1965) 236
Einstein, Elsa (1876-1936) 64, 84, 98, 226, 237-238
Einstein-Löwenthal, Ilse (1897-1934) 75, 100
Einstein, Mileva (nascida Marić, 1875-1948) 31, 33, 61-62, 64, 75
Eisner, Kurt, primeiro-ministro da Baviera (1867-1919) 73, 79
Elisabeth, rainha da Bélgica (1876-1965) 279
Emden, Robert (1862-1940) 177
Epp, Franz Ritter von (1868-1947) 79
Espanha 72, 203, 277
Estocolmo 19, 98-99, 107, 274, 299-300, 317-318
EUA (Estados Unidos da América) 27, 60, 73, 101-102, 107, 165, 169, 203, 208, 233-234, 257, 260, 263, 285, 304-305, 307, 312-313, 318-319, 328, 330
Euler, Hans Heinrich (1909-1941) 310
Europa 17, 24, 39, 56, 63-64, 71, 76, 84, 90, 102, 110, 118, 175, 181, 223, 225, 233, 236, 238, 269, 278, 299, 309-310
  Europa Oriental 76, 232
  Norte da Europa, 63-64
Exner, Franz Serafin (1849-1926) 140

F

Fabry, Charles (1867-1945) 104
Faraday, Michael (1791-1867) 67, 262
Farm Hall, Huntingdonshire 328-330
Fermi, Enrico (1901-1954) 185, 203, 305, 315
Fischer, Emil (1852-1919) 295
Flexner, Abraham (1866-1959) 234-235, 238, 292
Fludd, Robert (1574-1637) 251
Foerster, Friedrich Wilhelm (1869-1966) 263
Fowler, Ralph (1889-1944) 131
França 13, 24, 56-57, 71-73, 91, 118, 203, 263, 278, 285, 307, 310
Francisco Ferdinando, arquiduque da Áustria e herdeiro do trono do Império Austro-Húngaro (1863-1914) 53, 56
Francisco José I, imperador da Áustria (1830-1916) 53, 56
Franck, James (1882-1964) 56, 84, 264
Frankfurt 166
Freiburg i. Br. 288, 320
Freud, Sigmund (1856-1939) 67, 234, 239, 263
Freundlich, Erwin (1885-1964) 64
Frisch, Otto (1904-1979) 300-301, 303, 307
Fromm, Friedrich (1888-1945) 320

G

Galilei, Galileu (1564-1642) 106, 262, 352
Gamow, Georgi (1904-1968) 223, 255
Gandhi, Mahatma (1869-1948) 181
Garmisch-Partenkirchen 285-286
Gau, Carl Friedrich (1777-1855) 55, 266
Geiger, Hans (1882-1945) 57, 90, 112
Genebra 98, 278
Gent 278
Gerlach, Walther (1889-1979) 328, 330
Gödel, Kurt (1906-1978) 323-324
Goebbels, Joseph (1897-1945) 259, 263, 300, 317
Goethe, Johann Wolfgang von (1749-1832) 45, 65, 67, 79, 124, 254-256
Göring, Hermann (1893-1946) 101, 300
Gottingen 55, 65, 89, 90-93, 95, 97, 103-106, 112, 124-126, 128-129, 131-132, 136, 139, 143, 150, 165-167, 174, 180-181, 183-184, 200, 243-244, 262, 264-265, 269, 309
Gottow (Brandenburgo) 315
Goudschmidt, Samuel (1902-1978) 135, 305
Goudsmit, Samuel *ver* Goudschmidt, Samuel
Grã-Bretanha 27, 56, 72, 306-307
Graz 277
Groves, Leslie R. (1896-1970) 325

Guardini, Romano (1885-1968) 203
Gustavo V, rei da Suécia (1858-1950) 317

H

Haber, Fritz (1868-1934) 62, 64-65, 84, 261, 297
Haber, Hermann (1902-1946) 65
Habicht, Conrad (1876-1958) 35-36
Hafnia *ver* Copenhague
Hahn, Edith (nasc. Junghans, 1887- -1968) 298
Hahn, Otto (1879-1968) 90, 263, 295, 297, 299-300, 303-304, 320, 328-329, 331
Haigerloch 320, 325
Hamburgo 97, 132, 135-136, 143, 176, 223, 243-245, 270
Hamilton, William Rowan (1805-1865) 131
Hannover 27, 127
Hasenöhrl, Fritz (1874-1915) 140
Haskell County, Kansas 71
Häusler, Rudolf (1893-1973) 53
Hechingen 320-321
   Instituto Kaiser Wilhelm de Física *ver também* Berlim, 72, 314
Hecke, Erich (1887-1947) 244
Heidelberg 24, 26, 68, 73, 106, 166, 327
Heisenberg, August (1869-1930) 80-81

Heisenberg, Elisabeth (nasc. Schumacher, 1914-1998) 320, 326
Heisenberg, Erwin (1900-1965) 59
Heisenberg, Werner Karl (1901-1976) 59, 79, 90, 96, 104, 112, 123, 129, 136, 149, 161, 163, 167, 174-175, 183-185, 188, 192-193, 196, 198-201, 203-204, 206, 209, 211, 216, 223, 226, 229, 232, 244, 253-254, 265, 274, 280, 282, 286-288, 291, 301, 305, 309-311, 313-315, 319-320, 325-327, 330-331, 333
Heligolândia 123-124, 127, 129-131, 141, 209, 254
Helmholtz, Hermann von (1821-1894) 24, 26, 32
Helsingor 113
Henie, Sonja (1912-1969) 286
Hertz, Gustav (1887-1975) 56, 84, 90
Hertz, Heinrich (1857-1894) 25, 32
Hess, Kurt (1888-1961) 299
Hevesy, Georg Karl von (1885-1966) 90-91
Heymann, Ernst (1870-1946) 237
Hilbert, David (1862-1943) 55, 65-66, 106, 166, 266
Himmler, Heinrich (1900-1945) 287, 314
Hindenburg, Paul von (1847-1934) 67, 72
Hiroshima 99, 130, 329, 333
Hitler, Adolf (1889-1945) 53, 68, 101, 106, 234, 259, 262-263, 265, 267, 285-286, 299, 307, 313, 317, 319
Holanda 70, 203, 263, 285, 299
Hong Kong 99
Hötzendort, Graf Franz Conrad von (1852-1925) 54
Huch, Ricarda (1864-1947) 67
Hungria 304

I

Índia 203, 266
Inglaterra *ver* Grã-Bretanha
Innsbruck 121, 162, 275
Itália 56, 203-205

J

Japão 60, 98-99, 323
Jeans, James (1877-1946) 26, 29
Jena 140, 162, 174
Jerusalém 208
  Universidade Hebraica 77, 208
Joachimsthal (Jächimov), Tchéquia 17, 305
Joliot-Curie, Irene (1897-1956) 18
Jolly, Philipp von (1809-1884) 23-24
Jordan, Pascual (1902-1980) 127, 131, 136, 143, 180, 183, 223, 262
Jung, Carl Gustav (1875-1961) 239, 248
Jünger, Ernst (1895-1998) 319
Junger, Itha 143, 273
Junger, Roswitha 143

K

Kafka, Franz (1883-1924) 72, 263
Kant, Immanuel (1724-1804) 32, 65, 182, 201
Kapitsa, Andrej 292
Kapitsa, Anna (nasc. Rzepka) 289
Kapitsa, Piotr (1894- 1984) 289, 291-292
Kapitsa, Sergej 292
Kapp, Wolfgang (1858-1922) 73
Kepler, Johannes (1571-1630) 59, 76, 196, 232, 251
Keynes, John Maynard (1883-1946) 291
Kiel 22, 25, 70, 98
Kirchhoff, Gustav (1824-1887) 24-26
Klein, Oskar Benjamin (1894-1977) 204
Kobe 99
Koppel, Leopold (1854-1933) 62, 261
Kramers, Hendrik Anthony (1894--1952) 59, 92, 98, 109-112, 209, 213, 223, 229
Kurlbaum, Ferdinand (1857-1927) 28

L

Landé, Alfred (1888-1976) 55
Langevin, Paul (1872-1946) 13, 119, 209, 221, 229
Langevin-Joliot, Hélène (*1927) 18
Laue, Max von (1879-1960) 150, 166, 237, 241, 264, 320, 328
Le Chesnay 328
Lebach, Margarete 235
Leiden 29, 86, 126, 135-136, 181, 269, 271
Leipzig 150, 158, 204, 223, 253, 274, 288
  Instituto de Física Teórica 223
Lenard, Philipp (1862-1947) 67-68, 73, 76, 106, 262
Lichtenberg, Georg Christoph (1742-1799) 266
Liebknecht, Karl (1871-1919) 73
Lindbergh, Charles (1902-1974) 208-209
Lindemann, Ferdinand von (1852-1939) 81
Lindemann, Frederick Alexander (1886-1957) 318
Lippmann, Gabriel (1845-1921) 13
Locarno 174, 286
Lodge, sir Oliver (1851-1940) 73
Londres 24, 76, 174, 232, 263, 275, 280-281, 313
  Hotel Savoy 232
  Royal Albert Hall 237
Long Island 306
  Peconic 306
Lorentz, Hendrik Antoon (1853--1928) 29, 117, 203, 207-208, 210, 217, 229, 234, 269, 271
Los Alamos, Novo México 318
Ludendorff, Erich (1865-1937) 101, 106, 262
Luís II, rei da Baviera (1845-1886) 22
Lummer, Otto (1860-1925) 67

Lusácia, 313
Luxemburgo, Rosa (1871-1919) 73

M

Mach, Ernst (1838-1916) 32, 36, 152, 240
Madison 101-103
Madri 72, 277
Manchester 45-48, 57-58, 223
March, Arthur (1891-1957) 273, 275
March, Hildegunde Hilde (nasc. Holzhammer, 1900-?) 273-275, 278
Marconi, Guglielmo (1874-1937) 51
Marić, Mileva *ver* Einstein, Mileva
Marselha 98
Marx, Karl (1818-1883) 263
Maxwell, James Clerk (1831-1879) 23, 32, 34, 44, 169, 175, 210
Mayer, Walther (1887-1948) 279
Mears, John Henry (1878-1956) 225
Meitner, Lise (1878-1968) 27, 64, 84, 90, 253, 264, 295-301, 303
Memmingen 326
Merck, Marie *ver* Planck, Marie
Michelson, Albert A. (1852-1931) 23
Milch, Erhard (1892-1972) 313
Miner, Loring (1860-1935) 71
Moscou 267, 280-281, 289, 291-292, 310
Moseley, Henry (1887-1915) 57
Müller, Wilhelm Carl Gottlieb (1880-1968) 288

Munique 22, 24, 53, 55-59, 72, 79-81, 90, 93, 95, 101, 103-104, 113, 150, 158, 167, 173-175, 177, 180, 187, 241-242, 245, 262, 286, 288
Briennerstrasse 33 (endereço da família Planck) 22
Mussolini, Benito (1883-1945) 203

N

Nadolny, Rudolf (1873-1953) 99
Nernst, Walther (1864-1941) 41, 64, 150
Neumann, John von (1903-1957) 203
Newton, Isaac (1643-1727) 44, 62, 123, 127, 169, 175, 186
Nobel, Alfred (1833-1896) 274
Norfolk 237, 271
Norlund Bohr, Margrethe (1890--1984) 45, 48, 57-58, 187, 204, 309
Noruega 86, 175, 197, 199, 313
Nova York 51, 121, 209, 225, 233-234, 303, 306,
quebra da bolsa, 233
Nova Zelândia 45

O

Oppenheimer, J. Robert (1904--1967) 143, 183-184, 318
Ossietzky, Carl von (1889-1938) 287
Ostwald, Wilhelm (1853-1932) 17
Oxford 237, 273-275, 278, 283

Avenida Northmoor 24 (endereço
de Schrödinger) 273
Magdalen College 273

P

Palestina 77
Paris 13-17, 24, 37, 41, 72, 115, 173,
209, 216, 223, 319, 328
Bulevar Kellermann 118, endereço
de Marie e Pierre Curie 13, 19
Pasadena 235-236
Paschen, Friedrich (1865-1947) 27,
67
Pash, Boris (1900-1995) 326
Pauli, Bertha (1878-1927) 240
Pauli, Franca (1901-1987) 252
Pauli, Hertha (1906-1973) 265
Pauli, Wolfgang (1900-1958) 96,
109, 111-112, 125, 127-128, 132,
135-136, 139, 143, 161, 163, 165,
167, 176-177, 180-181, 185, 199,
203, 206, 209, 211-212, 223, 227,
239-243, 246-248, 250, 252-257,
259, 265, 270, 282, 320, 323
Pauli (propr. Pascheies), Wolfgang
Joseph (1869-1955) 240
Pauling, Linus (1901-1994) 175, 178
Pearl Harbor 313
Peierls, Rudolf (1907-1995) 314
Pérot, Alfred (1863-1925) 104
Perrin, Jean (1870-1942) 13
Phillips, Jack (1887-1912) 52
Pitágoras 232
Planck, Erwin (1893-1945) 21

Planck, Gottlieb (1824-1910) 22
Planck, Johann Julius Wilhelm
(1817-1900) 22
Planck, Marga (nasc. Hoeßlin,
1882-1949) 319
Planck, Marie (nasc. Merck,
1861-1909) 21
Planck, Max Karl Ernst Ludwig
(1858-1947) 21-29, 34-36, 41-42,
48, 62-65, 83-85, 87, 103, 117,
149-150, 161-163, 167, 188,
203-204, 209, 211, 227, 235-237,
261, 263, 265-266, 269, 271,
296, 319
Platão (428/-348/347 a.C.) 79-81
Podolsky, Boris (1896-1966) 280,
282
Pöhner, Ernst (1870-1925) 262
Poincaré, Henri (1854-1912) 15, 41, 117
Polônia 13, 306-307
Popp, Anna 53
Potsdam 237, 329
Praga 41, 72, 297
Princeton, New Jersey 234, 235,
238, 275, 279, 281, 283, 289, 303,
304, 320, 323
    Instituto de estudos Avançados
    (diretor-fundador Abraham
    Flexner) 234, 238, 278-279,
    289, 292, 323
Príncipe (ilha em frente à costa da
Guiné Espanhola) 75
Pringsheim, Alfred (1850-1941) 28
Proust, Marcel (1871-1922) 263
Prússia 13, 69, 235, 296
Ptolomeu, Cláudio 232

R

Rathenau, Walther (1867-1922) 67, 73, 90, 97, 150
Rayleigh, John Strutt, barão (1842-1919) 29
Reinhardt, Max (1873-1943) 226
Remarque, Erich Maria (1898-1970) 263
Renânia 173, 286
Rittner, Thomas 329-330
Roma 255, 278, 305, 315
Röntgen, Wilhelm Conrad (1845-1923) 15, 65
Roosevelt, Franklin Delano, presidente dos EUA (1882-1945) 306-307
Rosen, Nathan (1909-1995) 279-280
Rosenbaum, Erna (1897-1957) 250-251
Rosenfeld, Leon (1904-1974) 230, 255, 283, 303
Rothschild, Edmond James de, barão (1845-1934) 18
Rothschild, Philippe de, barão (1902-1988) 232
Rubens, Heinrich (1865-1922) 21, 28
Rubens, Marie (1875-1941) 21
Ruhr, região do 73, 105, 313
Russell, Bertrand (1872-1970) 323
Rússia (até 1922 e após 1992) *ver também* União Soviética 13, 24, 56-57, 64, 101, 203, 259, 271, 289
Rust, Bernhard (1883-1945) 266
Rutherford, Ernest (1871-1937) 13, 17, 45, 48, 117, 134, 195, 210, 237, 246, 263, 290, 292
Rutherford, Mary (1876-1945) 13

S

São Petersburgo 269
Saxônia 173
Scharbeutz (balneário no mar Báltico) 227
Scherrer, Paul (1890-1969) 139
Schiele, Egon (1890-1918) 72
Schrödinger, Annemarie Annie (1896-1965) 139-140, 143, 180, 265-266, 273-274
Schrödinger, Erwin (1887-1961) 139-140, 161-162, 165, 169, 172, 174-176, 178, 180, 184, 187, 194, 196, 200, 204, 206, 209, 211-212, 215-216, 232, 234, 273, 276-277, 280, 291
Schumann, Erich (1898-1985) 313
Seeland (Dinamarca) 310
  Horserod 310
Sérvia 33, 54, 56
Shakespeare, William (1564-1616) 67, 314
Shaw, George Bernard (1856-1950) 232
Shirer, William L. (1904-1993) 286
Siemens, Werner von (1816-1892) 27
Silésia 166
Singapura 99

Skłodowska, Maria Mania *ver* Curie, Marie
Slater, John (1900-1976) 109-111
Snow, Charles Percy C. P. (1905-1980) 209
Sócrates (469 a.C.-399 a.C.) 79
Sofia de Hohenberg, duquesa (1868-1914) 656
Solvay, Alfred (1840-1894) 209
Solvay, Ernest (1838-1922) 209
Sommerfeld, Arnold (1868-1951) 55, 59, 81, 84, 86, 88, 90, 95-96, 101-102, 104, 107, 112, 141-142, 159, 174-175, 187, 203, 209, 229, 241, 246, 251, 286
Southampton 51, 238
Speer, Albert (1905-1981) 314
Spinoza, Baruch (1632-1677) 227
Stadtilm (Turíngia) 320
Stálin, Josef (1878-1953) 290, 292, 329
Stalingrado (1925 a 1961, hoje Volgogrado) 317
Stark, Johannes (1874-1957) 67, 92, 234, 262, 266, 286-287
Stauffenberg, Claus Schenk Graf von (1907-1944) 319
Stern, Otto (1888-1969) 90, 244
St. Louis, Missouri
  Universidade de Washington 102
Stoner, Edmund (1899-1968) 246
Strassmann, Fritz (1902-1980) 299, 303
Strauss, Richard (1864-1949) 285
Stresemann, Gustav (1878-1929) 106, 173

Stuttgart 140, 162, 174
Suécia 100, 203, 303, 317
Suíça 32, 41, 64, 70, 99-100, 141, 203, 226, 243, 263
Szilárd, Leó (1898-1964) 304, 306

T

Tailfingen
  Instituto Kaiser Wilhelm de Química *ver também* Berlim 320
Teller, Edward (1908-2003) 318
Thirring, Hans (1888-1976) 260
Thomson, Joseph John J. J. (1856-1940) 44-47, 76, 166,
Truman, Harry S., presidente dos EUA (1884-1972) 329

U

Ucrânia 255
Uhlenbeck, George (1900-1988) 135-136
União Soviética (1922-1991) *ver também* Rússia 60, 289, 290-292, 310
Urfeld, no lago Walchensee, casa da família Heisenberg 288, 326-327

V

Valera, Éamon de (1882-1975) 278

Varsóvia 13
Vasek, Jean-Baptiste 117
Versalhes 73, 105, 174
Viena 53, 72, 139-141, 162, 240, 269, 274, 295-296
Volta, Alessandro (1745-1827) 203

W

Warnemünde 57
Weber, Heinrich Friedrich (1843-1912) 33
Weber, Max (1864-1920) 72
Weilheim 326
Weill, Kurt (1900-1950) 226
Weimar 79
Weisskopf, Victor (1908-2002) 242
Weizsäcker, Carl Friedrich von (1912-2007) 253-254, 305-306, 310, 328
Wels, Otto (1873-1939) 259
Wentzel, Gregor (1898-1978) 320
Wertheimer, Max (1880-1943) 70
Weyl, Hermann (1885-1955) 81, 139, 141-143, 265, 273
Wheeler, John Archibald (1911-2008) 303-305, 307
Wien, Max (1866-1938) 140
Wien, Wilhelm (1864-1928) 26, 67, 103, 141, 172, 174, 178-179, 191
Wigner Dirac, Margit Manci (1904-2002) 289
Wigner, Eugene (1902-1995) 289, 304

Wilson, Charles Thomson Rees (1869-1959) 195
Wilson, Woodrow, presidente dos EUA (1856-1924) 70
Wright, Orville (1871-1948) 39, 225
Wright, Wilbur (1867-1912) 40
Wurtzburgo 15, 79, 262, 325

X

Xangai 99

Z

Zeeman, Pieter (1865-1943) (efeito) 135-136, 244-245
Zeppelin, Graf Ferdinand von (1838-1917) 39
Zola, Émile (1840-1902) 263
Zurique 41, 61-62, 64, 75, 139, 141-142, 166, 174, 177-178, 191, 236, 239-240, 247-249, 269, 271, 320-321, 323
  Eidgenössische Technische Hochschule (ETH) 223, 247, 320
Zweig, Arnold (1887-1968) 224

**Acreditamos
nos livros**

Este livro foi composto em Adobe Garamond
Pro e impresso pela Geográfica para a Editora
Planeta do Brasil em dezembro de 2022.